第十一册

明兩廬詩　新蒲集
抗兵集　國恥詩話

王蘧常 著

本書由上海文化發展基金會資助出版

出版説明

本册收入王蘧常先生創作的詩文集三部：《明兩廬詩》《新蒲集》《抗兵集》，及詩話作品一部：《國恥詩話》。這些作品創作於20世紀20年代至40年代。其中，《明兩廬詩》作爲與錢仲聯先生詩集的合訂本《江南二仲詩》之一，留下了大量王蘧常先生早年的詩歌創作。《新蒲集》與《抗兵集》均作於抗日戰争中，兩部詩文集既記載了大量抗日志士的英勇事跡，亦反映了先生身陷孤島時同仇敵愾的愛國情懷。《國恥詩話》則記録了從鴉片戰争至抗日戰争近百年間反映國勢衰微和國人奮勇抗敵的詩作，堪稱一代詩史。

今將此數種作品結集出版。其中，《明兩廬詩》以常熟印書店1930年鉛印本《江南二仲詩》爲底本進行整理，《新蒲集》以發表於《世界文化》1946年第4卷第1—2期之版本進行整理，《抗兵集》以上海新紀元出版社1947年版爲底本進行整理，《國恥詩話》以上海新紀元出版社1947年版爲底本進行整理。其中，《新蒲集》與《抗兵集》有數篇篇目相同，然部分字詞小異，今兩存之。整理過程中的不當之處，敬請讀者批評指正。

復旦大學出版社
2021年5月

總　目

明兩廬詩 …………………………………… 1
新蒲集 ……………………………………… 35
抗兵集 ……………………………………… 51
國恥詩話 …………………………………… 139

明兩廬詩

目　錄

明兩廬詩序 …………………………………………… 9

明兩廬詩卷一 …………………………………… 11
庚申 ……………………………………………… 11
梅州曉發 ………………………………………… 11
缾山 ……………………………………………… 11
偶見 ……………………………………………… 11
風謡有序 ………………………………………… 11
傚樊川 …………………………………………… 12
百年 ……………………………………………… 12
春日雜書 ………………………………………… 12
喜晴 ……………………………………………… 12
諷古 ……………………………………………… 12
要環環 …………………………………………… 12
柳絮 ……………………………………………… 13
至桃花里 ………………………………………… 13
太液 ……………………………………………… 13
過羊腸湖 ………………………………………… 13
秋漁圖題後 ……………………………………… 13
送胡桐閣鳳臺 …………………………………… 13

辛酉 ··· 13
　海日樓呈沈子培師 ··· 13
　二月十六日遊青山 ··· 14
　六月十五夜夢遊西湖得雨氣一聯足成 ························· 14
　戊午遊杭出候潮門登小阜得百嶺一聯近足成類列
　　於此 ·· 14
　松 ·· 14
　晚立 ··· 14
　珍重 ··· 14
　懷富川楊啓浦 ··· 15
　蟹籪 ··· 15
　昨夢極奇一首寄緒久 ·· 15
壬戌 ··· 15
　艱難 ··· 15
　沈寐師重諧花燭吾父命祝以詩 ································ 16
　月夜爲唐忍庵題卅年追痛錄 ···································· 16
　題非園春江漁詠圖 ··· 16
　再題春江漁詠圖 ·· 16
　爲謝玉岑題青山鬻書圖 ··· 16
　歲暮歸車過東栅 ·· 17

明兩廬詩卷二 ·· 18
癸亥 ··· 18
　從此 ··· 18
　思歸 ··· 18
　膕膞 ··· 18
　無錫道中別復堂諸子 ·· 18

和昂純春申澗偶見詩 …………………… 19

南來 …………………………………… 19

相望 …………………………………… 19

閒居 …………………………………… 19

殘炊 …………………………………… 19

快哉樓遇雨與張鏡人讀報拈元韻十字督爲詩成
　　三章樓在鴛鴦湖上 …………………… 19

臨窗 …………………………………… 20

苦吟 …………………………………… 20

雨霽望湖 ……………………………… 20

愁輕 …………………………………… 20

小寐 …………………………………… 20

望湖雜感 ……………………………… 21

答侯羅羅芸圻治事近羅羅山因妄字之 … 21

荷花生日 ……………………………… 21

白荷 …………………………………… 22

明兩廬雜言 …………………………… 22

看花 …………………………………… 22

望湖 …………………………………… 22

雨後夜登斜橋 ………………………… 22

狂言 …………………………………… 23

雨後 …………………………………… 23

小病 …………………………………… 23

答石渠 ………………………………… 23

微蟲謠 ………………………………… 23

日暮登城望南湖 ……………………… 24

初秋 …………………………………… 24

七月厶日徹夜大風雨晨起霧重城郭廬舍失所在

感作 …………………………………………………… 24
　　　七夕夜坐 ………………………………………………… 24
　　　坐范蠡湖小閣遇某道人自言能琴偶成 ………………… 24
　　　揚州道中 ………………………………………………… 24
　　　題汪蔚卿丈孤山探梅小簦 ……………………………… 25
　　　尊經閣夜望 ……………………………………………… 25
　　　迎凉 ……………………………………………………… 25
　　　嚴伯僑以珂羅版印董美人墓誌銘屬題尾 ……………… 25
　　　索詩 ……………………………………………………… 25
　　　題綺石老人石湖介壽圖老人介壽石湖先雨而後晴作
　　　　　雨晴兩圖 …………………………………………… 25
　　　與唐蘭盦吳苴馨登雲起樓 ……………………………… 26
　　　養愚 ……………………………………………………… 26

明兩廬詩卷三 ……………………………………………………… 27
　　甲子 ………………………………………………………… 27
　　　慈護丈以寐師絕筆屬題 ………………………………… 27
　　　立厂詩來云行將歸約予迎煙雨樓下大喜報之 ………… 27
　　　放杜工部詠懷二首用原韻 ……………………………… 27
　　乙丑 ………………………………………………………… 28
　　　江陰章琴若世丈際治哀輓錄題尾 ……………………… 28
　　　子馨所如不合偶憶口占子吳子其舊日自稱也 ………… 29
　　　癸亥于役寶應歸舟憶畫川不置而無記偶及爲補繫
　　　　　於此 ………………………………………………… 29
　　　深夜聞杜鵑意不能自已成此謠古有此體定公曾傚之 … 29
　　　思親 ……………………………………………………… 29
　　　病起 ……………………………………………………… 29

中宵 …………………………………………… 29
　　長夜 …………………………………………… 30
　　年來 …………………………………………… 30
　　書劍 …………………………………………… 30
　　墮地 …………………………………………… 30
　　未眠 …………………………………………… 30
　　病裏 …………………………………………… 30
　　旅食 …………………………………………… 31
　　與石渠晚步 …………………………………… 31
　　夜立 …………………………………………… 31
　　蠶候雜謠 ……………………………………… 31
　　心齋詩來問近狀依其韻答之 ………………… 32
　　郊居謳 ………………………………………… 32
　　月夜寄兄弟 …………………………………… 32
　　家國 …………………………………………… 32
　　夢回 …………………………………………… 32
　　贈吳興錢仲聯蕁孫 …………………………… 33
　　寄錢仲聯 ……………………………………… 33
　　壽張詠霓先生五十 …………………………… 33
　　仲聯疊以詩來後又寄詩促和遂依韻答之 …… 33
丙寅 ……………………………………………… 33
　　仲聯離錫詩以別之 …………………………… 33
　　再贈仲聯 ……………………………………… 33
丁卯 ……………………………………………… 34
　　贈謝玉岑 ……………………………………… 34
戊辰 ……………………………………………… 34
　　雙十節登大世界觀提燈 ……………………… 34

明兩廬詩序

予庚申、癸亥間所得詩近千首，多隨手散落，不自惜。後在錫山交吳興錢仲聯。仲聯，吾黨儔也，最少，能詩，閟不示人，於人少許可，即古人亦侃侃肆譏彈無恕辭，當者少完膚。予憚焉，辟爲詩中之商君、韓非子，不敢有所示。一日酒後高睨大談，忽及詩，大相契，窮三日夜未已。自後有作輒相示，示必存稿，每自矜許，雜以詼嘲。予嘗戲誇爲王迹所寄，而仲聯則如無道秦，以其論詩鞠覈少恩且深閉固拒而自尊也。仲聯罔肯下，必勝乃已。仲聯居城北，予在城南，一日不見，如飢渴之不能忍，見則刺刺不可休，臨去猶徘徊焉。予居羊腰道上，常送之，必盡道，道盡而言猶未已。未幾，仲聯來海上，予亦繼至，喜言考據，於詩幾絕筆，仲聯亦懶散不多作，皆爲事纏。低首十丈紅塵中，意氣都非疇昔矣。然握手必言詩，各言欲劖古人未辟之境，志亢而言大，聞者皆驚怪撟舌，而予與仲聯益自憙。仲聯生平無所嗜，惟嗜讀古今人詩集，三年來所得都三數大篋，盡讀之，平隲其高下，爲詩話十餘萬言，其他尚日出而未有窮也。一日忽語予曰：志終不足副，碌碌於古人藩籬中，何爲哉？予亦絕筆矣！予聞而拊掌，既曰：雖然，前時辛苦而僅得之者亦不可以不記也。乃相與收拾叢殘，予得詩凡百三十三首，而仲聯則倍之，合訂之曰《江南二仲詩》。二仲者，二人皆字仲也。詩未必足存，特以見吾兩人舊時狂態爲不可近也。庚午嘉興王蘧常記。

明兩廬詩卷一

庚申

梅州曉發

殘月挂屋角，曉霧迷野渡。忽聞鄰雞聲，漸辨溪橋路。北風馴如狗，低徊入衣裾。冒霜登小舟，積潦滋重屨。咿啞出市頭，紅日始升樹。樹深光曈曨，雲濕翻帽絮。髼柳橫短杠，敗葉積沮洳。水際亂菰蒲，瑟瑟自相語。何當賦招隱，應從此歸去。

餅山

檇李古平原，餅山一土墩。遂於無佛處，竊號亦稱尊。

偶見

藕花香裏獨相羊，細雨斜風暮色蒼。欸乃一聲人不見，累他涼翠滿衣裳。

風謠 有序

遊郊外聞野人歌，鄙而有理，迻譯其辭如此。

垂楊夾短隄，新荷立水際。東風吹之長，西風吹之逝。人莫怨西風，西風爽我袂。人莫愛東風，東風送我契。

做樊川

人自無言月自斜,碧闌干外即天涯。垂垂一樹相思子,隔着銀河自放花。

百年

百年世事端相定,又見風絲冒綠苔。我已將心化頑石,讓他春色眼前來。

春日雜書

春聲如酒味,中我百愁圓。坐石看天晚,晴雲黏紙鳶。
歸鳥鬥北風,殘霞燒屋角。新月如新婦,羞人遮雲幞。

喜晴

黃梅已熟柳娉婷,宿雨連朝不肯停。今日小牕有晴意,隔江添得幾分青。

諷古

高人氣蟠天,眎名如說躃。一世若一夢,何必爲名累。然而古高人,名仍在天地。始知不求名,乃是愛名至。

要環環

遙望城東門,車馬填道路。胥吏擁大官,呼聲一何怒。人行遲,白棓來,吞聲鉗口不敢開。鄰翁今年六十三,龍鍾一杖倒塵埃。淚血被面屏息步,侯門似海那敢訴。似聞新政崇大同,奈何貴賤趨歧路。吁嗟乎!大官滿地行路難,女兒猶唱要環環。要環環,上杭州,焱車一去行人謳。小童報道春日麗,行吟長嘯鴛湖頭。

柳　絮

柳絮亂撲簾,風引不得住。兒童拍手呼,栓關莫使去。

至桃花里

春氣滿天地,隔江山色新。煙絲青裊裊,溪漲碧粼粼。風餓饕帆腹,雲濃斷塔身。飛來鐘一杵,萬慮净無塵。

太　液

太液餘霞映綺寮,雲鬟如夢不能描。秋娘老去燕支淡,猶是風前鬥舞腰。

過羊腸湖

已看江濤十二回,診癡又向五湖來。人間寧有埋愁地,天上容多辟債臺。漫擬才名争賈孔,且將酒意上顏腮。白雲處處增惆悵,入暮垂楊亦自哀。

秋漁圖題後

蘆花瑟瑟水澌澌,獨坐斜陽理釣絲。千古高名嚴處士,羊裘一著笑人癡。

送胡桐閣鳳臺

悄悄離愁向曉生,青山滿眼送君行。雲邊哀雁天邊笛,知是陽關第幾聲。

辛酉

海日樓呈沈子培師

海上聽潮音,風高草木深。一樓留夕照,千載賸詩心。縋險開天地，逃空無古今。還鄉春水好，秀水名還鄉水。灩灩盼華簪。

二月十六日遊青山

山行收古趣，心漸化煙霞。溪靜魚忘水，春和風諂花。嬾雲隨意臥，野鳥自成家。惘惘尋歸路，依依日又斜。

六月十五夜夢遊西湖得雨氣一聯足成

又向西湖縱馬蹄，臨安花草總淒迷。無多春色牽江色，幾處鶯啼又燕啼。雨氣欲浮山腳動，日光苦熨浪頭齊。東風吹老垂楊影，幾樹能添夢裏題。

戊午遊杭出候潮門登小阜得百嶺一聯近足成類列於此

候潮門外看潮來，引劍高歌亦壯哉。百嶺截江回地力，萬濤奔海放天才。渾疑身欲凌風去，忽漫心從反照開。雲樹兩行秋一髮，隨風和雨作空哀。

松

三徑歸來老未髠，萬重依舊護柴門。自從種向陶家後，莫與秦封一例論。

晚立

隔河時報兩三磓，敲斷秋來雨後吟。屋角斜陽紅不盡，還留一線照詩心。

珍重

珍重天涯寄遠詩，萬千種語一燈知。無端鈎我十年恨，立盡風殘月墮時。

懷富川楊啓浦

一曲陽關淚暗垂，富陽城北柳絲絲。十年回首渾如夢，翦燭重添感舊詩。

蟹簄

天河破碎不可塞，一雨十日千里白。畠眇何能辨馬牛，黑雲鑱天山無色。南村捕蟹翁，涕泣爲我說。吾業已三世，築簄南湖側。蘆花一片好家居，澤涸魚頳不敢竭。編葦織蕭厄百堵，連山方罫不知數。有似成湯仁，不設四面羅。又似叔孫智，綿蕞束虓怒。一燈暈秋碧，寒星摘萬顆。任爾生橫行，入是終無赦。明日盈籃換酒貲，子斯孫斯食無吡。無如今年秋，大水折百壩。彭蜞與蚯蚪，公然我狼顧。跋梁入我室，騰手復脫兔。或蹲狀虎蟫，或起如蓬堁。張甲森鈝棘，鉤黨百無挫。偶爾罹我籃，復惹陶公禍。躑躅南湖頭，已衷三日餓。言罷淚漣洏，向天呼無那。予曰翁何呼，天遠不可訴。堅爾簄與籃，修爾廬與舍。守屋俟天笑，還汝老婆娑。秋風高兮白雲飛，呼天訴地何爲乎？

昨夢極奇一首寄緒久

梅邊一別換春姿，痞宿無端百感滋。永夜朔風飄短夢，寒燈斷焰繰愁絲。相看歲盡三千里，剩有腸迴十二時。多少往來眼前事，笑啼只許夢中知。

壬戌

艱難

閉門培靜意，閒久漸忘瞋。眴息百年事，艱難一世人。心從行旅小，眼到客燈明。寂寂吳江上，又看花送春。

沈寐師重諧花燭吾父命祝以詩

先生嘉耦本仙佛，四思三劫斷一割。婆娑扶杖來人間，幾回同看滄桑日。聯翩化作彩鳳飛，飛上蜀山相並栖。_{先生就昏於四川。}玄鶴弄春揚翠旌，天漚嬉岸舞新衣。一齊幻入春明夢，彤雲飛輅雙鸞輧。海岱赤霄道路長，星星譜入潯陽弄。潯陽月色不勝情，又聽羲和波黎聲。成住壞空都瞥盡，百千萬念此時爭。回看峨眉換新綠，依舊山光護雙躅。影事層層五十年，重燒花燭證新覺。海日樓頭白首人，玉顏依舊丹霞渥。王母桃花千遍紅，更看樓頭幾回燭。

月夜爲唐忍庵題卅年追痛錄

冷地荒荒大月圓，幾回搔首看齊煙。世方口奉它囂論，君獨心傷渤海阡。遺愛猶聞一邑哭，奇才竟老半邏田。青楓黑塞三千里，獨往人間只獨還。

題非園春江漁詠圖

惘惘儒冠大，孤懷寄水村。長煙寫真意，春水養詩魂。風雨一竿勁，浮沈兩鬢髡。長江天際遠，惟覺釣臺尊。

再題春江漁詠圖

儒冠漁服萬山前，春水顛狂欲撼天。網得詩心不經意，無端暝入夕陽邊。

爲謝玉岑題青山鸎書圖

野鶩家雞自在尊，來禽花發謝公墩。狂來潑墨一千斗，併入隔江眉黛痕。

歲暮歸車過東柵

北風吹盡浪花肥,湖海沈沈歲事非。萬戶立煙春欲動,一燈飄夢客初歸。無邊日月摧蓬鬢,如此江山著布衣。入眼鄉關贏一笑,滿林煙月望中飛。

明兩廬詩卷二

癸亥

從此

春光寂寂我將病，眉眼盈盈夢幾經。從此江山明月裏，不愁風露只愁醒。

思歸

思歸日日不成歸，啼鳥滿園春漸稀。偶向東風吹短髮，無端柳色上征衣。斜陽沒水兩相摶，峰影脫雲孤欲飛。如此江山容獨往，絕無人處一噓唏。

膈膊

膈膊復膈膊，二雛庭中食。大雛白羽毛，俯啄依陰立。小雛黃襯襪，修羽負初日。煦煦飛相依，戢戢常不失。出入兩提攜，愛護惜羽翼。相期守庭中，冷暖常如一。奈何終朝風，吹散成南北。大雛飛樹巔，轉面不相識。小雛鳴啁啾，顧影誰相恤。昔日同飛鳴，今日影孤立。昔時食相呼，今則鬲匃肌。鄰翁冷眼看，感喟生嗚咽。

無錫道中別復堂諸子

匆匆歲月又成別，眼斷吳山剩淚絲。堤柳不知人去盡，雨中還放可憐枝。

和勗純春申澗偶見詩

梅落江城野水肥，玉簫處處夕陽稀。淩波幾點驚鴻影，不化鴛鴦不肯飛。

南 來

南來十日總成憐，一臥滄江百病牽。頭重衆情歸腦後，夢回萬象立燈前。出生入死原還舊，地老雲荒有幾全。滿院尚餘花爛熳，不隨風去向人妍。

相 望

花須柳眼晝微晴，笛裏相望歲幾更。萬里夢魂通一息，十年湖海照雙清。銀波灩灩春無定，玉漏沈沈夜有情。寂寂不聞靈鵲語，冷看星月到天明。

閒 居

閉門絕塵事，獨坐欲忘機。小雨偶留夢，微痾時養饑。榴紅燒樹出，風軟護花飛。悄悄尋生意，幽居百不違。

殘 炊

殘炊幾人家，長天餘亂蛙。山川照血淚，湖海黯龍蛇。擾擾蝸頭角，沈沈壁裏沙。孤城動哀吹，淒入暮江霞。

快哉樓遇雨與張鏡人讀報拈元
韻十字督爲詩成三章 樓在鴛鴦湖上

偶放長謠撼九閽，忽看雨氣裂蒼痕。狂雷碾地黃塵鬥，大浪搖天白日翻。湖外雲隨黿作主,眼中樓借我爲魂。平生慣盡江湖惡,合眼風濤又一温。

納納頭顱百感屯,萬方多難此招魂。長天落日江濤壯,病柳疎花涕淚新。新韻鏡人誤舉,後屢易不當,鏡人曰,存之,唐宋人多有。孤鳥欲回還上下,亂雲無定作晴昏。愁心更在斜陽外,獨倚東風洗酒痕。

北望長安總斷魂,湖山點點没啼痕。鶯花滿眼今何日,風雨高樓暫汝尊。已盡蟲天小生死,好完心地舊乾坤。山青水白分明在,容得清狂幾輩存。

臨　窗

臨窗迎野趣,心入混茫開。碧浪柳千疊,紅燒花一堆。風留煙作字,雲造雨成胎。散髮看天晚,移尊照月來。

苦　吟

風大一樓狂,高吟與世忘。祭魚書跋扈,意馬墨相羊。苦詠字成血,長歌筆有芒。猶餘江海意,獨立飲天光。

雨霽望湖

漠漠花蒸霧,飄飄雲滿衣。白漚眠靜日,青荇挂荒磯。水大堤成線,浪高魚欲飛。一麾江海去,四望夕陽微。

愁　輕

愁輕起幽思,魂靜定孤鐘古通。園樹喧肥葉,牆蜂煦病紅。天涼能引夢,屋老易生風。寂寂培生意,微吟和草蟲。

小　寐

世味百無存,竭來空酒罇。夢中添日月,愁外拓乾坤。一卧鷙天晚,狂吟放我尊。門前餘五柳,只許白雲屯。

望湖雜感

一入江湖便可憐,鶯啼花笑幾回妍。瞥驚世界三千劫,已犯人形二十年。大象看驅天下往,小鮮還欲鬼神顛。澄波好護鴛鴦影,莫讓東風放柳縣。

鬢底滄桑十萬痕,樂虛烝菌認朝昏。二蟲久冥莊生論,一觳能搜老子根。黑白終嫌天尚在,笑啼差幸耳無存。余近忽失聰。久思買夏千山頂,大澤高天定我魂。

水氣荒荒接暮曛,重來此地夢紛紜。作癡日月牽生死,如醉河山看合分。天地豈能衆父父,心肝誰是此君君。海桑灰盡斜陽裏,又見中原起暗雲。

燈色湖光兩岸紛,水摩火守一齊焚。狂蒸暑氣熟明月,冷煦東風乾暮雲。照耀洪荒星宿大,咬咀奇景肺肝醺。清波瓊島成回首,幾點流螢護淚紋。

答侯羅羅_{芸圻治事近羅羅山因妄字之}

千里讀君書,一回一冷噓。奇情世無曉,與子發華胥。
君心如明月,能照古今心。明月無今古,人心有古今。
吾愛天邊風,吹散天邊暑。暑散天地涼,視風不知處。
高山基寸土,高山立萬古。乃欲遺寸土,高山不如礎。
君心能如月,吾意欲爲光。萬籟搖月光,月光不相忘。

荷花生日

一湖露結萬花魂,如醉波光照夢痕。花蕊花須應化佛,胡天胡帝總何恩。誰憐瘦影泥中老,自放孤香物外存。我欲相隨完一世,淪漣十里養靈根。

白　荷

明璫翠羽映雕疏，月上蘋梢香滿舒。一世萬花應下拜，十年雙眼只憐渠。不羣終恐人同少，絕色原難地上居。門外野風吹不斷，白雲天際渺愁予。

明兩廬雜言

夕陽搖吟魂，悄悄從風去。天空百徘徊，黏上牆頭絮。
庭樹一二三，伸枝爭掬月。白雲欵之颺，臨風各脈脈。
老樹青半天，老鶴天半眠。蚍蜉不有翼，亦欲隨鶴仙。
人生無根蒂，用句。不及柏與松。偶落塵土中，乃欲爭天工。
夜立情悄然，星動銀河潔。熱淚咽冷風，獨鑄心頭鐵。

看　花

日日看花意未忘，偶然縱酒放詩腸。無窮天地收心小，有限光陰入夢長。已辦行藏千日醉，誰容湖海百年狂。三山豈是吾歸處，愁絕南陽舊草堂。

望　湖

莽莽湖山没草萊，秋風無恙際空哀。浩波渾欲吞天去，大樹偏能掬日來。人事已無愁可說，天心原與世相推。只今獨有無人處，忍淚看雲日幾回。

雨後夜登斜橋

歌唄愔愔霧似塵，萬重夜色壓綸巾。支離病骨燈中瘦，蒼莽天容雨後新。寒氣結成魂一片，月光細鑄樹千身。胸前幾許槎枒意，吐向西風化笑嚬。

狂言

天地將分胎聖賢,一賢一世相爲妍。不有聖賢天其顛,如人無脊車亡鍵。孔孟已死三千年,至今元氣撐高天。上填日月下山川,煦育萬物同翩翻。至公無私大無前,囊括四海同酣眠。八荒野大天口堅,獨讓鬼嘯神敖旋。五百年來天西愆,長空蕩蕩漫腥羶。赤烏搏火飛作煙,星海橫流日月遷。涅菩死盡風輪癲,狂吹爝火同烹煎。黃農虞夏歸盡然,吾欲立柱崑侖巔。獨挾遺書三百篇,長驅聖道開西邊。

雨後

一雨百蟲出,風狂秋漸伸。牆花戰燈影,放酒敵寒辰。醉裏吾喪我,閑中形答神。樓高雲滿地,孤意欲成輪。

小病

暗煙浮暮色,涼意滿迴廊。人靜鳥窺戶,雨驕屋作航。庭花隨意大,簷溜放情狂。小病百無事,臨風洗野妝。

答石渠

小別不成夢,相思無已時。勞君千里字,紬我萬頭思。浪入人天想,毋甯物我知。屋梁五更月,雙照淚如絲。

微蟲謠

大塊蕩層陰,風火蒸駸駸。浡然散淑氣,往往成徽林。微蟲隨之生,含嚅呻微吟。偶有小聲氣,居然師與君。楚楚岸衣冠,惛惛拜神歆。紛紜絢五色,胞與推千心。自謂大無外,強弱隨升沈。強弱一有名,轉輾遂相燖。侈哆張利口,蚓蜒遊釜鬵。呼吸一寸間,生死日相尋。大氣左右之,伸縮我爲任。微蟲不自知,至死爭甘辛。天風吹琅琅,星宿參羌森。何不吐甘辛,一擿還天真。

日暮登城望南湖

餘醉入風姸，登高一放顛。殘城轟市響，古屋網秋煙。樹病強吞日，湖狂欲侮天。鸕鷥驕浪大，瞑立晚霞邊。

初　秋

小倚不成眠，晚凉細細姸。樓高來月早，人病覺秋先。漸識心歸淡，稍能詩向圓。年年愁裏重，一半爲花牽。

七月ㄙ日徹夜大風雨晨起霧
重城郭廬舍失所在感作

秋來處處斷人腸，又聽西風下八荒。一夜亂雲扶海立，萬山癡霧挾天狂。幾疑地到洪荒化，漸覺心從混沌忘。冥冥長空餘病日，猶能伴我看玄黃。

七夕夜坐

歷歷肝腸照酒尊，人間歌管幾家存。騰霄燈火搖殘夜，繞屋更聲曳斷魂。書味茶甘容我在，風尖月冷向誰溫。自憐心似空中絮，際海盤天覓舊根。

坐范蠡湖小閣遇某道人自言能琴偶成

倚檻范湖上，蕭蕭暑漸沈。夕陽制花影，水氣逗秋陰。野樹當門大，亂荷入雨瘖。一年春夏盡，忍聽履霜吟。

揚州道中

臥吹簫管到維揚，月漸分明水漸長。山過大江俱跋扈，春來北地亦蒼涼。隱然敵國誰相濟，友人三四人好弈，十數局不休。偶爾逢場亦不祥。我早忘情成局外,年年只慣看玄黃。

題汪蔚卿丈孤山探梅小筮

三看官梅發野紅,久荒歸夢馬蹄中。不知扇底孤山月,能照鄉心幾處同。丈籍臨安,久客吳門,故以風之。

尊經閣夜望

獨倚夜三更,盈盈牛斗平。長河漸欲墮,冷月噤無聲。萬戶入沈夢,千山如中酲。冥思動寥廓,誰喻此時情。

迎涼

獨坐自生涼,幽花細引香。晚風時伏起,詩意漸翱翔。月定天初大,愁空夢易長。年來多少恨,只欲向詩償。

嚴伯僑以珂羅版印董美人墓誌銘屬題尾

魂斷揚州廿四橋,瓊樓玉宇不勝招。流離照出傷心字,尚費人間淚萬綃。

索詩

夜深苦索詩,夜氣盪我腸。勃鬱蒸肺腑,發爲無量光。照見天地根,山川爲低昂。提攜日月影,粉飾羲與黃。造化我馳驅,萬物供點妝。天開五萬年,一一歸筆芒。涼風忽然至,吾我皆相忘。

題綺石老人石湖介壽圖
老人介壽石湖先雨而後晴作雨晴兩圖

□□□□□□,□□□□□□。闕。洗出波光三萬頃,釀成春色駐朱顏。

山色繽紛接翠空,湖山春滿一舟中。斜陽故故深相待,要與先生鬥酒紅。

與唐蘭盦吳苾馨登雲起樓

知非吾土漫相親,徙倚高樓一愴神。莽莽江山餘此地,_{樓在惠山麓竹鑪山房內隔紅塵}。離離禾黍彼何人。白雲引夢三千里,紅樹驚心二十春。滿地風波歸豈得,幾回搔首欲沾巾。

養　愚

日尋詩酒養全愚,放意人天覓故吾。已漸忘形到爾汝,偶然有夢亦唐虞。繁霜豪雪原成物,冷澀孤花足可娛。望望夕陽三萬里,一時收拾上顏朱。

明兩廬詩卷三

甲子

慈護丈以寐師絕筆屬題

昔年書法傳坤艮，實我三王二爨間。滿地殘陽看絕筆，落花如雪淚如潢。

幾點墨痕印夢痕，蟠天際海總難温。精光應與月無盡，常照念家山裏魂。

立厂詩來云行將歸約予迎煙雨樓下大喜報之

讀君千里詩，吾喜不欲寐。宛宛見君來，長髮鬖如蝟。云有千萬言，此時亂莫記。津沽水長流，此心不能致。示我汲冢書，指我新典志。狂紬善知識，折意復剖義。各創新世界，了了見洙泗。我稱三代制，君造大同議。曰孔斯大昌，千年待我備。秋蟁轟如雷，安敵鳳皇吹。天下誰得知，狂笑各指鼻。昂頭見大月，朦朧猶信嶭。豈知三千里，別夢忽灑涕。謝君呼王郎，來詩有"畢竟王郎勝一籌"句。王郎益頲頸。強蝨天壤間，有之安足異。鴛湖柳正多，柳絮嬾將睡。點點欲成萍，閒煞鴛湖翠。安得君來歌，一洗人天恚。我方停舟待，要理南湖醉。

放杜工部詠懷二首用原韻

予生氣吞牛，不識人世機。俾倪天地間，湯武有不爲。十歲誦詩書，頗識安與危。十三綴千言，儒墨知所歸。磊落四海心，不作兒女啼。安得牽骨肉，只向槍枋飛。豈知十年來，四望夕陽微。狐鼠跳梁立，百事無一非。黃蒿亂插天，雨陰失日時。家家鬧狐鬼，天神失所司。父子有革命，疾病不扶持。夫婦有改造，禮義將安施。方曰無聖賢，安得病若茲。哀哉堯舜道，今竟絕於斯。躑躅南湖頭，淚滿鴛鴦池。慘慘天無路，欲向誰陳詞。

　危邦奚可居，功名不足慕。飄飄將何之，悵望忽朝暮。影撐天地中，萬慘集一顧。豈無閭閻思，閭閻異昔素。豈無乘桴志，江海不可寓。鯨鱷噓怪潮，千里没山樹。蚩尤造怪霧，天門昏莫度。桃源水亦涸，濟勝無一具。憶昔從父遊，惟是探幽務。足跡東南北，名山百十數。曾舞竹如意，狂歌擊銅柱。出入煙瘴濤，心定亦無懼。乃上天津橋，杜鵑啼弗住。蚤知乾坤息，莽莽走無路。豺狼與狐狸，公然相馳騖。局促方寸間，低頭淚拭屨。正我儒衣冠，忘我悲與怒。天道有循環，予亦無可訴。只求老人星，百年健杖屨。終當見天日，再看展天步。

乙丑

江陰章琴若世丈際治哀輓錄題尾

　吾讀吳都蕉葛解，發微忽悟昔踟躕。近讀先生吳都賦蕉葛越升解，舊疑頓釋，且所見有略同處，以爲有神遇。梅花細雨澄江路，不見當年長者車。

　亦宰官身長者身，絃歌風雨見經綸。至今桃李三千樹，猶是先生舊日春。先生主辦南菁學校，聲名藉甚，今猶一仍舊規。

　蓬萊曾到試宮緋，一夢鈞天萬事非。絕似臨淄薛高士，蒲輪塵不上荷衣。

　楹書終古照江潰，後起又看張一軍。慚愧風塵壙埌土，形骸以外拜清芬。

子馨所如不合偶憶口占子吳子其舊日自稱也

苦憶桐南子吳子，人皆欲殺我憐才。身行萬里半天下，用句。未識人間有頸顪。

癸亥于役寶應歸舟憶畫川不置而無記偶及爲補繫於此

空桑一宿情難遣，雨後垂楊月上隄。已過清淮三百里，夢魂猶滯畫川西。

深夜聞杜鵑意不能自已成此謠
古有此體定公曾傚之

中夜聲聲苦勸歸，不如歸去總難歸。深知杜宇殷勤意，人未能歸夢且歸。

思親

無端苦憶立斜暉，滿眼青山花正飛。南望白雲多少淚，有風吹不上親衣。

病起

強起支離一據梧，樹頭山鳥怪相呼。客中日月長如歲，病後肝腸苦似荼。閱世漸知情冷暖，入山終覺計蹢躅。唐人多有。歸鴉兩兩沒煙去，十畝斜陽一影孤。

中宵

風雨中宵兀自憐，崚嶒病骨百憂煎。盲燈憨僕苦相向，一夜侵尋似一年。

長夜

漫漫長夜何時旦,短布單衣自燠暄。二十四年如夢過,常將淚眼看中原。

年來

年來衫鬢兩飄蕭,又見天涯發柳條。一夜闌干明月裏,閒愁如海夢如潮。

書劍

李杜光芒已不存,漫誇書劍一稱尊。圓天如笠誰容我,窮鬼知人亦可恩。世事百年殊了了,追奔兩角尚喧喧。涪翁詩曰"千里追奔兩蝸角"。憑闌欲看青山老,萬里風煙接酒罇。

墮地

無端墮地百憂謀,風雨縱橫看九州。傲骨三年成百折,狂奴雙淚亦千秋。眼前日月從頭去,身外文章與命仇。十二萬春曾一瞥,要攜春草入扁舟。

未眠

萬籟無聲人未眠,一燈如豆混茫前。此心忽覺隨風化,坐我羲皇以上天。

病裏

病裏思親百思刪,奮飛無力淚空斑。可堪夢內尋歸去,一夜千山十往還。

旅 食

柳漸闌珊花漸殘，天涯旅食客心殫。侵尋一病成春老，故歟千回入世難。醉後肝腸猶鬱勃，人前歡笑總辛酸。思親有夢不歸去，將淚白雲深處彈。

與石渠晚步

行藥偶然趁小晴，晚雲初斂月初明。長堤綠滿風三面，野水亂鳴黽數聲。

夜 立

鄉魂斷續不成招，十萬閒愁向酒消。滿地鳴蛙人獨立，碧天如海一燈驕。

蠶候雜謠

心如繭

歡心深如繭，不見心偷變。紬盡連理絲，飛去不相念。

諷蠶

山不可出，蠶作繭於薦茅曰出山，或曰上山。恩不可承。無端承恩，恩與仇因。出山成名，名與禍鄰。如何不省，昂頭驕人。經綸未盡，已遭狗亨。

訊戴勝

割麥插禾，戴勝呼因各地方言而異，川沙曰割麥插禾。終歲無褲。看貨種花，吾鄉曰家家看貨謂飼蠶，鎮洋則曰快快種花謂種棉。十年無家。不見大海南，有田如瓦，有花如霞，催租猛如虎。男女出入猶雙車，如何猶苦勸割麥插禾，看貨種花。諷種罌粟也。

再諷蠶

有才莫盡，才盡身危。用句。雖則善藏，一窟已遲。亦知身危，苦意綢繆。如何自炫,乃以自囚。如何自囚,尚欲奮飛。身未奮飛,鼎鑊已隨。

心齋詩來問近狀依其韻答之

千里書來憶舊顔,無端萬感逼時艱。三年分手成孤往,十斛狂愁鑄我頑。如此乾坤供涕淚,幾多肝鬲對江山。尚餘舊夢紛如縷,苦繫心頭未忍刪。

郊居謳

門前長塘路,一日千萬渡。中有故鄉音,欲聽淚先墮。南望水復山,立盡斜陽暮。

夜半蛙鼓怒,燈影淡如鷺。四海著一身,猶虞無安處。忽憶去年時,風雨董家渡。

月夜寄兄弟

更長燈欲燼,獨坐意彷徨。苦憶老親老,遥憐長水長。秀水一號長水。關山經百戰,兄弟各他鄉。今夜月明裏,征人幾處望。

家國

家國低佪兩鬢摧,無端蠟淚看成堆。有兄有弟身千里,此日此時腸幾迴。出處豈容驚世俗,笑譏已慣任疑猜。只今唯有龍山月,尚爲幽人一往來。

夢回

百尺剛腸百轉摧,荒江獨夜夢初回。短檠慘慘深相對,大地沈沈如中醅。入世未諧新面目,鈍根何事苦栽培。人天萬感交胸臆,又見昆明換劫灰。

贈吳興錢仲聯尊孫

吾眼竟誰屬,三年獨子思。癸亥已知君。神交天地外,握手亂離時。曠望希千載,狂吟合兩癡。昂頭無魏晉,皇古與相期。

寄錢仲聯

眼中落落二三子,吾子英多更少年。商略文章鑱造化,冥搜天地與周旋。青山歷亂忽成別,舊夢紛紜了不全。越尾吳頭三百里,一詩一日莫相詟。

壽張詠霓先生五十

花光海色照須彌,河上槎歸尚少時。如日方中四天大,降申維嶽萬靈持。乾坤入手重還古,肝鬲相望許我知。來拜雙星春浩蕩,橫江一笛酒千卮。

仲聯疊以詩來後又寄詩促和遂依韻答之

孤懷飄蕩似孤舟,百首詩來渡萬愁。鬢底河山翻淚影,燈前天地逼商秋。離離彼黍乃餘汝,莽莽中原一倚樓。今夕南湖明月好,屋梁夢路總悠悠。

丙寅

仲聯離錫詩以別之

錢郎三尺萬夫師,愛我如兄屢贈詩。握手畢傾肝鬲語,異鄉溫得弟昆私。三年不覺成今別,雙淚無端到汝疑。南望吳山青不斷,好留夢路寄相思。

再贈仲聯

予季去年死,傷心夢未通。得君年與若,溫我苦能融。有臆總相達，此歸何自逢。回頭攜手地，淚灑不成紅。

丁卯

贈謝玉岑

　　謝郎磊落真無敵，如此江山壓此才。六載相望餘夢在，幾回攜月照君來。驚看鬚鬢成今會，各放乾坤入酒杯。海上還留吾輩地，要判百醉不須迴。

戊辰

雙十節登大世界觀提燈

　　一望真堪隘九州，萬燈如海接天浮。男兒何必凌霄住，歷歷星辰在下頭。

　　此是人生第幾回，憶曾隨夢到蓬萊。銀河西畔麻姑宴，手摘春星照我來。

新蒲集

目　録

新蒲集序 …………………………………………… 39

新蒲集 ……………………………………………… 41
上某先生書 ………………………………………… 41
與某君書 …………………………………………… 41
答緒久書一 ………………………………………… 41
　　　　二 ………………………………………… 42
　　　　三 ………………………………………… 42
　　　　四 ………………………………………… 42
　　　　五 ………………………………………… 42
　　　　六 ………………………………………… 43
與闇公書 …………………………………………… 43
答某先生書 ………………………………………… 43
大刀勇士詩 ………………………………………… 44
弔佟麟閣趙登禹兩將軍 …………………………… 44
八百壯士詩 ………………………………………… 44
聞國都西遷 ………………………………………… 44
聞故鄉淪陷 ………………………………………… 45
讀錢蒙叟集外西湖詩去今三百年矣恍惚如見漫題
　其後 ……………………………………………… 45

二月十六日課罷友人邀飲市樓 ……………… 45
民國三十一年夏正元日讀東坡次韻王鞏顏復詩收句
　　慨然有感用作起句壬午 ……………… 45
見燕棲寓樓 ……………… 45
同日得芸圻石渠書明日過中山路賦此 ……………… 45
節婦吟 ……………… 46
小飲 ……………… 46
鸚母一首寄某君 ……………… 46
題明無錫嚴君典節士薇香楊圖爲嚴生古津其族孫也 ……………… 46
小病行藥望雁陣 ……………… 46
不寐夜起 ……………… 47
深夜不能成寐 ……………… 47
夢遊山登最高峰似有人曰此在天都之背醒後舉燈
　　賦之 ……………… 47
錢王 ……………… 47
雨後車過梵王渡望大夏大學癸未 ……………… 48
月夜江畔 ……………… 48
寄沈希乾訒 ……………… 48
胡敬侃工程師輓詞兼唁粹士博士 ……………… 48
題牡丹櫻花合册爲嚴君振緒 ……………… 49
外灘公園小立 ……………… 49
與穆如獅兒至龍華看桃花 ……………… 49
贈王個簃賢 ……………… 49
車直奇昂常安步當車 ……………… 49
病臂 ……………… 50
江頭口號 ……………… 50

新蒲集序

　　余陷寇中，時以詩文寫孤憤。十二月八日變作，杜門謝客者一年。賣文爲活，所作尤多。旋隱於商，猶不忘文事。茲選其十三四爲此集。新蒲者，節取老杜《哀江頭》詩句，《哀江頭》，陷賊中作也。吳駿公有《新蒲綠》詩，亦取杜語，余用之，志痛也。

　　　　　　民國三十四年九月一日識於滬西明兩廬

新蒲集

上某先生書

聞先生有郤卿複壁之厄,繫念至子夜不寐。昨與丕仲在榮康密計,竊意公心無他,則一時之是非,必有大白之日。故是非可不問,惟當爲異日大白地。此間爲是非所叢,必不可居,不如南圖香山,徐作計歸,蘿村風月,大勝六朝山水,公其有意乎?如此,則可不白而自白。項謁晉陽師,謂某某數君,皆可資行纏,懦者事之賊,幸即裁決。先生向以節義教生徒,非歲寒無以見松柏,此或天欲以見先生,則其厄也,乃其所以成乎?不具。

與某君書

前日晉謁,過僕所期,不圖三日未得一字,豈台從猶有所疑?君子行事,當問義不義,不當問利不利也。惟義,則雖舍生,亦所不顧,況所行爲去死而就生乎?即以利言,亦何樂而不出此?且司馬子長曰:收功實者常在西北,天命未改,漢祚終昌,閏位去順效逆,爲國人所共棄,即其謂他人父殘暴無人理,終不容於天地之間。知其不可而猶爲之,明識者宜不如此。

答緒久書一

彼在取强,我爲不得已。取强者必敗,不得已者必勝。足下論誠是,顧不得已,非只不得已而已。老子曰:果而不得已,不得已必先求果，求果有無數事焉。故守雌必先知雄，守黑必先知白。否則將何所以而求果？我懼吾人徒知不得已以自壯，而不知所以求果以取勝也。可若何？

二

前夕之事大可驚，自非大愚，必不出此。其勢奚啻鄒人之敵楚！彼恃其陵師梟悍，乘人不備，覆其水軍，以爲莫予毒。不知其富半天下，軍備可日出而不窮，去一而增十，未見爲勝算。且其民厚享樂生，本乏戰意，即有聲義，亦難爲動。今乃激之以怒，致之於哀，怨毒之於人甚矣！空國致死，其勢何可侮？況挑二憾，禍且倍之！余測其敗亡之慘，曾不旋踵矣。

三

示悉。鄉夕之事，於我實爲大幸。前時此豸，戀新棄舊，其故夫尚思拾墜歡以紓禍，屢欲賣我，已非一日。徒以屈於正義，忍而不敢，然南路之不通，亦可見已。今則恩斷義絕，覆水莫收，鴆媒之毒，無繇竊發，勝算已可計日而待，弟夜眠貼席矣。

四

示悉。求雄者必敗，求強者必亡，故老子守雌，又曰剛強者死之徒。蓋強與雄皆病在於欲得，欲得必不知足，天下之禍，莫大於不知足。今日欲得甲，明日又欲得乙，欲無止境，則禍必隨之。知伯滅范，滅中行，伐韓，伐魏，伐趙，終至身死家滅。今日之事，又一知伯也。人方以爲賀，我恐弔者之在其後也。

五

今日之事，如飄風，如暴雨，誠壯矣。然飄風不終朝，驟雨不終日。物壯則老,是謂不道。不道早已,今又何能異是。君毋慮,西土大風雨,溝澮皆盈,未嘗無瓦屋皆飛之勢,然其涸焉,似亦可立而待。其所爲在在懼爲前皇之續,恐終不能避其覆轍也。君試拭目觀之。

六

示悉。穀賈騰踊,至斗米千金,此後歲月,不知將何以自全?爲之憮然!然又未嘗不引以爲喜。何則?我民蚩蚩,不知有國久矣。今知無國之苦至如此,則民心或不至盡死。蒙兀、東胡之入主,知假仁義,免租稅至於再三,故能羈縻蚩蚩者,至百年,或數百年之久。今彼昏,併此而不知,東省食米者罪至死。此亦斂穀至無遺粒,不第奴使虜役而已。必欲置之死地而後快,使編户愚民,皆願致死而不顧。我知其無能爲也。幸忍之,忍之。

與閻公書

相去數里,三四月不見,竟如隔世。亂後終日伏處,如嬰大眚。今日晨起,偶行龍華道上,見桃花作血色,春風中人,乃毛髮灑析,肌膚慘慄,瞿然以爲異候。道中十步一堡,班馬蕭蕭作悲鳴,疑置身窮漠中也。意緒可知矣。公何以教我?

答某先生書

某啓:某某先生閣下,辱手教,獎飾過職,既感且愧。某椎魯不解世情,尤不諳酬酢。憶年廿五六時,以世誼謁某公。某公賓客盈門,坐而求見者數十人,皆屏息待。日晌午,某公猶未出,某不耐,即拂衣去。他日某公召見,曰:奈何不少待?某笑曰:野性難馴。某公大笑。今閣下必欲縻以好爵,見愛不可謂不深。奈野性之不蘄畜樊中何?此不敢承命者一。某性戇直,見不可意,即悻悻然見於顏色。今人世尚僞詐,往往外鵠美名,而陰行其惡,植黨以營私，排異以自固。欲默爾而息，則胸腹間輪囷壘塊，必上塞而悶死。欲快然一吐，則言未終而險釁隨之。言不言皆有死之機焉。奈何奉父母遺體，而自嘗於死乎？愛我者當不忍見其如此。此不敢承命者二。某學文惟古是好，詰屈聱牙，黔黑癰瘇，不合於世久矣。士大夫且相笑以爲怪，矧欲下喻於流俗淺里之人，是南其轅而北其轍也。則雖欲助閣下，亦何益於事？如欲其改容易飾，爲時世妝，則能者衆矣，又何假於僕？此不敢承命者三。幸鑒下愚，不勝大願。

大刀勇士詩

爲陳永德、趙金標兩壯士作。功成，營官迎之，呼爲第一英雄。

變刀如雪出嚴城，背水奇功一夜成。勝似班生三十六，長橋血徧不聞聲。

弔佟麟閣趙登禹兩將軍

劇憐朝議尚紛龐，事去空聞玉斗撞。如此佳人容可再，誰云國士竟無雙？英雄血書餘遺壘，魂魄歸應戀舊邦。千載團河東下水，濤聲還似鼓錚鏦。

八百壯士詩

飛角長圍勢已成，傷心棋又送殘枰。三軍鼓早聲如死，百戰身猶力似生。要使國家留寸土，不辭血肉葬同阬。淒涼十丈青紅幟，賸照斜陽萬里明。

聞國都西遷

北望陳雲寒，新亭淚不乾。河山塞醜虜，車馬走高官。國土緣江盡，牙旗照水殘。猶聞新策略，西去戰場寬。

聞故鄉淪陷

六州鑄錯事全非，又報家山劫火飛。如鵲繞枝歸何處，似兒失乳向疇依？夢中鐙火人無恙，淚底松楸望總違。二十四時腸百轉，幾回步月幾沾衣。

讀錢蒙叟集外西湖詩去今三百年矣恍惚如見漫題其後

共說西湖好，胡姬競鈿車。繁華烽火裏，花鳥劫灰餘。馬矢填魚沼，羊頭曳錦裾。江名真不負，羅刹滿城居。

二月十六日課罷友人邀飲市樓

舉目河山異，驚心春又殘。酒多翻化淚，月好不成歡。戰伐連三載，艱難忍一寒。憑闌偶西望，尚覺九州寬。

民國三十一年夏正元日讀東坡次韻王鞏顏復詩收句慨然有感用作起句　壬午

回頭四十二年非，檢點餘生事事違。去住兩難憐母在，等閒一飯看人肥。飄蕭鏡裏頭初白，慷慨軍前願已微。西望關山添笑意，長沙昨夜捷書飛。

見燕棲寓樓

自撫儒冠直幾錢，草間偷活總悽然。全家局促分三屋，六載艱辛擔一肩。才盡已無文可賣，春來惟有燕相憐。憑窗似解啁啾意，也似先生喘苟延。

同日得芸圻石渠書明日過中山路賦此

迢遞雙魚路八千，燈花挑盡總難眠。夜防空，秉燭帷中讀之。天開西北留餘地，地陷東南已不天。左氏語。望帝傷心空有淚，渡河猶説在今年。春風依舊中山路，紅徧材花向日妍。

節婦吟

有女十六餘，皎皎冰雪姿。一朝嫁夫子，夫子出不歸。三年沈消息，六年淚漣洏。鄰媪前致辭，夫婦不可期。饔飧且不繼，苦守空爾爲。不如嫁富兒，富兒真光輝。居有連雲棟，衣有明月璣。食有五侯鯖，出有四牡騑。鄰媪語未畢，女已淚雙垂。自我嫁夫子，生死誓不攜。生作山頭石，死作江頭泥。泥入江頭水，猶得載夫回。悠悠生與死，區區寒與飢。富貴有時盡，此情無盡時。江山有時改，此心不可移。命意似勝張文昌自記。

小飲

年光容易盡，客裏夢鱸蓴。髮白秋離鬢，顏紅酒媚人。半生千劫過，小醉百骸伸。兒女不知恨，燈前笑語頻。

鸚母一首寄某君

局促驟籠内，何心得意鳴。向誰炫文彩，誤汝是聰明。播弄憎饒舌，逢迎却有情。回看黃鵠舉，浩蕩白鷗盟。

題明無錫嚴君典節士薇香
楊圖爲嚴生古津其族孫也

嬴顛劉蹶一權尊，尚有遺民説寨門。又是危闌風雨裏，河山如夢與招魂。

小病行藥望雁陣

九秋風漸壯，傳恨動離腸。辛苦逃矰繳，飄零誤稻粱。數聲寒可念，一字意偏長。同是天涯客，那堪病裏望。

不寐夜起

獨擁寒檠夜未央，起看斜月色淒涼。訛言信有黃天立，天色微黃。焦澤真同衛國量。入冬道殣相望，日必數百人。草草江山還說霸，匆匆人物各新妝。愁來翻恨浮生久，立盡更籌望大荒。

深夜不能成寐

百念起參差，欲芟還復滋。燈驕無月夜，夢澀有愁時。漏轉靜彌厲，鴻嗷寒愈悲。聲聲摧不寐，併作斷腸詞。

夢遊山登最高峰似有人曰此在天都之背醒後舉燈賦之

奇峰插天起，萬山皆引退。星辰入衣袖，閶闔聞玉珮。鶴夢酣頰綠，詩魂養空黛。如坐九天上，五洲成破碎。似聞有人言，此是天都背。呼吸帝座通，彷彿天肝肺。身與銀河平，足能濯沆瀣。兩岸皆瑤田，河流通灌溉。龍芎不死藥，彌望成薆薱。回頭見北辰，陸離手可隶。彎如折釵股，蓬髻足簪戴。日聲如波黎，此當似玉蜃。大呼得未有，奇景不可再。拭眼忽惺忪，寒幛燈半暖。竟如謫仙人，隨世餘百慨。安得常如此，飛行了不礙。方壺與圓嶠，一一來夢內。不知有塵世，此亦大自在。

錢王

歲闌，客有談天水舊事者，余舉似隨園"錢王英武康王弱，一樣江山兩樣才"句，為慨然者久之。客去賦此。

江山錢王開，鬱氣留餘霸。如何轉世來，頹唐甘駕下。見《朝野雜記》。然而小朝廷，百年尚足藉。不知幾春秋，英雄起閭左。保境欲安民，稱臣到帝座。分茅列五等，居然亦王佐。如何炮未鳴，棄甲歸田舍。然而楚人弓，雖失未爲過。不知幾歲月，鰦生居奇貨。認賊竟作父，拱手但嘯坐。朝拜胡馬塵，莫受胡兒唾。出入猶陽陽，百計嚴督課。民膏千萬多，一一胡馬馱。鰦生甘其餘，要腹愁牛駕。靦顏計亦得，敲扑威可假。號令百里間，云亦足自大。草草稱南面，坐看家山破。浙臉尚何在，浙臉，見《朝野雜記》。團團任笑罵。四山失蒼翠，一年無春夏。傷哉佳麗地，狼藉腥羶宛。錢王應有靈，江聲咽日夜。

雨後車過梵王渡望大夏大學　癸未

渡口偶流連，偷生又一年。亂雲依夕照，樂歲斷虛烟。連歲豐登而道殣相望。籬密人爲狗，郊外多編籬斷路，名曰清鄉封鎖，黠者穴洞而行。水高魚暫仙。如何舊遊地，華屋已犁田。

月　夜　江　畔

春到江南不忍看，偶隨明月一憑闌。無多骨肉分三地，大兄在杭州，六姪在永嘉。轉盡肝腸總兩難。滿眼滄桑添涕淚，幾時父老見衣冠。潮聲似解愁人意，故引愁心出海寬。

寄沈希乾訒

沈郎別我今三載，辛苦爲詩劇可憐。嘔盡肝腸彈盡淚，爭如爛醉臥花前。

夢中了了見朱顏，醒後如雲去莫攀。總爲六朝山色好，江鄉春到不思還。

胡敬侃工程師輓詞兼唁粹士博士

翩然何日望歸難，思子亭成不忍看。如此殘山埋駿骨，幾多老淚酹春寒。誰同秦繆施醇酒，竟似文成誤馬肝。傳言久飢,食馬肉不起。腸斷恒河無量水，歿於印度新旹。年年常與咽悲酸。

蚤聞奇譽化鵾鯤，絕域歸來策萬言。千里委輸同軌轍，一生肝腦盡丘樊。君主築路工程。最憐老父孤兒夢，有一子。誰笳蠻烟瘴雨魂。它日中興青史在，褒忠應作國殤論。

題牡丹櫻花合册爲嚴君振緒

一技寫出露華瀼，占盡春光九十長。底事櫻花半零落，還爭北勝與南強。

外灘公園小立

小立夕陽紅，浮生類轉蓬。十年江海上，八口亂離中。骨肉成星散，六姪浙東，三姪女贛南，梧妹昆明，獨大姪女留禾中。星散五地,數歲不相見。音書望雁通。昆明書信尤不易達。還將兩行淚，寄向水西東。

與穆如獅兒至龍華看桃花

消搖偶見自繇身，繞道還虞醉尉瞋。中途設卡,下須繞道而行。寺古猶留明代佛，花開不是漢家春。表忠塔壞神應在，軍使營荒跡已陳。左近有陣亡護軍將士塔及前使署。步輓歸來攜稚子，一車載得百愁新。

贈王個簃賢

小隱足生涯，栽花市作家。眼中無魏晉，腕底有龍蛇。君工篆刻,由秦漢上窺三代。金石交期久，風塵願總賒。何時一尊酒，握手醉烟霞。

車直奇昂常安步當車

一里車行直萬錢，步輓賃直至少三四餅，合錢萬餘，即公車亦須一二餅不等,月日往返，非十萬錢不可，可以觀世變矣。鰕生泥士走堪憐。肩摩轂擊人争道，事變後滬上人口突增至四百餘萬，雖馳道寬廣，常至肩摩轂擊。忽悟書家筆陣妍。

病　臂

如何一病筆無魂，空有龍蛇腕底奔。樹已半枯心未死，身原可廢舌猶存。只愁鑿齒還名累，得似王駘悟道尊。天爲勞生始佚我，縱然相厄亦堪恩。

江頭口號

黃浦江頭日幾周，余至銀行，必繞道至江頭小立。洗愁難盡反生愁。怪他只逐潮升降，不解西流但下流。

抗兵集

目　錄

抗兵集序 …………………………………………… 59

卷一　詩 ………………………………………… 61

　聞警　辛未 ……………………………………… 61
　胡烈士歌　壬申 ………………………………… 61
　題游介園淞滬殉國將士印譜 …………………… 61
　輓徐冬生孺人　乙亥 …………………………… 61
　六月一日爲大夏大學創立之十三年詩以頌之　丁丑 …… 62
　大刀勇士 ………………………………………… 63
　弔佟麟閣趙登禹兩將軍 ………………………… 63
　哀寶山 …………………………………………… 63
　八百孤軍 ………………………………………… 63
　聞平型關捷報 …………………………………… 64
　郝將軍歌 ………………………………………… 64
　王將軍挽歌 ……………………………………… 64
　聞國都西遷 ……………………………………… 65
　聞故鄉淪陷 ……………………………………… 65
　讀錢蒙叟集外西湖詩去今三百年矣恍惚如見漫題
　　其後　戊寅 …………………………………… 65
　大雷雨如萬馬騰驤復兒嚄唶曰或大軍已入境乎時國

軍退數月矣淒然賦此 …………………………………… 65
魯南 ……………………………………………………… 65
小除夕 …………………………………………………… 66
江頭　己卯 ……………………………………………… 66
二月十六日友人邀飲市樓 ……………………………… 66
望長江 …………………………………………………… 66
立庵自北至即南行 ……………………………………… 66
除夕 ……………………………………………………… 67
庚辰元旦　庚辰 ………………………………………… 67
外灘公園遠望 …………………………………………… 67
哭蔡子民年丈元培 ……………………………………… 67
聞西來消息 ……………………………………………… 68
棄婦行 …………………………………………………… 68
題絹本長江萬里圖 ……………………………………… 68
中秋友人自西至話沿江艱險 …………………………… 68
與兒女圍爐　辛巳 ……………………………………… 69
歸妹 ……………………………………………………… 69
再望長江 ………………………………………………… 69
讀宋史 …………………………………………………… 69
酒後與鮑扶九鼎說識 …………………………………… 70
連日秋霖戰後道路溝洫不修江潮到灌低窪盡成
　　澤國歸車跋涉憮然賦此 …………………………… 70
題劉誠意伯山水 ………………………………………… 70
得桂林石渠書 …………………………………………… 70
喜芸圻自北至 …………………………………………… 70
民國三十一年夏正歲朝讀東坡次韻王鞏顏復詩收
　　句慨然有感用作起句　壬午 ……………………… 71

見燕棲寓樓	71
同日得芸圻石渠書明日過中山路賦此	71
節婦吟某君書來作此代簡	71
小飲	71
鸚母	72
題明無錫嚴君典節士薇香樓圖爲嚴生古津生其族孫也	72
小病行藥望雁陳	72
不寐夜起	72
深夜不能成寐	72
錢王	72
雨後車過梵王渡望大夏大學　癸未	73
月夜江畔	73
胡敬侃工程師輓詞兼唁粹士博士	73
題牡丹櫻花合册爲嚴子振緒	74
外灘公園小立	74
與穆如同女獅兒至龍華看桃花	74
車直奇昂常安步當車	74
病臂	74
江頭口號	75
近事　甲申	75
洛陽將軍行	75
張自忠將軍挽辭	75
題歲寒三友圖爲劉震川	76
徐鎔博士輓辭　乙酉	76
題雄雞獨立圖	76

卷二 文

論倭不足畏 ································ 77

變風社詩錄序 ····························· 78

嚴幾道先生文稿手跡跋 ··············· 79

記馬忠武公大同江之役 ··············· 80

甲午死難將士題名記 ·················· 81

李世鴻傳 ··································· 84

孫鈺傳 ······································ 84

寧陵趙君傳 ······························· 85

旅順義丐傳 ······························· 86

二簡傳 ······································ 86

滕將軍傳 ··································· 87

台山李營長傳 ···························· 88

金德海傳 ··································· 89

六十亡名烈士傳 ························ 89

胡阿毛烈士傳 ···························· 90

美利堅蕭德上尉傳 ····················· 90

行政院參議陸君墓誌銘 ·············· 91

錢步恒秘書傳 ···························· 93

許心魯殉難事略 ························ 94

王光遠家傳 ······························· 94

海寧吳子馨教授傳 ····················· 96

松江吳鏡秋先生家傳 ·················· 98

胡伯強家傳代 ···························· 99

畢君貞甫傳 ······························· 100

梅縣李君續川傳 ························ 101

先生妣事略 ······························· 102

楊大雄烈士殉國碑記 …………………………… 104
悉將軍傳 ………………………………………… 105
上某先生書 ……………………………………… 106
與某君書 ………………………………………… 106
與友人書 ………………………………………… 107
辭某公書 ………………………………………… 107
答某先生書 ……………………………………… 108
與緒久書一 ……………………………………… 108
  二 …………………………………………… 108
  三 …………………………………………… 109
  四 …………………………………………… 109
  五 …………………………………………… 109
  六 …………………………………………… 109
與闇公書 ………………………………………… 110
致吳子馨教授書 ………………………………… 110
與林嶽威書 ……………………………………… 111
再與林嶽威書 …………………………………… 111
與友人書 ………………………………………… 111
與友人書 ………………………………………… 112
祭無名英雄墓文 ………………………………… 112
祭范少伯祠文 …………………………………… 113
先師沈子培先生二十周忌告靈文 ……………… 113
王一亭先生奉謐祝文 …………………………… 113
祭陸初覺參議文 ………………………………… 114

附錄：上海名人論 ……………………………………… 115

抗兵集序

　　吾師嘉興王瑗仲教授,文章道德,照耀儒林。東寇之亂,抗節不屈,隱然支柱東南正氣,尤爲士子所歸嚮。明歲政五十,無錫王兀元先生擬校刊其詩文集,用饗多士;然以所積太多,鋟梓不易,爰屬丕績,擇其有關寇亂者,得若干篇,詩文各爲一卷,請於師。師取《老子》語,命曰《抗兵集》。蓋吾師涕淚民物之志,悁具於是。且所作語無苟設,歸於必信,表揚氣節忠義,尤不絶於篇章,可以觀世變,可以作民氣,即謂爲抗戰史,亦無不可也。後附同門斐爾君所作《名人論》。孟子曰:"讀其書,不知其人,可乎?"爲欲知吾師者,或有助爾。

　　　　　　　　民國三十七年二月受業吳丕績敬序。

卷 一

聞警 辛未

滿天烽火舞婆娑，換得家山一曲歌。事已難爲陵化谷，棋猶不定鸛爲鵝。書生慷慨空揮涕，朝士從容尚議和。太息遼東歌浪死，那堪畫地到黃河。

胡烈士歌 壬申

胡烈士，頭垂白，日日御車奉母食。一朝海畔胡塵起，劫使沙場載彈藥。彈藥千萬餘，胡酋立交遺，烈士色然喜，私計慨一諾。我雖有母，然又有國，國亡母我皆不活，母固可愛國尤甚，寧殺吾身報吾國。國存身雖殺，吾母猶堪託。車擲江濤百丈高，下爲河嶽上日月。

題游介園淞滬殉國將士印譜

日蹙國百里，新亭淚暗吞。願將心化石，一石一忠魂。

輓徐冬生孺人 乙亥

淒絕東坡哭魏城，斷鴻零雁總傷情。不知錦瑟年年淚，可有潺湲到九京？

廿載曾無幾日安，養生送死此心殫。最憐吳越蟲沙夜，烽火彌天守一棺。

男兒敵愾女兒哀，蝦寇無端厭境來。親製吳綿三百褚，一時挾續徧輪臺。

隔牆分蠻衆囂沮，人愛泉刀我愛書。絕似臨安李居士，茶罏相對伴蟫魚。

前塵如夢復如煙，已碎劬心百可憐。留得諸雛頭角在，還將愛日補情天。

六月一日爲大夏大學創立之十三年詩以頌之　丁丑

藍縷開疆薙草萊，萬間廣廈氣佳哉。君看桃李三千樹，辛苦諸賢一一栽。

迴腸往事十三年，蛙蛤思明絕可憐。失喜共浮江漢至，彌天烽火啓經筵。

五月榴花映血紅，三間老屋雨隨風。漂搖誰識無家苦，觸死同關射日弓。

南朝霸氣忽焉陳，桃李飄零半作塵。吾道非邪來曠野，歲寒終竟見松筠。

累歲支掌百慮摶，馬前王後兩心殫。謂馬君武、王伯羣兩校長。繞枝才有安巢地，勤苦昌黎一覆難。

赤土炎風苦總甘，佛家求化義同參。一車兩馬蕭寥去，萬里投荒我道南。

囿寇曾言山可移，艱難終定百年基。梵王渡畔蕭蕭柳，常護摩雲紀德碑。

一夕家山失壯圖，虛聞紙上策防胡。最憐子弟齊投筆，尚記書空射九烏。

漏舟夢醒此何年，九世讎難共戴天。人定有時天退聽，河汾莫忘太平篇。王校長有民族復興教育方案，期以三年。

靄靄黌宮敞畫門，前塵歷歷夢重溫。麗河東畔絃歌地，誰認當年汗血痕。

大刀勇士

勇士者,二十九軍金振中營士兵陳永德、趙金標兩壯士也。蘆溝之役,深夜大雨,仗大刀,襲寇營。寇倉卒不得發鎗炮,斫死九人,竟奪蘆溝橋。營長迎之,呼爲第一英雄。余友楊錢二子,皆有詩張之,余亦繼作。

雙刀如雪出嚴城,背水奇功一夜成。勝似班生三十六,長橋血徧不聞聲。

弔佟麟閣趙登禹兩將軍

劇憐朝議尚紛龐,事去空聞玉斗撞。如此佳人容可再,誰云國士竟無雙。英雄血盡餘遺壘,魂魄歸應戀舊邦。千載團河東下水,濤聲還似鼓錚鏦。

哀寶山

寇犯寶山,營長姚子青熙壽與所部六百人,力戰死之,時九月七日也。

東北滿蛇豕,流毒到江涘。寶山扼江口,與滬相首尾。如何肆狂嚼,橫斷吳淞水。桓桓姚城父,孤軍獨排抵。黑雲壓城頭,夜半鼓聲死。傷心六百人,千古土花紫。從此淞滬間,如臂喪手指。

八百孤軍

上海國軍西撤後,惟八十八師第五百二十四團團副謝晉元、營長楊瑞符,率所部八百人,苦守閘北四行倉庫不退。屋顛破碎,國徽尚飄揚空際。余隔河載拜,揮淚賦此。

飛角長圍勢已成,傷心棋又送殘枰。三軍鼓早聲如死,百戰身猶力似生。要使國家留寸土,不辭血肉葬同阮。淒涼十丈青紅幟,賸照殘陽萬里明。

聞平型關捷報

兄弟本同根,枝枝分一樹。奈何參與商,干戈曰抵捂。皇天誘其衷,秦越合肺附。幡然鬩牆爭,戮力禦外務。北封一丸泥,突入土囊怒。出地奮驚雷,百里破蚩霧。赤雲縣大旗,紫塞回日馭。捷報天外來,喜極淚如注。

郝將軍歌

郝軍長夢麟守晉北南懷化,殲賊甚多,於十月十七日陣亡。臨發,致其家書曰:"沙場爲余歸宿地。"能讎其所言。壯已!悲已!爲揮淚賦此。

猰㺄滿野森齒牙,西驅千里骨成麻。管涔盤鬱號山祖,橫截萬蹄空爬沙。山中將軍人中虎,長劍耿耿天倚杵。賊來賊來腥吾刀,舐啖齗齗都變鼠。詎知一虎當衆獸,鐵額銅頭困挈鬥。大猛火聚神鬼焦,可憐天險終不守。八千子弟同一烹,將軍雖死猶虎睜。積恨浮天雲不流,積血入地草不生。傳聞將軍初受命,蚤以一身許宗國。有家不歸歸沙場,煌煌大義炳天日。回頭三晉烽連霄,將軍一去成漂搖。雄關日照四面開,河上大帥方逍遙。

王將軍挽歌

蜀軍王銘章師長,轉戰濟南、滋陽間,屢摧強寇。寇憤,以飛機狂炸,卒殉於滕縣,所部萬餘人,從死者半焉。

守滕北,戰兗南,千里百里安如山。凶鳥徘徊,神驚鬼猜;風雷開闔,城崩池摧。可崩可摧城與池,不可摧者將軍心,不可崩者將軍師。將軍之心有斷頭,將軍之師無屈膝;將軍魂來蜀山青,將軍魂去濟水黑。

聞國都西遷

北望陳雲寒,新亭淚不乾。河山塞醜虜,車馬走高官。國土緣江盡,牙旗照水殘。猶聞新策略,西去戰場寬。

聞故鄉淪陷

六州鑄錯事全非,又報家山劫火飛。如鵲繞枝何處宿?似兒失乳向疇依?夢中燈火人無恙,淚底松楸望總違。二十四時腸百轉,幾回步月幾沾衣?

讀錢蒙叟集外西湖詩去今三百年矣恍惚如見漫題其後　戊寅

共說西湖好,胡姬競鈿車。繁華烽火裏,花鳥劫灰餘。馬矢填魚沼,羊頭曳錦裾。江名真不負,羅剎滿城居。

大雷雨如萬馬騰驤復兒嚄唶曰或大軍已入境乎時國軍退數月矣淒然賦此

無端豪雨挾驚雷,夢裏旌旗黯不開。一夜濤聲騰萬馬,癡兒猜擬渡河來。

魯　南

捷報初聞涕欲零,魯南重見國徽青。中興有象知天意,一戰成功效地靈。萬馬鞭難斷泜水,三軍血與洗王庭。臨淮同望新旗鼓,要勒燕然第二銘。

小除夕

開歲忽四十,愁顔酒不紅。對人無可説,搔首已成翁。豪氣沈杯底,家山插夢中。幾回向天問,何日九州同?

江頭 己卯

江湖春又至,蒲柳去年同。世亂嫌身贅,書空歎道窮。傷心天水碧,用《宋史·五行志》。滿眼夕陽紅。多少滄桑恨,淒凉付晚風。

二月十六日友人邀飲市樓

舉目河山異,驚心春又殘。酒多翻化淚,月好不成歡。戰伐連三載,艱難忍一寒。憑闌偶西望,尚覺九州寬。

望長江

萬濤無際百靈馳,淘盡英雄總不知。天畫中央競王霸,流分上下限華夷。湘瀏南扼愁胡馬,長沙為湘瀏之會。鄠鄂西開奠漢基。蜀漢倚江陵為全楚之鎖鑰。珍重東流一脈水,來時曾照舊旌旗。

立庵自北至即南行

前晨簷雀噪,昨夜燈花黃。失喜故人至,握手淚眼瞠。如何數年別,鬢短須已長?風塵凋朱顔,刻畫出老蒼。相對如夢寐,欲語翻迴遑。前歲遼陽陷,魂魄碎城隍。萬家散血肉,一命懸火湯。晝伏且夜行,十步終一僵。回頭七市灰,白骨千里掌。辛苦聚民膏,一一齎盜糧。脱死還舊京,大帥方笙簧。去年河北亂,變起尤可傷。門蚤與敵共,藩籬撤四方。文武還恬嬉,異夢酣同牀。將軍不負腹,杯酒籌邊防。虛誇十萬劍,未戰已扼吭。可憐帝王都,一夕淪豺狼。從此十六州,蕩蕩無堅墻。淒凉凝碧池,歌舞供淫荒。縹緗與財貨,歸軫連扶桑。食肉肥功狗,高冠飾虎侲。魑魅見白日,狐鼠騰城坊。亦有巢許儔,勁節凌風霜。幡然拜車前,媚骨換倉皇。亦有文章伯,自命頗堂堂。守玄空自苦,美新忽成章。君言才十一,君淚已滿裳。我亦幕上燕,舐米先及糠。禍福原倚伏,慰君還自傷。強顏出歡笑,把臂傾壺觴。招君已碎魂,續君已斷腸。反君舊時顏,還君舊時狂。酒人有天地,百痛儻一償。廿年昆弟情,盡此燈燭光。明日各山海,此情不能忘,相期保歲寒,漢運終再昌。

除　夕

四十今朝過,酴醾酒暫乾。江湖催白髮,身世誤儒冠。春到培愁長,杯多拓夢寬。明年新甲子,努力且加餐。

庚辰元旦 _{庚辰}

彌天烽火換桃符,依舊偷生在海隅。愁外忘形到胡越,春來歸夢滿江湖。沈沈鄉訊三年隔,了了家山一髮孤。安得翩然黃鵠去,松楸無恙話菰蘆。

外灘公園遠望

東下旌旗望屢訛,春風又是一年過。國殤血盡朝廷小,上將功成焦土多。花亦有情還濺淚,江能到海已頹波。憑闌多少哀時意,併入潮聲發浩歌。

哭蔡子民年丈 _{元培}

曠代宗師孰與公,首開風氣掃羣蒙。曾栽桃李徧天下,屢念飢寒到病中。憂國虛傳三戶讖,傷心不見九州同。撫棺一慟知何日,南望香山淚不窮。

聞西來消息

近事傳來總可傷,問天無語幾回腸。三年奔走空皮骨,一代江山又靖康。依舊分門騰黨論,那堪說夢到遼陽。最憐父老淒涼語,目斷東南舊戰場。

棄婦行

夜半悲聲起,悲聲來何方?牆隅有少婦,嗚咽斷人腸。自云良家子,少小知禮防。十五誦詩書,頗識丹與黃。十八嫁君子,翩翩鴛與鴦。自從前年冬,烽火迷遼陽。良人在軍籍,分飛戍邊疆。邊疆千萬里,有夢空相望。身離心不離,亦能厭糟糠。偶出說紛華,稍稍走街坊。終至比匪傷,陌路遂相將。舊歡淡如水,新歡甘如糖。舊情如秋月,新情如春芳。糖甘有時苦,水淡餘味長。月冷照千里,芳穠難久香。一朝恩寵衰,去去委路旁。飄零人不惜,百死何足償!猶冀未死心,化石熨君創。猶冀已斷腸,挽君還故鄉。此身有時盡,此恨終難量。吾聞三歎息,欲慰翻彷徨。悲哉失足恨,千古同一傷。

題絹本長江萬里圖

盛暑如何風蕭蕭,開卷一尺聞波濤。洶洶汩汩浮鮫綃,淋漓遠通赤岸潮。觸手如有風雲交,江神白馬來嫖姚。是何神傑黃山樵,_{朱印模糊,似有王字}筆役精靈百怪撓。三古可通六合包,造化雖狡終難逃。我生不辰隋江皋,鐵鎖無靈飛輪飆。馮夷八石空折腰,支祈蓄怒作哮咆。懷山襄陵天地搖,千門萬戶隨流漂。臨圖失氣欲長號,兩岸遊魂何時招?安得大筆刷腥臊?江山入手還崇朝,萬里波平東坡邀,江頭江尾同逍遙。

中秋友人自西至話沿江艱險

目斷殘旗淚不收,天涯明月又中秋。願君莫話東來恨,一夜江聲已白頭。

與兒女圍爐 辛巳

目倦偶拋書，圍爐足燕居。燈前兒女大，亂後友朋疏。春懶花無信，家貧草作蔬。今日以金花菜佐餐，鄉語曰草頭。閉門無魏晉，得酒即華胥。

歸 妹

梧妹於歸閩侯陳遵嫣。遵嫣精天文，有美譽，著書數十種，於役滇南。前歲喪耦，千里問名，余力贊之。吉期五月五日，妹將結伴南行。凡五女，皆就昏者。余以困乏，且牽於校事，不獲遠送。臨別惘然，詩以勝之。

歸妹占成涕淚頻，將離翻見性情真。嬌癡如此難爲婦，善惡能忘好作去聲人。用《淮南子》。滿眼干戈憐獨往，成行子女願相親。前婦遺子女五六。釵荆裙布吾家舊，《五噫》歸來結比鄰。

再望長江

春草扁舟眼暫明，江濤還是舊時清。曾留故國山河影，似帶中原戰伐聲。直下何辭千折盡，長驅會有萬峰迎。天迴地轉終填海，莫再嗚咽意不平。

讀宋史

好家居竟壞纖兒，半壁空存劫後棋。事去相公權作帝，金立張邦昌爲楚帝，邦昌心不安，拜官皆以"權"字。時來佳士善爲師。高宗稱秦檜爲佳士，檜主和，奏有"德無常師，主善爲師"之語。賊何可父甘稱子，南宋以父禮事金。奸不能雄只合雌。西望常山蛇勢在，張浚宣撫川陝之議未決，監登聞檢院，江若海曰："天下者常山蛇勢也，秦蜀爲首，中原爲脊，東南爲尾。今以東南爲首,安能起天下之脊哉？將圖恢復,必在川陝。"浚大悦。有人夢想中興時。此詩之成若有神助,振筆直書,不易一字,前未有也,自記。

酒後與鮑扶九_鼎説讖

風雲惨澹立杯前,相對新亭總惘然。事壞争傳仇國論,春來還紀漢家年。無聊漫説荒唐餅,有恨同歸混沌天。碧海紅桑看已慣,只愁凡骨未能仙。

連日秋霖戰後道路溝洫不修江潮到灌低窪盡成澤國歸車跋涉憮然賦此

十里繁華繞劫灰,戰後四郊多成焦土,惟租界獨全。盛衰推奪潛相催。連樓燈火嵌空起,環岸江潮穴地來。人事漸隨陵谷改,天容似爲雨風哀。歸輪轉盡霞飛路,依舊歌場處處開。

題劉誠意伯山水

指揮若定策平胡,整頓乾坤寫作圖。緑水白雲題詩有此四字。依舊在,江山能似畫時無？

得桂林石渠書

舊夢桂林好,河山天下奇。羨君能坐領,思我怪書遲。予四發書皆未達。一別疑生死,三年隔夏夷。故人心史在,千里照襟期。

喜芸圻自北至

燕雲北望幾徘徊,失喜今朝脱死來。五載可憐豺虎地,一籌難展棟梁才。支持餘淚看天意,收拾殘魂入酒杯。撥盡爐灰温舊夢,九龍燈火首重回。

民國三十一年夏正歲朝讀東坡次韻王鞏顏
復詩收句慨然有感用作起句 　壬午

　　回頭四十二年非，檢點餘生事事違。去住兩難憐母在，等閒一飯看人肥。飄蕭鏡裏頭初白，慷慨軍前願已微。西望關山添笑意，長沙昨夜捷書飛。

見燕樓寓樓

　　自撫儒冠直幾錢，草間偷活總淒然。全家局促分三屋，六載艱辛擔一肩。才盡已無文可賣，春來惟有燕相憐。馮驢似識啁啾意，同是危巢喘苟延。

同日得芸圻石渠書明日過中山路賦此

　　迢遞雙魚路八千，燈花挑盡總難眠。夜防空，秉燭帷中讀之。天開西北留餘地，地陷東南已不天。望帝傷心空有淚，渡河猶說在今年。春風依舊中山路，紅徧村花向日妍。

節　婦　吟 某君書來作此代簡

　　有女十六餘，皎皎冰雪姿。一朝嫁夫子，夫子出不歸。三年沈消息，六年淚漣洏。鄰媼前致辭，夫歸不可期。饗飧且不繼，苦守空爾爲。不如嫁富兒，富兒真光輝。居有連雲棟，衣有明月璣。食有五侯鯖，出有四牡騑。鄰媼語未畢，女已淚雙垂。自我嫁夫子，生死誓不攜。生作山頭石，死作江頭泥。泥入江頭水，猶得載夫回。悠悠生與死，區區寒與飢。富貴有時盡，此情無盡時；江山有時改，此心不可移。命意似勝張文昌自記。

小　飲

　　年光容易盡，客裏夢鱸蒓。髮白秋讎鬢，顏紅酒媚人。半生千劫過,小醉百骸伸。兒女不知恨,燈前笑語頻。

鸚母

局促雕籠内,何心得意鳴。向誰炫文彩,誤汝是聰明。播弄憎饒舌,逢迎却有情。回看黃鵠舉,浩蕩白鷗盟。

題明無錫嚴君典節士薇香樓圖
爲嚴生古津生其族孫也

嬴顛劉蹶一樓尊,尚有遺民説寨門。又是危闌風雨裏,河山如夢與招魂。

小病行藥望雁陳

九秋風漸壯,傳恨動離腸。辛苦逃矰繳,飄零誤稻粱。數聲寒可念,一字意偏長。同是天涯客,那堪病裏望?

不寐夜起

獨擁寒檠夜未央,起看斜月色淒涼。訛言信有黃天立,天色微黃。焦澤真同衛國量。入冬道殣相望,日必數百人。草草江山還説霸,匆匆人物各新妝。愁來翻恨浮生久,立盡更籌望大荒。

深夜不能成寐

百念起參差,欲芟還復滋。燈驕無月夜,夢澀有愁時。漏轉静彌厲,鴻嗷寒愈悲。聲聲催不寐,併作斷腸詞。

錢王

歲闌,客有談天水舊事者,余舉似隨園"錢王英武康王弱,一樣江山兩樣才"句,爲慨然者久之。客去賦此。

江山錢王開，鬱氣留餘霸。如何轉世來，頹唐甘駑下？見《朝野雜記》。然而小朝廷，百年尚足藉。不知幾春秋，英雄起閭左。保境欲安民，稱臣到帝座。分茅列五等，居然亦王佐。如何炮未鳴，棄甲歸田舍。然而楚人弓，雖失未爲過。不知幾歲月，鰤生居奇貨。認賊竟作父，拱手但嘯坐。朝拜胡馬塵，莫受胡兒唾。出入猶陽陽，百計嚴督課。民膏千萬多，一一胡馬馱。鰤生甘其餘，要腹愁牛駕。靦顏計亦得，敲扑威可假。號令百里間，云亦足自大。草草稱南面，坐看家山破。淅臉尚何在？淅臉，見《朝野雜記》。團團任咲罵。四山失蒼翠，一年無春夏。傷哉佳麗地，狼藉腥羶浼。錢王應有靈，江聲咽日夜。

雨後車過梵王渡望大夏大學　癸未

渡口偶流連，偸生又一年。亂雲依夕照，樂歲斷虛煙。連歲豐登而道殣相望。籬密人爲狗，郊外多編籬斷路，名曰清鄉封鎖，點者穴洞而行。水高魚暫仙。如何舊遊地，華屋已犁田？

月夜江畔

春到江南不忍看，偶隨明月一馮闌。無多骨肉分三地，大兒在杭州，六姪在永嘉。轉盡肝腸總兩難。滿眼滄桑添涕淚，幾時父老見衣冠？潮聲似解愁人意，故引愁心出海寬。

胡敬侃工程師輓詞兼唁粹士博士

翩然何日望歸難，思子亭成不忍看。如此殘山埋駿骨，幾多老淚酬春寒。誰同秦繆施醇酒，竟似文成誤馬肝。傳言久飢，食馬肉不起。腸斷恒河無量水，殁於印度新背。年年常與咽悲酸。

蚤聞奇譽化鵬鯤，絕域歸來策萬言。千里委輸同軌轍，一生肝腦盡丘樊。君主築路工程。最憐老父孤兒夢，有一子。誰筮蠻煙瘴雨魂？他日中興青史在，襃忠應作國殤論。

題牡丹櫻花合册爲嚴子振緒

一枝寫出露華瀼，占盡春光九十長。底事櫻花半零落，還爭北勝與南强？

外灘公園小立

小立夕陽紅，浮生類轉蓬。十年江海上，八口亂離中。骨肉成星散，大兄浙西，六姪浙東，三姪女贛南，梧妹昆明，獨大姪女留禾中。星散五地，數歲不相見。音書望雁通。昆明書信尤不易達。還將兩行淚，寄向水西東。

與穆如同女獅兒至龍華看桃花

消搖偶現自繇身，繞道還虞醉尉瞋。中途設卡，須繞道而行。寺古猶留明代佛，花開不是漢家春。表忠塔壞神應在，軍使營荒跡已陳。左近有陣亡將士塔及前護軍使署。步輓歸來攜稚子，一車載得百愁新。

車直奇昂常安步當車

一里車行直萬錢，步輓賃直至少三四餅，合錢萬餘，即公車亦須一二餅不等，每日往返非十萬錢不可，可以觀世變矣。鰌生泥土走堪憐。肩摩轂擊人爭道，事變後，滬上人口突增至四百餘萬，雖馳道寬廣，常至肩摩轂擊。忽悟畫家筆陳妍。

病臂

如何一病筆無魂，空有龍蛇腕底奔。樹已半枯心未死，身原可廢舌猶存。只愁鑿齒還名累，得似王駘悟道尊。天爲勞生姑佚我，縱然相厄亦堪恩。

江頭口號

黃浦江頭日幾周，余至商行，必繞道至江頭小立。洗愁難盡反生愁。怪他只與潮升降，不解西流但下流。

近　　事　甲申

近事何堪説，媮生種種非。如蠅薨黑市，防物踊，則價有限，價終不可限，乃有黑市。引蔓捕藍衣。藍衣黨主鋤奸賊，往往相驚怕有引蔓不止。日入孤篝火，防空入夜必篝火。年豐民苦飢。案口給米，月才一升。不知在人世，西望淚頻揮。

洛陽將軍行

李其相軍長諱家鈺，成紀人。鎮洛陽，屢挫兇鋒，以躪敵中彈陣亡，歸元，面如生。

一自鬼門縱豺虎，狂齕神州少完土。白骨成邱血成潭，天塹輟興趨若腐。屹屹洛陽天下中，獨有劍氣貫長虹。豺虎蹈背快一嚆，將軍回戈散如蓬。它它藉藉三百里，直潰新安喪首尾。如何躪敵風雨快，一彈竟糜將軍體？長城既壞中原搖，餘威尚在敵不驕。不見天府牡鑰飛，鄭洛無聲風蕭蕭。

張自忠將軍挽辭

垓下雞鳴已十圍，三軍俱墨淚空揮。驅車虎口完忠孝，北事既壞，將軍變服輓車穿賊地數百里，始與大軍會，慨然曰："余不能貪生辱家國！"裹革沙場定是非。初，國人頗有致疑於將軍者，及殉國，大義始白於天下。雖死應留聲響在，餘威還使海濤飛。精魂繞向團河畔，團河爲佟、趙殉國處。一樣丹心照落輝。將軍與佟、趙同守南苑。

題歲寒三友圖爲劉震川

波光畫出古衣冠，引得松濤十畝寬。數點生機春有託，幾竿勁氣節能完。亦知天道終來復，各抱冬心耐歲寒。寄語南陽劉子驥，避秦好作武陵看。

徐籙博士輓辭　乙酉

五年橫舍屢聯吟，同事之江大學，來復有所謂靈修之會者，每與聯坐。偶語時時見素心。今日黃公壚畔過，山河綿邈淚痕深。

絕學商高舊擅場，精思歷數合微茫。如何息壤言猶在，不待黃龍酒一觴？

危苦時還策太平，圍城玉貌氣縱橫。彌天孤憤埋何地？異日三呼儻有聲。

平生心事在傳經，忍死須臾愧獨醒。神理綿綿應不盡，精魂常繞蜀山青。

題雄雞獨立圖

識言：年月值酉，東寇當走。果於今歲乙酉八月請降，我受降則九月，正夏正八月也。酉於十二屬爲雞。嚴子振緒工繪事，於是月酉日酉時，以雞穎作《雄雞獨立圖》兩幀，一以貽余。爲之樂而起舞，各繫以詩。

獨立蒼茫何所之，《雞鳴曲》有"何所之"云云。雄冠佩劍擬神姿。長鳴風雨天終曉，莫忘聞聲起舞時。

卷 二

論倭不足畏 見民國二十一年八月二十六日《申報》

倭寇深入,已十有一月於兹矣。謀國者徒怵於其往日之梟悍,終不敢言戰。不曰旬日足以盡吾國,即曰曾不能一日守,一唱百和,牢不可破。即有一二忠勇之士激於義憤而奮起,雖若深喜之,實則深懼之也,故終首施於和戰。今倭已侵熱河、窺平津矣,政府雖有合力禦務之言,我懼其或仍怵其梟悍而因循坐誤也。爰徵往事而正告之曰:款言不聽,奸乃不生,黑白乃明,在所欲用耳。何事不成?倭又奚足畏也?甲午之役,大同江之戰,馬忠武以千數百之罷卒,當倭二萬餘之頑衆,且又困於重圍之中,其勢懸絶,而馬軍終貫圍而出,斬獲過當;而葉志超仁川之戰,亦以羸卒二千,突圍歸平壤。倭固善戰乎?吾固不能戰乎?此其一。平壤之戰,吾軍以萬五千人輅強寇,而可戰者實只八千,且將怯卒惰,地廣力分,號令復不統一,倭以五倍之衆攻之,宜若不能須臾守矣,然猶激戰五日,僅乃克之。倭固善攻乎?此其二。俄之敗也,俄實自敗,非倭之能勝也。未戰故已百孔千瘡,且孤軍遠鬬,師勞力竭,識者蚤決其無勝理,然倭猶屢淖於險,傷亡至數十萬人,乃木大酋至愧欲自裁,參謀長兒玉源太郎亦惶急日禱於東方,可以知其力癉而知索矣,此其三。然此猶前日事也,或以爲不可語於今日。民國十七年濟南之役,吾軍城守者僅五百人,倭倍攻而終不獲逞,其後我軍以奉命徹防,潰圍出,倭幾大敗。其國大阪《朝日新聞報》暴其狼狽情形，參謀長黑田周六見之，大慚憤，斥其不愛國，此據龔君德柏言。亦足見其軍之無用矣，此其四。至淞滬之戰，倭傾國之半，以當一隅，竟四易其渠率，此尤彰彰在人耳目，有不必言者矣。倭爲徵兵制，卒伍率中產，且又習於逸樂，別家室則牽裾而涕泣，祝平安則乞靈於神祇，已非復昔日祈戰死之雄風，故能勝而不能敗，敗即相率逃亡，東北及淞滬之戰，皆可考而知者也，此其五。且倭自勝俄以後，未遇大敵，中將以下，徒侈紙上之兵，未嘗習於戰陳，且中於暮氣，流於淫佚，每遇出兵，率挾藝妓以行；貪黷好貨，剽掠成性，東北所過，廬舍爲墟。師出以律，倭固有律乎？此其六。徵諸昔則如彼，考諸近則如此。夫不能戰，不能攻，而又不能出之以律，徒恃其利器驕氣，以圖一逞，此奚足畏乎？玄駒之有長也，魁其壞穴，而赤虮、飛蟹之窺其門者，必部其族以噬殺之，終遠於垤，無相干雜，則役衆蠢者，必有以護之也。今窺門者迫矣，不能爲玄駒之噬敵，而欲衆之護於壞穴，其可得乎？嗚乎！可以人而不如玄駒乎？況又不足畏者乎？

變風社詩錄序

無錫國學專修學校既僑滬之二年秋，諸生將結詩社，請名於予。予曰："變風"其可。慨乎時而名之者也。既結社之數月，又請曰：爲詩無新意，所紃者皆前人之成法，而所詠者又前人之陳言，將何所從？予曰：詩之上者通於政，三百篇是已，其隆污之變無所極，則詩亦緣之而無所極，且不僅政而已。凡天地之間，動者皆有變，無有陳舊而不可入吾詩者。即靜者，以吾之心迎之，即歷千萬年而不變者，亦無時而不變矣。故善爲詩者，其境常新，安有所窮？且今世界之變，爲前人所未嘗聞未嘗見，則所爲當遠勝於古人，安在其爲古人所囿哉？是在吾人之自爲而已。是年冬，社中有詩録之刊，乞予一言，即書其語以弁首。

民國二十九年十一月

嚴幾道先生文稿手跡跋

不佞服膺侯官嚴先生已二十餘年矣。束髮即讀《天演論》，雖不甚解而好之，嘗私爲注，塾師大笑以爲妄；其後又擬爲學案，爲著述考，卒卒皆未就。數年前始輯成《年譜》兩卷，曾奉教於公子伯玉京卿。京卿以《瘉壄堂詩》見遺，謂文集無手定，遂又有文集之輯。竭數年之力，僅獲百數十篇，而手札居其半。方欲授手民，而柬事卒起，不二年而禍延歐陸。獨居深念，常以先生之測當時者測今日之變，其合蓋嘗十八九也。當民國三年，歐戰起，先生即以一竭一盈爲強梁者惜，又慮國家無以自持，建議道揚民氣，而以當路輕視教育爲大失。及罷兵，則又謂："三洲洶洶，弭兵絕無其事，旦夕將復出於戰，而利用震旦者大有人也。皆如燭照數計，無少差爽，豈非所謂至誠前知者哉？"又嘗謂："今日之戰，動以國從，故其來也，於人國猶試金之石：不獨軍政兵謀，關乎勝負，乃致政令人心道德風俗，皆倚以爲衡。"又曰："中國目前危難，全由人心之非，而異日一綫命根，仍是數千年來先王教化之澤。"又曰："垂老親見歐羅巴四年亘古未有之血戰，覺彼族三百年之進化，只作得'利己殺人寡廉鮮恥'八字。迴觀孔孟之道，真量同天地，澤被寰區。"尤爲鏤心刻骨之論；足以砭愚訂頑，垂諸萬世而不易者也。今年秋，先生從孫孟羣學士以先生遺文手跡郵示。曰《祭高媿室文》，則已輯入集中，而多異文；曰《陳弢庵太保壽序》，曰《小學教科書亟宜審定》，皆余所未見。《序》中論及世界之戰禍，繇於不忠恕之效，而國中綱常之墮弛，則又怵於平等、自繇、民權諸説而匪所折衷之效。論教科則申養正之功，而推本於德育，以爲德育之事，雖古今用術不同，而其著爲科律，所以詔學者身體而力行者，上下數千年，東西數萬里，風尚不齊，舉其大經，則一而已。忠信廉貞，公恕正直，本之脩己以及人。秉彝之好，黃白棪黑之民不大異，故可著諸簡編，以爲經常之道，皆與前論相表裏，可以見先生高識卓論學術淵源之大較矣。謹錄入文集中，而書其昔所心維而口誦者，相與印證，以報學士；其亦有以啟我顓蒙，而廣搜遺文，擴充光大先生之學於無窮乎？則被澤蒙休者，豈特中國而已！

記馬忠武公大同江之役　見二十一年七月二十四日《申報》

馬忠武公玉崑，爲輓近名將。甲午之役，轉戰於田莊臺、太平山、感王寨之間。以千數百人，抗賊兵數萬，奮身搘拄，卒能屹然自全，尤以大同江<small>在朝鮮平壤</small>之役爲最著。忠武之檄駐大同也，賊初以輕騎來嘗，一戰敗之；繼而賊援螳坰，踰二萬，我軍大震，公猶洋洋如平時，從容謂某遊擊曰："若以千人逆戰，寧死毋歸。"炊許，使來告急。公曰："死若干？"曰："可二百矣！"公怫然曰："及五百，然後來告。"遊擊乃以半伏壕中爲左，半伏林中爲右，相犄角，戰五時，賊炮隊至，悉力攻林，彈着木，聲若裂山，林木盡禿。公度其少罷，亟揮全軍乘之。時士卒蓄怒已久，勢若風雨，呼聲動天地，賊出不意，遂大潰，伏屍數千，江水爲之盡赤。是役也，賊人喪膽，辟易數十里。公方議逐北，而總兵衛汝貴已遯，歸路爲賊所斷。公大憤，銜髮奮身，親突陣中；貫之，竟冒圍全其軍而歸。同時聶忠節公士成亦敢戰奪賊氣，而統帥宋慶者，巧宦臨二公上，實怯懦嫉媢，陰掣肘之。公歎曰："使我與功亭併力，不使祝三扼我，賊不足平也！"功亭，忠節字，祝三，宋慶字也。及和議成，公仰天大哭，不食者數日，全軍皆感動泣下。其後庚子之役，亦疊著戰功，敵人謚曰烈馬。今龍江馬將軍，亦以忠勇名天下，後先輝照，其亦聞其家風而起者乎？

甲午死難將士題名記　見二十一年一月七八九三日《申報》

甲午之役，我軍將驕卒惰，內藥猜疑。糾十餘萬無律之師，當梟猛方張之狂寇，遂至海陸潰裂，一蹶而不可復振，實我民族近百年來之大辱！今日恥痕稠疊，皆兆於此矣。然而華離破碎之餘，尚有聶士成連山關之捷，張錫鑾寬甸、長甸之捷；臺灣之割，尚有吳彭年、徐驤大甲溪之捷，林義成嘉谷口之捷。而各地將士之赴難，往往一船之爠，一陷之失，同殉者至數百千人，之死靡它而無悔，至今有餘烈也！蓋忠義之說，時猶未全泯於人心，故尚能維持正氣於萬一。予讀前人史記，至甲午、乙未之際，撫今思昔，未嘗不廢書而歎也！烏虖！茲徵故籍，泐《甲午乙未死難將士題名記》一篇，爲後死者勸，爲赴敵者勵。題曰甲午，不曰乙未者，乙未之事，由甲午起也。

沈壽昌　濟遠艦大副游擊。朝鮮變起，倭虜朝王，絕海道。是年六月，北洋大臣李文忠公，命濟遠、威遠、廣乙三艦翼運陸軍至牙山，爲賊偵知，襲擊於豐島海上。濟遠管帶方伯謙見賊近，惶懼匿鐵甲厚處；壽昌司柁，屹立不少動，已而柁爠於賊炮，壽昌嬰殊創殉。

柯建章　濟遠艦守備。沈壽昌既戰殉，建章繼之，亦陣亡。

黃承勳　柯建章既戰殉，承勳繼之，亦陣亡。

楊建洛　廣乙艦管帶守備。艦受賊炮自焚，建洛及弁兵七百餘人同殉。

左寶貴　廣東高州鎮總兵，記名提督。時統奉軍六營，駐平壤，扼元武門嶺。八月，賊軍既逼近，統軍葉志超夜遯，賊遂合薄寶貴。寶貴故回人，遵回禮，先期沐浴，矢必死，盛服翎頂，登城指揮。賊彈雨下，翎爲彈火所灼，只留一榦，仍不少動，旋中炮仆地，猶能言，及城下始殞。部將死數人，所隸卒五千人，幾全殉。

朱鐵槍　左寶貴部將，佚其名，以善鐵槍，人以爲號。與寶貴同殉於平壤。

鄧世昌　致遠艦管帶，提督銜記名總兵。是年八月，副海軍提督丁汝昌，禦倭於鴨綠江口大東溝海外，我艦疊燔，致遠亦彈盡受創。世昌粵人，素忠勇，海軍多閩籍，忌之，竟相視不救。世昌痛憤，決死敵，乃鼓輪衝倭艦吉野。吉野，倭艦之鷔也，亟引辟，致遠中其魚雷，鍋裂，遂沈焉。世昌死之，同殉者二百五十人。

陳金揆　致遠艦大副游擊，與鄧世昌同殉。

林永升　經遠艦管帶，升用總兵。既合陣，破賊艦曰赤城者，並殲其艦長。俄受賊炮，發火，永升仍司炮攻敵，激水熄火，井井不紊。既見一賊艦逡巡中流，似已受創，鼓輪追之，中水雷炸沈。永升顱裂死，同殉者二百七十人。

林履中　揚威艦管帶參將。既戰，艦創而膠，爲濟遠艦所撞，碎其柁葉沈。履中與弁兵百五十餘人同殉。

黃建勳　超勇艦管帶。超勇被賊炮沈，殉之，同殉者五十餘人。

徐景顏　來遠艦魚雷大副，右翼左營守備。中炮陣亡。

李　直　永靖艦大副，左翼右營守備。永靖被炮燬，陣亡。

案：是役同殉者，尚有定遠艦管炮洋將厄格路士、余錫爾兩人。

永　山　黑龍江將軍依克唐阿馬隊統領。九月禦倭於鳳凰城，中伏，陣亡於一面山。

李世鴻　福字營幫統，隸總兵章高元部。十二月十五日，戰殉於蓋平。

李仁黨　亦章高元部將。與李世鴻同殉。見《善鎧筆記》。

楊壽山　同上。

賈君廉　同上。

張世寶　同上。

丁汝昌　海軍提督。是年大東溝之戰，海軍幾半燼。汝昌立定遠敵樓督戰，中彈，傷腰仆地，旋收拾餘燼，歸威海衛。明年賊攻威海急，二月，悉衆窺東口，屢燼我艦。將士無鬥志，汝昌知無可爲，仰藥殉。

劉步蟾　海軍右翼總兵。中炮死。詳《清史稿》本傳。或曰自縊死。黃鴻壽《清史紀事本末》言如此。

張文宣　總兵，劉公島護軍統領。與丁汝昌皆主人船同盡之議。及汝昌死，文宣亦仰藥死。

楊用霖　總兵。字雨亭。威海既陷，用霖以手槍内向斷齶之間，彈發入腦，白漿潰出鼻竅，下垂經尺許，端坐不仆，賊驚以爲神。見林紓《徐景顏傳論》。

黃祖蓮　都司，與楊用霖同殉。

李奎元　魚雷艦管帶王登雲僕。威海鹿角臺陷時，登雲力戰，奎元以身翼登雲，中彈死。見羅惇曧《威海衛燼師記》。

楊紫雲　臺灣軍務幫辦劉永福分統。臺灣既割，臺人義不可屈，籌守備之策。賊疊猛攻，不利，旋得奸民道辟徑，抄臺軍後路，紫雲戰殉。

袁錫清　新楚軍統領李惟義部將，戰死於臺南大甲溪。

吳彭年　彭年守大甲溪，設伏屢敗賊軍。後大甲溪陷，退駐八卦山，賊得土匪道攻，彭年力竭殉之。

徐　驤　臺南義民長。賊之攻大甲溪也，既敗於吳彭年，退渡河。驤設伏，乘半渡邀擊之，殲其全軍；其後又百計抵陁，相持數月，軍皆飢困。旋賊軍以全力攻之，驤力戰，每戰必居前敵，卒中炮死。

孫子堂　福建陸路提督孫開華子。佚其名，子堂其字也。糾義軍抗賊，以乏援，策馬陷陣，力竭戰殉於臺北三貂嶺。

以上可徵者凡三十人，其不可徵者，尚不知凡幾。蓬常見聞狹陋，不足表揚忠義於萬一，尚望海內碩彥多聞，不吝教之，幸甚。

李世鴻傳

李世鴻字海珊，合肥人也。幼稟母虞教，讀書明大義。咸豐己未從軍，洪、楊勢已大熾，與克復壽州、六安之役，積功至守備。同治甲戌，臺人與倭人鬨，從福建提督馳往鎮撫，由竹坑山進兵，收復大龜紋溪、內外獅頭等番社，擢都司，加游擊銜；內渡，駐軍江陰，督建炮臺。光緒癸未中法之役，防堵臺南，援臺北，嘗夜半率兵由菱山間道躡敵後，大破之，奪還炮壘，獲法人軍旅器械無算。法人攻滬尾，守軍幾潰，復赴援，又破之。和議成，擢游擊，守臺南，理開山番事。丁亥，總兵章高元赴山東，檄領廣武營。甲午，倭寇作，副高元援旅順，未發，旅順陷，賊海軍方遮迣海上，不易渡，乃率師變服，垂夜儳出；至大營口，畢渡，鼓角忽大鳴，賊驚以爲神。提督宋慶檄守蓋平，遂進駐牽馬嶺，分布未定，而賊已襲至；出奇，數敗之，賊爲披靡。一夕賊麕至，時別將楊壽山守東北隅，李仁黨守東南隅，而世鴻自扼西南，當賊中堅。陣甫交，賊忽東鄉抄擊，而東南賊亦卒集，我軍合不足四千，而賊則十倍之，彈丸如霰，東南隅突陷，仁黨死之。已而東北隅繼陷，壽山亦殉。世鴻被髮浴血，東望號哭，知已無可爲，獨抽鞾刀陷陣，終以叢創力竭，猶剚數賊而絕。時二月十五日也。母虞猶在堂，死難之前一夕，手書詔其子，誓必死，語不及私，第曰善事大母，求自立而已。嗚呼，烈已！

孫鈺傳　見二十一年一月二十二日《申報》

孫鈺者，壽州人也。以拳捷名於鄉。其鄉有石鼎鳳重八百斤，能裹之，行百步外，不息不汗，人號曰孫八百。鈺亦高自期許。吳清卿中丞聞之，拔任干掫。光緒甲午戰起，中丞亟請纓出關，鈺大喜踊躍，挈其徒百人從。中丞書生大言，實不習軍旅，聞炮聲先潰，失所在。鈺跌足涕泣曰："今何面目入關乎？"獨率其徒跡之。不期與賊軍遇，賊軍近千人，鈺度勢不敵，退入林；與其徒捨騎登木，草陰翳而望。賊不可測，益軍圍林，分騎大索之，入林輒死。賊格於林，槍竟無所施。久之，賊亦寂不動。鈺與其徒謀曰："賊不進，知林戰不利也。不去，豈待炮至邪？炮至，吾儕無噍類矣。不如急突圍，猶可生。"乃索騎連轡躍出，賊不及備，倉卒短兵接。鈺徒以腰刀奮斫，賊軍為辟易。鈺度去稍遠，必為火器困，與其徒力撓之，敵我參錯，紛挐搏捥，賊槍終不得發。賊大佐某，擅柔術，自躍馬當鈺，鈺瞋目大叱，揮刀橫斫之，人馬皆中創。日暮，手斫殺且百人，會章高元統軍至，遂得脫；失其徒十二人，而殺賊數百，賊軍為之氣奪。然以中丞敗，不敍功，竟白衣歸老於鄉。

王蘧常曰：武進翁印若先生嘗為先大夫言：鈺長身猨臂，椎魯少言語，人亦不異之，不圖其知之能殺賊也。先生故在中丞幕，與之稔。又言：中丞善射擊，每射，鈺必從。嗚呼！若鈺者，能得其主而輔之，則功何可量，乃竟淹沒窮老以死，悲已！

寧陵趙君傳 見二十年十二月十八日《申報》

寧陵趙君佚其名，貌侵，短小而長臂；有大志，喜言兵。讀《春秋左氏傳》，獨慕養由基之為人，遂習射，能於百步外取人，百不失一。世方崇歐西火器，君視之蔑如也。嘗得雕弓於古塚，脊有銘，皆蟲書，若可認曰："生同功，死同雄，三千年，息土中。吁嗟乎弓！"君寶之若命，未嘗去左右。或言火器之利，君目上視，大言曰："安足當吾弓？"有善火槍者，約共射，君十發十中，發槍者不能半，君益自意。光緒二十年，倭寇起，君挾弓慷慨請從軍，大府笑為迂，不應；又陳攻守之策，亦不報，乃大憤。時遼陽已淪於賊，君潛往，淬毒於矢，日伏叢莽間，狙殺賊人；來往飄忽，死以百數十計，竟莫知矢所從來。及聞和議割臺灣，君益憤，伺賊酋曰大山巖者，兩發矢不中,殪其左右衛,遂被執,不食而死。瀕死猶荷荷呼我弓。

　　王蘧常曰:夫當國家危難之際,慷慨赴敵,惟義所適而已,固不必計器械之利,強弱之殊,成敗之數。惟知義,故趙君隻弓,可殲強寇;不知義,則百萬甲兵,曾不足以守寸土。世之較強弱器械而計成敗者,皆握觿忘義庸懦夫也。安有握觿忘義庸懦夫而可謀國也?而世惟握觿忘義庸懦夫之與謀,此趙君之所以死也。悲夫!悲夫!今又何時乎?亦有聞趙君之風而自爲謀者乎?

旅順義丐傳　見二十年十二月十六日《申報》

　　旅順義丐,佚其姓名。其父賈,初非丐,而假丐以殺敵,遂以義丐名。光緒二十年,倭寇遼東,陷旅順;禽獸行,閭閻騷動,丐年將冠而小弱類十三四,日夜切齒腐心,欲得當以殺賊。一夕變服亡去,日乞食於賊營左近,酋憐其幼,且慧黠解倭語也,使給事營中。無何,營中皆病痁,死者枕藉,丐亦奄卧。一日,忽扶床強起,持紙裹至後營,及水缸而蹲。昏瞀中,聞叱聲,則賊酋也。酋瞋目提其耳,狂叱曰:"豎子乃敢爾!"丐睨而笑,默不言。酋嚴鞫之,乃奮然起曰:"若以予爲何如人乎?予家富有,何至丐?所以丐者,欲殺賊耳!予蓄寫瀉久,天實奪若魄,入我彀中;今國仇已略報,死不恨,獨恨餘劑未盡,不能盡若輩狗彘耳!"酋問誰使並姓名籍貫,丐大笑曰:"殺賊固人人所願,何用使?予不耐刺刺與狗彘語,予生無名,旅順一丐兒也。"酋欲徐探其實,丐出不意,遽觸柱死。

　　王蘧常曰:仲尼謂魯汪踦,能執干戈以衛社稷,可無殤也。況丐之奇知殺敵,又豈汪踦比?且能棄富厚,遁跡韜名,以全其父母,忠且孝,知且勇,足以風百世矣!

二　簡　傳　見民國二十年十二月九日《申報》

　　簡大獅,臺灣人,或曰閩人而寓臺者。與弟大度,皆鋒俠以勇名。讀書能通大義，崇平等之說，雖傭保輿儓，亦揖讓惟謹。尤喜言忠義事，生丁叔世，痛外侮之日亟，常呫呫不自聊。環顧四體，慷慨涕泣，欲得當爲國死。嘗遊廈門，見一賈胡馮陵吾國人，有袖手望而色若自得者，大獅邃進摑其頰而數之曰："若視同胞之辱如無睹者何也？"髮上植，瞋目回注胡，胡驚，逸去。光緒二十一年，倭割臺灣，大獅大憤，誓不爲倭屈。與大度毀家募勇士，成一軍，苦戰年餘，卒不敵，竄泉州。倭脅吾邊吏，索之急，邊吏獲之，泣曰："我何罪而死？即有罪，國法死，死不恨，奈何與賊而死我？我目終不瞑矣！"邊吏竟與倭。倭人敬其義，目曰烈士。欲降之，終不屈死。死一月，大度復收餘衆與倭抗，亦敗死。

　　王蘧常曰：烈哉二簡！馮萬無可爲之地，知其不可爲而終爲之；其身雖死，其忠義之氣，固當歷千萬祀，摩盪於兩間而不磨，後必有聞其風而興起者，則身雖死而可不死，國雖亡而可不亡。嗚呼！今乃有視強寇之馮陵若無睹，有可爲而不爲，是雖生而猶死，不亡而先亡矣。哀哉！

滕將軍傳　見二十一年四月十日《申報》

　　倭擾上海，我死事者至數千百人。然亦殺賊過當，義聲動天地，而吳淞要塞參謀長滕公死尤烈。死四十餘日始外聞，而褒恤不及，妻子竟無以保凍餒，天下聞而哀之。公諱久壽，字祺之，貴州都江縣人。少雄武，有節概。民國八年，以貴州陸軍講武學校卒業生長貴州軍某排，累擢連營團長，嶄然出頭角。十五年，入粵，主教中央軍事政治學校潮州分校。明年，長第十七軍第二師參謀；明年，又改長第十軍第二十九師參謀，比有功。十八年冬，遂改長吳淞要塞參謀。在軍介然自異，嚴取與，恥私門，惟以死國勖所屬。位日隆，人以爲榮，公顧怏怏。聞東事起，常呫呫，益自淬厲。及寇侵上海，我十九軍既屢敗之，寇遂以全甲襲吳淞。炮聲聞數十里，燻火塞空，木石皆灰，五步外不能見人，要塞屢瀕危。公奉檄登炮台，未盡階，彈已及左臂，衣襟皆赤；衆勸退，不可；創甚，猶力戰；自辰至午，賊終不獲逞。已而炮火益加烈，彈洞左脅，半體皆糜，遂殉，二十一年二月四日也，年僅三十有三。殉後一時，我以計覆其主軍，碎兩賊艦，賊爲奪氣。或曰公遺策也。

王蘧常曰：是役也，某主兵先以懼死遁，繆亦不及。公之死，竟不能贍其妻子，夫逃死猶不失其安富尊榮，一死，并不能贍其妻子。以萬歲千秋之豢名易一死，天下之至拙寧有過於公者乎？吾觀公遺象，恂恂類儒者，此其所以爲拙者乎？悲哉！

台山李營長傳　見二十一年五月十七日《申報》

君諱榮熙，字某，姓李氏，廣東台山人也。爲人廉稜有厓岸，而接之溫然。少遊學東倭，有高譽，卒業於所謂陸軍士官學校者，冠其曹偶。倭忌我華人，每靳其奧藏，君則百計探索之，倭憚焉。歸國思有所獻替於當路，多不省，怏怏隸某部，遂括絕一切，一以所蓄治軍。後改隸十九軍二十八師，擢長某營。民國二十年秋，檄赴贛貢間，功尤著。其冬來滬，倭艦方絡繹海上，知有變，預戒所屬籌戰備。二十一年一月事發，屢大創之。二月十三日厭旦，賊作大霧，以數千衆偷渡蘊藻浜，襲我曹家橋陣壘，君首覺之，設伏摧其前鋒。其後賊來益衆，君殊死戰，大呼曰："此而不守，是無吳淞也。我目不瞑，終不以尺寸土淪賊矣。"肉薄至於再三，我援軍始得從容至，卒獲全勝，而君竟以殊傷死，不及見。相從死者至三百餘人。

王蘧常曰：吾國在清同治，始遣少壯習軍旅於東西海外，迄今六十年間，年糜數十大萬，前後奊翅數千人？而求其能殺身成仁不負於國家者，近得二人焉：曰韓旅長光第，一即君。然光第以敗死，君則以勝死，君似勝光第矣。君治軍嚴，與士卒同飲食生死，有古名將風，而勳烈僅止於此。悲夫！數十年間，僅得君輩一二人不負於國家，此則尤可悲夫！

金德海傳　見二十一年六月八日《申報》

金君德海者，山東某邑人。孔武有力，嘗怒捽人於數丈外，盜賊不敢正視其鄉。以卒伍起爲十九軍班長，每戰必創，創必重。曰："非創，無以見我之非怯；非重，無以見我之勇武也。"歷從剿匪，比有功。倭寇我東北，君聞耗，爲氣塞歐血，日夜涕泣請出關。不許，復歐血，如中風狂。日縛草爲賊狀，持博刀，且罵且斫，必殘敗而後已。或規之，則怒曰："我血沸矣！不殺賊，則有歐血死耳！雖然，我自不以有用血，灑無用地，已而，已而！我終當得當以盡我血耳。"今歲淞滬變起，奉命守廟行鎮，君喜躍，力請任前茅，斬獲獨多。偶嬰創，懼爲醫士覺，將沮其殺賊也，私裂裳裹之。三月一日，我軍徹淞防，羣起治裝，君獨蹲大壕中，不肯去。槍炮聲且近，趣之，泣曰："予胸腹已受彈，即去，未必得生，盍若在未死前，復殺數賊乎？"遂解同伍大爆彈數枚佩之。並從容實槍，揮手悲歌送軍行。軍退里許，似猶聞餘聲激楚焉。聞者皆爲之流涕，而君竟不歸。

王蘧常曰：此何生毅生爲予言，生則聞之十九軍朱營長紫朝，君紫朝部也。紫朝言時，猶泣數行下，曰："失十地尚可復，失一士，則何可復也！"悲哉，悲哉！

六十亡名烈士傳　見二十一年四月十二日《申報》

烏乎！自海上軍興以來，將士之死事者多矣，然未有如蘊藻浜之役決死者六十人赴死之烈也。六十人者，隸十九軍，多粤藉，不能詳其名氏。今歲二月，倭既屢敗不獲逞；十三日，復驅五千餘衆，誓必死，犯我蘊藻浜之陣壘，勢如摧山排海，呼聲動天地，數里之內，血肉橫飛。我軍苦戰，自辰達酉，勢已瀕危。六十人者大憤，慷慨請決死，各纏巨爆彈環其體，並以火油濡上下衣，分伍潛入賊陣，突仆地搪掌，彈齊發，骨肉皆糜碎。賊出不意，當者亦糜碎，遠近相應，倉卒中以爲大軍襲至，遂大潰。我軍乘勢逐北，十餘里而後止。後十餘日，復有四十人踵此，破江灣之賊軍數千。

王蘧常曰：昔人有言曰：殺一賊而死，足自償，死無恨；殺二賊而死，則爲國立功矣：況諸烈士之什伯於此者乎？吾知諸烈士其身雖死，其心彌樂而無所恨。念泯泯無所償而受死者爲可恨也；無所償而受死，牛馬也。世惟牛馬死之是求，不知殺賊以自償也，哀哉！

胡阿毛烈士傳

民國二十一年一月二十八日夜半，日寇犯我上海閘北，我十九軍奮起禦之，凡三閱月，大小數十戰，殺傷過當，義聲所布，雖編戶之民，皆知爲國死，而胡烈士死事爲尤烈。烈士諱阿毛，上海市人，駕汽動車爲業。初庸於秦姓，既執役南市消防會。平居深沈寡言笑，與人不款曲。及寇作，忽激昂喜論事，每聞捷報，踴躍曰："好男子不當如是耶！"一日至虹口探其戚，虹口爲賊踞，紆道及中虹橋，驟與邏騎遇，露索得駕車憑，色喜，作華語曰："大善！"遂錮於別舍。翌日向明，四寇挾之登廣車，車中纍纍皆彈藥也，脅其駕往公大紗廠。烈士遽馳，將至，突旋軫向江頭，駛入江心而沒，竟與賊同命，時二月十八日也。嗚乎烈已！年四十有一。

王蘧常曰：我聞之與烈士同錮同駕者尤三子言如此。又謂車行凡三輛，三子綴烈士後，烈士行獨駛，車入江，激浪高十餘丈，天風驟起，觸岸樹槭槭作悲鳴。寇雖强悍，皆木立咨嗟爲色變云。又曰：烈士有老母，年六十餘，無妻子。

美利堅蕭德上尉傳
見二十一年四月七日《申報》、四月廿一日《庸報》

上尉姓蕭德氏，名勞勃脱，美利堅華盛頓州泰科瑪鄉人也。爲人怵摯而鋒俠，習馭空，有聲，任職於其國蓋爾飛車_{飛機，歐西人初名飛}車。_{我國湯時亦有飛車之製，雖不同，其名則甚古也。}公司，主馭。旋來吾國上海，時廢居，_{據蓋爾公司蓋爾君言。}遂兼任我國馭空教士，與吾國習馭空者多契。今歲倭寇上海，見其殘殺無人理，義憤之色，時流溢於眉宇。二月二十一日，忽變服至吳淞，狙擊倭飛車，碎其一。_{據二月二十五日《時事新報》夕刊。}二十三日，聞倭飛炸蘇州之耗，立馭一飛車曰波林者，躡其後。遇飛車六，方肆虐於吾蘇民，倭見上尉至，遽上下遮迻而萃攻之。上尉知無幸，然猶從容力禦，碎其一車，殲厥渠率，_{據《大陸報》及《泰晤士報》。}卒以殉，年二十有七。_{據上尉致蓋爾公司之文告。}耗聞，我國人皆震悼，國議追贈上尉，_{據《大陸報》。}以軍禮葬於我國土，異數也。

　　王蘧常曰：我聞方事之殷，上尉語所親曰："我中立國人也，固無所袒於其閒。第人類而見非人類之殘殺，我安能忍，我安能忍？我爲正義人道計，不容與兩立矣。縱死亦心所甘，我何憾？然未死，慎勿聲，死則報我父母耳。"_{據二月二十五日《時事新報》夕刊。}嗚呼！上尉今竟以正義人道死，上尉其無憾矣！然今之非人類之殘殺，猶日肆而無已，上尉其終能無憾乎？上尉以異國人，而不忍我國人蒙非人類之殘殺，扶義而起，終至投死而無憾。以視同踐國之土、同食國之毛、獨熟視其國之人宰割呼號而無睹、或竟遠走高飛而以自保者，則上尉之死，有似乎不智，上尉其果能無憾乎？嗚呼！

行政院參議陸君墓誌銘

　　民國二十七年七月二十七日，行政院參議、上海工部局督察長陸君炳元遇難於上海。耗聞，無閒中外識否皆驚悼若喪馮恃，所屬多爲之失聲。殯之日，執紼數千人，連數郡皆至。繼君者，至今猶守君成法，嗚呼君爲不死矣！君諱連奎，炳元其字，浙江吳興人也。世居綠家灣，務農桑，蚤失母，年十三又喪父，族人涎其田舍，逐之，乃走上海，時當遜清末造。鄉先生陳英士都督方結民軍謀舉事，君入伍，未知名。辛亥，應工部局試，以挈攖拔距雄其曹，給事會審公廨，五年，遷刑事處。主者以爲有殊才，拔任偵探。七年，領探事，頃又擢貳巡官，旣即正。又二年，總領探事，名由此起。六年，假督察長事；四年，真除。時二十有六年也。君善鉤距，能下人，所養多魁宿，與同甘苦，以故得人死力。上海爲天下郊，五方雜糅，劇盜黠賊牙蘗於其間，薄莫塵起，往往狙伺探丸越貨，俾倪金吾，不可爬梳。及君總探事，鷹擊毛摯，數年大刮洗。嘗率屬捕劇虜，門焉，多死，君獨身掩入擒其渠，渠舉火器，竟不得發，若有天焉。其他蹈險如夷多類此，君益自奮勵。乙丙、丁戊之際，持質規財之盜毛起，中有魁率爲發縱，詭變百出，莫由蹤跡，初致殷富，寖及於巨宦，偵騎四出，而無誰何，當路者大懼，一以付君。君陰部署，外示暇豫；盜不可測，卒連躓其窟穴，擒必滿品。不二年，盜風大戢，海上戴君如神明，雖婦孺罔不知，盜賊每謂遇君必無幸，至以相祝詛。某歲，南都某公爲盜傷，大索不得，君立致之。辟行政院參議，自此名傾天下矣。及東事起，事益放紛不可理；君憂之，懼有所漸染，以體弱請老。當路不許，曰："倚君若此，必五十而可。"其後事愈棘，所親以爲言。君慨然曰："我可死者數矣，而卒不死。死生命也，我知盡我分、竭我力而已，夫何言！"瀕難前一日，置酒高會，出管鑰屬所親，意惘惘，若前知者。年僅四十有九。嗚呼！君貌魁瑋，倜儻多奇，甘嗜奸惡若性成，然慈惠好施，食客常數百人，急人患難若己有之。散鉅萬，無所概於心，遇惸獨鰥寡尤有恩。在職凡二十有七年，先後膺獎章之褒至百餘事，未嘗自矜伐，恂恂若不足者。義之所在，雖萬死有不顧，其俠而有儒行者邪？考諱桂生，妣某，配張、徐，皆有閫德。先君卒，子二：家駿、家驊，爲國學高材生，彬彬知守禮。孫一：林森。女四：長適同邑吳煌，金陵大學農學士；次適鄞謝文元，國立軍官學校卒業；三、四未字。孫女二：林於、林琴。家駿與予善，家驊及三女蘋又辱與予遊，將歸葬於其鄉某某之原，涕泣來請銘。予不敢以不文辭，敬爲之銘曰：

儒與俠與道一貫，漆雕出孔傳武健。後儒罷懦俠乃胖，分之兩傷失獷悍。君其庶幾二難弗，風雷入手神鬼眩。摧奸伏憝府萬怨，掉脰不顧惟義勸。半駕而稅天愣愣，身可滅磨靈不泮！

錢步恒秘書傳

吾嘉興王氏與錢氏，姻媾般互，蓋不可僂指數。至步恒君，蓋五世矣。君於予爲丈人行，然年相若。少同嬉，長同學，相視如昆弟。在鄉學時，同習稿書，自史游、皇象、二王以下務盡其變，更旁及篆隸草勢若乙亥鼎、魯峻碑陰、流沙墜簡等；欲以融會貫通，冶爲今草，又學爲詩詞，必出奇以鬥勝。嘗一日兩譜《鶯啼序》投君，君夜半報之，示不屈，詩亦務出險韻，投贈無虛日，僮僕苦焉。其後君遊滬上，予留無錫，相去二三百里，音問遂日疏。及予至滬，以所處極東西，見又不可頻，偶一晤，各衣食於奔走，亦不能盡所懷。君每感喟舊遊，謂鄉里唱和之樂不可復得，予聞之，大笑以爲過。不謂未一二年而東事起，蝦夷內犯，君竟離難死矣。寇初犯滬，君即歸里，及邑城陷，又先期匿窮鄉，猶不廢吟詠。一日寇入鄉，君不及避□強之負重，蹣跚行，示不勝。寇已許之，君遽馳，寇怒，發彈傷背，猶疾行歸，寇尾之，又加刃焉，遂殉。予聞耗大悲，屢欲傳之而未果，及東寇降，君從子濤、予表弟海一也請爲傳，予不可辭。君諱鏞齡，步恒其字；考諱發榮，兵部員外郎，善書；從父諱駿祥，善詩：君蓋得家學爲多云。初主教中學，繼爲上海法學院秘書，皆有聲。子二，尚幼，有詩詞集藏於家。

王蘧常曰：寇初起，君即動色，謀避必先人，卒與禍會，豈非所謂命哉？君俊儉愨謹，且世有厚德，宜若可免，而所遇之酷乃如此，夫所謂天道，果有耶不耶？命與天道，果有不相讐者耶？嗚呼！

許心魯殉難事略

倭寇陷無錫後之三月，始聞心魯闔門殉難之耗。既哭之，欲記其事而不能詳。去歲寇平，予至錫，遇徐君萬里。萬里言：寇初至，心魯先期舉家避席祁，及邑城破，或請他徙，君考曰："地迂阻，非兵家所必争，宜若無害。"寇且迫，我軍西次，令人民從行，則又曰："我儕小民，無拳勇，寇必不讎。"君苦諫不可，鄉人以君考為望，亦多不行。迨寇至，勒合村男女，無少長集廣場，圍殺之，無一幸免者。君劍其幼子，與其父母昆弟及從兄弟同殉凡八人，同村罹難者至八十餘人。時民國二十六年夏正十月二十三日日加申也。心魯年僅三十有七。明日寇焚積屍，揚其灰，嗚乎酷已！又一從弟已遠行，聞耗歸，至三十二年，復為寇所殺。於是心魯曾大父以下子胤，無一存者矣，為尤酷已！君姓許氏，諱師衡，心魯其字。與予同學國學館。時同館二十四人，能通絕國方言者，三四人而已，君其一焉。肆之尤勤，為人恂恂，與物無忤。予輩五六人者，喜高睨大譚，君旁坐，不屢一言。或問君折然不，每微笑不甚答。既出學，為西文教師於邑西梅園豁然洞讀書處，數年，同學皆年少盛意氣，多驤首信眉求一試，君顧夷然無所動，日周旋於童稚數十人中，雖曉口痦音，仍若有至樂者。其謹愿恬淡，無愧乎古之君子，而所遇之酷，至於此極，誠非常理之所可測矣。其鄉人言，君考習形家言，謂大考妣塋域不祥，發而分葬，不一年而難作，以是君曾大父下無子遺。此則求其理而不得，而強為之説歟？予疑天理之有無久矣，人之所向，天之所存；人而無理，天於何有？至於君而益信，則君之善而得禍也固宜。噫！君考諱舜選。兩弟曰中和、師文。配華。女四，先期他避，得免。民國三十五年八月二十五日記。

王光遠家傳

平湖王君光遠，名之燿，字淳侯，號燿飛，光遠其別字也。生而端謹，聰穎異常兒，四齡已識字千名，勝衣就傅，目數行下，自庠學而序學而國學，無不冠其曹偶。國學十餘所，於南曰中央，北曰清華，歲與試者輒數千人，而額少，號難中，君皆高第。以清華離其親遠，就學中央。中央多老師碩彥，無不才君，君益蹈厲奮發，作《勵志篇》以見志，忼摯古茂，類魏晉人。瑞安林公鐸都講者，宿學自矜重，論文海內無可意，顧雅重君，常曰：王生非特其文，又竺內行，緩急可倚恃。都講善怒，與負圓岡養有時譽者言，輒氣涌面赤目上視，得君一言，無不解，卒以女字之。會東事起，國學多內徙，君間關數千里，往卒業，授文學士。歷應中國航空公司郵政局高等文官試，又皆膺上選，父老多以遠到期之，君亦自許，以光遠字行，駸駸且鄉用矣。民國三十年冬，自滇赴陪都，竟以覆車卒，年才二十有五也，傷已！都講已前卒，遺命必待王生歸娶而葬，而君竟不歸，則尤可傷已！君高祖諱大經，清道光癸卯舉人，湖北布政使；曾祖銘貴，河南中牟知縣；祖積洪，安徽補用知縣；父善梅，聖約翰大學文學士。君於學，喜剖析名理，精小學，所爲詩文辭，清真善往復。余檢其遺書八十五通，皆亂中上其父母者，縷縷慮家國事，亦裁整周匝，有古意。自言雖流離顛沛中，未嘗一日廢書；又曰：天下不終亂，冀必成吾志。嗚呼！使天縱其才，非古人迥絕之境，無以處之矣。

王蘧常曰：君母氏高，吾姨姊妹行也；王父則與予兄同官，高王父復與予王父予考有雅故。姻舊磐互，蓋於今五世矣。君之卒，君父汝羹學士哭之慟，必欲余爲之傳，曰：「光遠昔嘗以不得從子遊爲恨，子傳之，光遠志也。」予於君未嘗一面，然予婿時時繩君美。去歲予婿遠嬪滇南萬里外，與君邂逅，馳書稱君好學過昔時，且明達事理，足任大事，然往往獨居深念，常若重有憂者。君固有不得已者在邪？則予之可傳者，君之學與行；而不可傳者，君之志與心。予果足以傳君乎哉？君鄉人言：君家有世德，天必大其後，及見君,皆以徵天之信與仁。夫既厚其才矣,而復靳其命若此,天果仁且信乎?予傳之,又將何以塞君父之悲,而勸其鄉人?

海寧吳子馨教授傳

見三十三年六月十七日《新聞報》及三十五年七月第四十五期《國文月刊》

甲申閏四月某日,餘姚丁夢悟書來,曰子馨死矣。余驚慟失聲,既爲位而哭,乃爲之傳曰:君姓吳氏,諱其昌,子馨其字,別字正庵,浙之海寧人也。少失父母,依姊居桐鄉。自幼知刻厲,八歲日記數百言。長好辯論,卓詭出人意,然必以正;矜氣不肯下人,然能服善;遇事激昂,僵仆無所辟。十七受業太倉唐尚書師之門,與余及唐立庵蘭善。初至,誇布衣,負巨匲,跟蹡行大雨中,直入橫舍上坐,即發書讀,與人不款曲,舍中人皆目笑,君自若也。十餘日,始狎語,博聞強識,喜爲通俗文,論必稱時賢,余與立庵大詫之。立庵刺刺舉先儒治學法,君低首不復言。自此遂治經及小學,既又好讀有宋諸子書,考其史事至勤,作程明道、李延平、謝顯道諸年譜,《朱子著述考》《兩宋學術史》,各若干卷。予謂理學而尚考據,自君始,立庵笑爲外道,不顧也。常以閑道自詭,與人論經,一宗朱子,不合輒上氣。予與立庵著《淫詩辨》,破朱子集傳之說,君終不服。嘗作《朱子理學講義》,累數十萬言,立庵舉班孟堅刺傅武仲語,君立刊削,一夕定。辛酉、壬戌之際,邊事漸亟,君擬上當路書,纏纏數千言,不終朝而具草。尚書激賞,改杜語謂之曰:"吳生拔劍斫地歌莫哀,我能拔爾抑塞磊落之奇才。"時君年最少,同舍生皆大驚,有林某嘐喈宿儒,恃才欲詘君,終莫能難。既卒業,予爲飢驅,佐尚書講席。立厂亦謀館穀,走析津,君獨至清華上庠爲研究生。梁任公、王靜安兩先生大器之。始爲三代鼎彝及殷虛龜契之學,先後有《補殷卜辭中所見先公先王考》《文原兵器篇》《殷虛書契前後編疏證》《金文歷譜》《三統歷簡譜》各若干卷。西人爲漢學者屢引其言,在上庠時，嘗聯太學生數千人，上書訟執政，幾得罪死。事方殷，猶作《兩宋太學生干政考》一卷，其造次顛沛不忘學有如此。及都授清華，憤國事，合門絕食，自此名傾天下。旋移席武漢大學，道出海上，予訟其沽名，君立自責。後凡三至，酒酣耳熱，論國事，未嘗不嗚咽流涕。予曰：「事至此，吾輩當思爲鄧高密，爲諸葛忠武，爲劉誠意；即不然，亦當爲文信國、張忠烈，奈何效謝皋羽之慟哭邪？」君爲收涕，又自責。及兵事起，聞君攜家溯江西上，居蜀之樂山，倉卒中猶爲予策進止，其後竟無一字以達。於今蓋八年，予尚偷生窮海，幾無以自存，而君竟死矣。君與予論學，往往累十餘紙，創治學三階之説，於至賾之中，求不可易之理，以爲惟考亭與亭林二賢始足全此而無憾。其所述作，皆能不誣其言，縱其力，蓋不可限其所極，而竟止於此乎？君之病，予不能知其爲何疾，殁不能知其爲何日，喪不知其何以歸，家不知其何以爲生；君丁喪亂，於家於身，宜若無所戀，惟君夙昔之望，慷慨流涕寤寐以期者；竟亦不能少待，而遂一瞑不視乎？悲夫，悲夫！君少予四歲，弟畜之，卒年僅四十有一，配同邑何，無子，撫一女。

王蘧常曰：君長身尫瘠，一目視不能寸，削顙，有文如龜裂，常自虞不壽，無所成名，以此學益奮。同舍生丁君善相，一日笑撫其背，謂不能終晚節，君氣涌面赤目上視，指天日爲誓。性遊游，足跡遍中國，所至必與通人學士上下其議論。嘗抵書曰：我終無以易君與立厂，今君卒能立節成名以死，雖死而可不死，眞能不負其所言。而予之無似，果能塞君所望，而不負其言邪？此則予傳君，益不知涕泗之何從已。

案，此傳作於賊中，欲布諸報章，用彰忠藎，親故皆謂語太直，且賈禍，持不可。余曰：爲子馨而得禍，亦心所甘。遂寄諸報館，皆不應。惟《新聞報》主政嚴諤聲先生讀之擊節，立布之，復刊余《新蒲集》中詩，卒亦無恙。然終不知子馨卒期及致病之由，時以爲憾。及去歲秋，日寇乞降，同門張君壽賢自渝來書，述侯君芸圻言：子馨喪亂以來，從武漢大學辟地樂山，主史學講席，飲食風土異宜，益以悲憤國事，猝病肺；然猶不廢著述，及病日深，著述益力，臨命前一月，尚應當事約，作《梁任公傳》都五十萬言。力疾從事，氣若不屬，家人請少休，每自諱非瘵，勿介意，終至不起，綿惙時猶不自信，荷荷呼：何至此？何至此？其殁爲民國三十三年二月二十三日也。可補余傳所不及。丙戌初夏記。

松江吴鏡秋先生家傳　見三十三年七月十八日《新聞報》

民國初元，國家厲行新政，郵傳尤視爲急務。招商承立電柱，累數百里不絕。柱必巨材，材必數千百章，修矬、大小有制，飭材不中程，所喪往往大萬，以此皆觀望莫敢承。松江吴先生者，以儒生營木業，奮然曰："功令何可緩！"立起應役。先生故精疇人術，凡所都料，能無毫髮爽。每省視積材，中立握算籌指畫，諸商圜立俟進退。舉凡數之盈朒，與材之中否，可翹足決。皆睜眙俛諾，不敢罔一辭。人或窮日夜布算，卒莫能易。事立辦，以此名傾東南木業間，同業有竊效之者，終不獲窺其奧。先生亦未嘗自隱，常語人，人亦不省，自後立柱非先生莫屬。東南都邑有大興作，同業皆咨而後行，尊曰夫子而不名；雖大吏縉紳，亦多知先生者矣。先生諱傳祿，字鏡秋。先世以財雄，環其居泗涇九里，無它姓業，然服儒素，樂善稱鄉里。大考某某，以好客傾其資；考某某，始棄儒就商，營木業。先生承世德，初習儒，從某廣文學爲制科文，廣文嘗吒於父老，謂功名可指取，顧一旦不樂，捨去繩父業。年二十六，主計海上行家，既而集貲自創號曰昌泰者，自爲行頭，日有聲，卒以起其家。先生於算數，未嘗深究《九章》《四元》之説，而每與闇合，能以至簡御至繁，罔有差忒。嘗曰："吾悟得者常六七，而由參驗者亦十三四也，而法竟不傳，惜已！"比歲軍興，或厚居積，或以財物資貸人，輒致鉅萬，先生株守日困，終不悔。人或强之，先生以死誓。嘗語所親曰："日者謂我年不過五十九，信若此，不得見九州之同矣。"爲嗚咽流涕，竟以民國三十二年五月十二日卒。配青浦沈氏，子三：長丕續，次丕行，三殤；女三：長丕文，次、三殤；孫中强；孫女三：企南、詠南、召南，皆丕續出。

王蘧常曰：丕續嘗辱與予遊，故知先生審。去歲有謀爲先生壽而請爲文者，先生執不可，然以是知先生益詳。先生平居恂恂，傴僂循牆，若不勝衣；然義之所在，雖危難顛沛，燥發蹈赴，未嘗有猶豫橈屈之色。前歲冒禍内〔渡〕流亡，脱手千金如敝屣。去歲業大壞，庸賃尚數十計，終不忍去一人，其赴義安仁有如此。丕續績學能文，爲大學都講；丕行亦謹飭足自立，皆有先生之風。則先生生平之志，所鬱而不可見者，必將有時而可見；而家祭之告，宜不在遠，則先生之憾，亦終有時而可釋。是則先生雖死而有不死，雖憾而可無憾矣夫！

胡伯强家傳代

東事起，浙東獨能苟安，義士多由此内渡。至壬午夏，乃卒有金華之變，寇機四出施炸，義烏庠序所萃，被禍尤酷。吾友餘姚胡惠恩之冢子伯强，方游學其地中國中學，距卒業僅一月，竟於五月二十日罹難。身攖十餘創，要下腸出，猶冒彈火，至其鄉，歷治不愈，就醫海上，要傷終不合，以十二月二十九日卒，年二十有三。伯强有大志，其生也，惠恩夢關忠義侯以朱紱賜之，因名關德，字曰中興，伯强其號。七歲就傅，十五卒業於其邑東山錦堂鄉學，十八又卒業於上海南洋初級中學。時海氛日惡，東南相繼淪陷，海上號樂土，笙歌猶徹夜，無改承平時，辟兵者羣趨焉，裘馬少年，尤留連忘返，伯强顧鬱鬱不能自聊。一旦慨然辭其父，隻身走浙東，父不能止，將謀授室，去不顧。卒殉義於千里外，臨命無悔色，可謂能自遂其志者矣。嗚乎壯已！

舊史氏曰：惠恩言伯强平居無異常兒，然能自勵，故於學屢冠其曹。又言性倔强，志之所在，雖父師不能奪，毀齒已然。嗚乎！此其所以能自遂其志者乎？惠恩二十年來，初哭其母，繼哭其父，又哭其妻，皆乞予傳其事；今復涕泣請傳其子，惠恩之心何如也？而予以耄老遯荒，久視於喪亂之中，爲君家記三世事，予之心又何如也？噫！

畢君貞甫傳

畢君諱壽賾，字貞甫，籍太倉，秋帆尚書五世孫也。自其曾大父居吳縣，遂爲吳縣人。少孤，育於大父，蚤慧有深思。年十二，遍五經，通毛詩小學。民國九年，吾師唐尚書創國學館於無錫，余與君同試。首經義，時士不說學，經訓尤荒落，與試者凡餘千人，多瞠目腐毫莫能下，君獨纚纚若不可窮，同坐者皆驚視。君懼爲所襲，改作古籀文，尚書得卷，大異之。余初謁，稱之不容口，一見遂如平生歡，自後月試、歲試，余與君相角逐爲後先；余鄉人唐立庵蘭，文怪麗似龔瑹人，隱然成鼎峙，同舍生指目號三傑焉。三人者，食息行動必俱，俱必上下其議論。君莊諧間作，有匡鼎之風，聞者忘倦，往往漏盡不止。余與立庵治學，言經喜先秦二十一博士之說，小學則旁及甲骨、鼎彝、石室、墜簡之文，務奇以譁衆；君則一本許鄭，硜硜守先儒故訓，不敢失星黍。嘗私語余曰："學不必奇，惟其是。"余大韙之，自是交益密。一夕乘月循西溪，登九龍山，坐危石，望太湖，余誦陳子昂《登幽州臺歌》，君和之，聲激楚振林莽，宿鳥皆驚飛。君忽愀然顧余曰："學必蘄其用，而用不必學，將與人爲徒乎？抑與古爲徒乎？"余大言曰："寧與古爲徒！"君默然。將出學，意尤惘惘不自聊。同舍生設餞，酒後必慟哭。既而別去，所如多乖迕，低首就館海上某公家數年，一旦意不樂，去而鄉居。及東事起，君常往來於章、貢、淮、泗間,駸駸得柄用矣。余爲誦王仲宣《登樓賦》風之,君故若不解,已而泣下,終絕去,遂不復見。竟於三十三年夏以飛行遇警暴卒,年五十有三。母尚在堂,配林,善病;子劭年,尚幼。嗚乎傷已!著有《度萬樓叢稿》若干卷,藏於家。君長余與立庵八歲,皆兄事之。其卒也,既爲位而哭,悲猶未已,乃傳之如此。

贊曰:昔王景略事前秦,君子不之過,而過桓溫之不能用。蓋士懷利器,必思一用以自見,欲用而不得於正,則或出於變;其變也,苟無負於家國,於澤民一也,則君子以爲猶正也。且其雖事秦,至死猶惓惓於晉,則其爲秦也,猶之爲晉與?我於畢君亦云。

梅縣李君續川傳

君姓李氏,諱崇元,字續川,廣東梅縣人也。世席豐厚,昆弟多駿發取功名,或至總師干;君獨恂恂,無所競。早歲從桐城馬通白參政其昶受古文義法,參政教之治經曰:"文章末也,士以德行爲本;進德修業,捨治經末由。"因又從受《周易》《毛詩》,漸及於他經。於是竺志信古,矩步矱趨,以爲學統相傳,無異一王之正朔,莫可踰越者也。初君喜三蘇論議,既又旁及各家,凡數十種,丹墨殆徧,分肌擘理,一以義法繩之,尤稱韓、歐、王之文;漸及《史》《漢》《騷》《選》,日課四十葉,至是始一意治經,時有述作,而文亦日進。嘗曰:"予之耆文,一若痼疾之在身,久而彌甚,其將與吾身俱終乎?"君既出參政門,參政以古文有天下大名,世所稱桐城宗子者也;顧君論文,獨不言宗派,以爲桐城宗派者,出於友朋一時諧笑稱頌之辭,非若墨之有鉅子,釋之有宗祖,及曖姝者爲之,遂謂天下之大,千載之遙,舉無以易吾宗,於是道始隘,而文始衰矣。故爲文含觸彙長,不名一格,君之所以自律者以此,而其所以告語其徒友者亦以此。歷主海上諸上庠講席,褎然負士林重望,海內老宿若章太炎、王晉卿、李審言、胡樸安、張詠霓諸先生,皆折節與爲平交,上下其議論，義之所在，必伸其說而後已，未嘗少抑讓也。中歲迫喪亂，頗困於貧，然猶不廢文，有作必相示。民國三十四年春，忽隻身走屯谿。屯谿者，與東寇窟穴地相互錯，義民常恃以內渡者也。君欲立講舍黃山下，收義士之無歸者，余聞而壯之；不意未三月，而君竟以洞泄失醫死矣。臨命猶執卷，年僅四十有八。父母猶在堂，遺子女四，皆幼。傷已！

　　王蘧常曰：君有資地足以致厚祿，即為時世文，亦可弋高名，顧皆不為而獨硜硜抱遺經，守文章義法，以自老於寂寞之鄉，甘冒笑譏而不悔，則其貧困而死也固宜。雖然，君自此遠矣。

先生妣事略
見三十四年四月鉛印本，三十五年某月某日《正言報》

　　先生妣顧太夫人諱文寶，世居同邑鳳喈橋，事外大父母，以孝聞。年二十四來歸，時先大父典簿公猶在堂，先妣沈太恭人病瘵日竺。先大夫遊幕常在外，奉甘旨，量湯藥，繁先生妣是賴，沈太恭人字如女弟焉。太恭人歿，先大夫參長白瓜爾佳文忠公榮祿北洋大臣幕，舉室北遷，踰年生大姊蓮常，六日而典簿公卒，先生妣居喪一如禮。旋大姊以痘殤，大兄邁常年已冠，就國學。先大夫切望少子娛膝下，先生妣禖於天后宮，明年庚子，生不孝。十八日而遘義和團之亂，間關奔命，嘗午夜行叢屍中，羣盜方毛起，殺人如麻，聞兒啼，且無倖；先生妣懷不孝點禱，不孝竟不啼。十月南歸，是年先繼妣金太恭人來歸，凡井臼勤苦，一以責先生妣，先生妣未嘗有違言。及先大夫奉檄嶺南，歷治劇邑，祿少厚，先生妣未嘗私請一錢。冬被狹矬，常以擁不孝，而不能自掩其要背，自此嬰要背疾日劇，然猶自厲。雖居官廨，每雞鳴而興，斗轉而息。一日中夜飲泣，不孝驚起，撫不孝曰："兒無驚，我無不可忍，惟期責報於兒。"不孝亦泣，然年幼，不知其言之悲也。夙持觀音齋至竺，偶有橫逆，輒默誦佛號不之校。不孝既就傅,歸必請先大夫校其課。先大夫愛不孝甚,每飲酒,必使傍侍,質書中疑誼,對中旨,則浮一大白;先生妣輒目不孝而笑,加噢咻焉。鼎革後,先大夫掛冠歸隱,爲吏廉,幾無以辦嚴。先生妣篋無新製,質什器,爲不孝置一衣,而己則敝縕如故。歸三年,而金太恭人歿。金太恭人生叔弟蓬常、大妹葆常、季弟蘊常,叔弟前殤。病革,視大妹、季弟,顧先生妣而泣,先生妣亦泣曰:"所不視如吾子者,有如日!"時大妹僅十一歲,季弟九歲,自是至勝衣,衣食必躬理,中夜聞風雨必起視,病則尤皇皇。季弟年十九中時癘,先生妣亘三夕不寢,齋則皆手治,徧禱於上下神祇,額爲墳起;及殤,哀慟如所生。平居接人,無恩怨,無親疏,無貧富,無上下,壹衷於誠,未嘗一言及人私訾。持躬端重,不外激爲喜怒,及不孝既出學,交天下士,執教上庠,授室抱孫,始時時有喜色,每謂所親曰:"余不自意乃有今日!"不孝寓海上,請迎養,以先大夫耋老畏行旅,亦終不行;逮先大夫捐館舍,始就養,然往往念大兄丘嫂不置;及大妹遠嬪滇南,亦然。性好潔,年六十外,猶親澣濯,未嘗假手僕人。不孝請少間,即怒曰:"欲予枯坐木人若邪?"少失學,然喜詩歌,能誦唐人律絶句,尤愛杜少陵《蜀相廟》及《西鄰》詩,常以授諸孫。述先大夫教曰:"一忠一恕,天下惟忠恕之道,可以貽子孫。"比歲軍興,無時不以悲天憫人爲念。不孝嘗兩却聘,則大喜曰:"真吾子,真吾子!"雖極窮困,不以見顔色。去歲春,病消渴,日委頓,請謁醫,則强自振曰:"予固無恙。"夏轉劇,醫言不能涉秋;至秋無恙,醫言殆難涉冬;至冬無恙,并涉春亦無恙。不孝昏瞀,私喜醫言不驗,謂康復可期。今歲以來,日延醫進胰素鍼。先生妣私謂婦沈曰:"若夫誠魯,乃不知母年壽邪?然不可使渠知,恐傷渠心也。"痛哉! 易簀前一刻,猶呼進鷰,聲清越無異狀,旋反席,轉側未安,遽上痰氣,竟棄不孝而長逝矣! 嗚呼痛哉! 時民國三十四年四月三日夏正二月廿一日日加子也。距生於清同治十二年八月廿四日,年七十有三,禀賦素健旺,少疾疢,雖歷困厄摧挫,而能有以自勝。常曰:"兒克揚名顯親,則我目瞑矣。"其屬望於不孝者至如此,而不孝不肖,不能仰副於萬一,又病直亂離,不孝不能治生,併醫藥亦不能盡其心於萬一,竟日視委頓羸困以歿,歿又不能自盡於喪祭之禮,此尤不孝終身之痛。罪且上通於天,而自以不可爲人者也。天乎酷哉!男蘧常泣血述。

楊大雄烈士殉國碑記
見三十五年三月二十五日《新聞報》

嗚呼!自民國二十六年軍興以來,慷慨赴義、斷胆決腹、一瞑而萬世不視者,何可勝數!然有以書生爲鞮譯,無尺土之守、一伍之寄,而亦蹈死不顧若楊君大雄者,則千萬無一二焉,爲尤可聳異悼歎者也。君爲我交通大學四年級生。三十三年春,與國美利堅軍大集我西南,政府徵高才生爲隨軍象胥,君與焉,隸七十九軍。自後衡陽、邵陽、獨山、全縣、宜山、融縣、柳江諸役,君靡不從,從必列前茅,與士卒同生死。衡陽之役,日寇蜂屯蟻傅,我軍困躓山谷間,潰圍西出,左次邵陽、而桃花坪、而洞口,軍長死焉。君方從美赫倫上尉駐守雲母山炮兵營,比退,猶從容寘地埋炮然後行,行且顧,爲泣下霑襟,上尉異之。獨山之役,君從二十一炮兵團馳援。三十四年春,我軍始出擊,君從團與二十九軍爲犄角,疊克獨山、六寨、南丹、河池、宜山,而直擣柳江。當是時,君兜鍪挾機槍,從大車馳驟萬山中,櫛疾風、沐甚雨,數閱月無倦色。柳江之攻也,君已假歸,中塗過美炮兵上校柯伍德,强留之曰:"事方殷,非君莫可以任艱鉅者。"乃復從行。六月二十一日日加未,從上校等乘廣車偵敵陣,摩壘卒遇伏,竟殉國。同殉者二人。後三日,始得其遺骸於南丹境亂山水溝中,已支解爲五,年僅二十有五,嗚乎烈已!夫君無守土責,雖敗無死理,而君不愛死,常殿行;既勝矣,且已假行,宜益無死理矣，而竟徇友以陷伏。同陷者七人，四俘而三死，則君亦宜可不必死，而君竟死矣。在君爲死義，無所恨，獨念以君之才之德，而不能究其用，爲可痛也。俘者曰：陷伏時，君首執槍下車禦寇，中彈後，猶荷荷呼殺敵。嗚呼壯已！君上海洋涇人，以第一人卒業於省立上海中學，復以第一人入我大學爲機械系生。二十九年春，嘗集會聲討南都闖位入獄，一時義聞動東南。三十年冬，日寇陷上海租借地，大憤，以爲義不可留，遂間行至陪都，入我渝校，每冠其曹。予識君於稠人中，以爲溫溫有君子之容，而不知其感激踔厲壯烈能死國也如此。父立人，母薛，猶在堂。君殉國後十二日，葬貴陽美軍公墓。又一月，而日寇降。明年，同舍生謀所以永君之傳者，來乞言於予。予曰：君之死國，吾校之光也。爰伐石立碑於校，爲表而銘之，銘曰：

松柏之貞，與卉同春。不有歲寒，堅脆孰分？矯矯楊生，載也猶人。天降喪亂，乃蕕乃薰。一夫崛起，勇奪三軍。金革可袵，義泣鬼神。自古有死，浩氣常存。不見牖下，槁死疇聞。嗟吾楊生，世莫與倫。予此奪彼，猶天之仁。生也奚憾，碧血如新。魂其歸來，光我黌門。

悉將軍傳

悉將軍率者，不詳其自出。或曰，其先爲神農師曰悉諸，有功錫土，子姓徧天下。在夏有佐公劉治邠，與百姓親附；在周有仕於唐，率民以儉；風人紀其功，皆嘗銘之聲詩者也。故邠與唐爲族望，其別有青列氏、趨織氏、蚕氏。蚕氏爲大，自謂出共伯和；共伯和代周有天下；宣王興，又讓之，史所謂共和之世也；其後入楚，遂以國別爲蚕氏，將軍出蚕氏，承祖姓，仕宋徽宗朝。初高隱不履城市，行吟艸野，意泊如也。上重其名，用殷高宗求賢故事，得諸巖穴中，勑爲將軍，甚見親幸。其後從昆弟以將軍故膺將軍號、賜甲第者，至數十百人，然不能和協。甚者害其寵，縱挑撥，由是益不相能，見必疾鬥。上知之，使各張一軍，不相統屬。將軍尤桀武，號曰帥，以寵異之。將軍昆弟，感上恩，爭效死焉。每秋風起，上輒親臨校武，雖碎身裂腦無悔色，上亦不甚恤。人民化之，亦競收其徒屬，鵠其生死作博進，然勇於私鬥，而怯於公戰，金人之難，竟無一人死國者。高宗立，皆罷逐之。將軍死後百餘年，有孫曤賈似道，亦致身爲將軍，常與消搖湖上，置國事不顧。似道既貶死，宋隨亡，將軍不知所終。明宣宗時，嘗詔求將軍後裔，築廣舍招之，皆金碧。一時干進者，多冒將軍子姓云。

太史公曰：吾嘗適楚野，遇將軍子孫，猶能勤民勸織，不墜其家風；然好勇鬥很俗猶不改，雖冒蚩氏共和之美名，而自殘不已。吾恐好博者之乘其後，而終赤其族爲可悲也，故具陳其祖德，怪將軍不能繩之，而流毒於後，被惡名，以爲後人戒云。

上某先生書　見《世界文化雜志》第四卷第一期

聞先生有郤卿複壁之厄，縈念至於子夜不寐。昨與丕仲在榮康密計，竊意公心無他，則一時之是非，自有大白之日。故是非不必問，惟當爲異日大白也。此間爲是非所叢，必不可居，不如南圖香山，徐作歸計。故鄉風月，大勝六朝山水，公其有意乎？如此則可不白而自白。項謁晉陽，謂某某數君，皆可資行纏，濡者事之賊，幸即裁決。先生向以節義教生徒，非歲寒無以見松柏，此或天欲以見先生，則其厄也，乃其所以成乎？不具。

與某君書　見同上

前日晉謁，過僕所期，不圖三日未得一字，豈台從猶有所疑乎？君子行事，當問義不義，不當問利不利也。惟義，則雖捨生亦所不顧，況所行爲去死而求生乎？即以利言，亦何樂而不出此？且司馬子長曰：收功實者常在西北，天命未改，漢祚終昌，閏位去順效逆，爲國人所共棄，即其謂他人父，殘暴無人理，終不容於天地之間。知其不可爲而猶爲之，明識者宜不如此。

與友人書

某公聽其所親言，竟翩然行矣。疏不間親，爲之慨然。朱考亭謂陸渭南"其能太高，跡太近，恐爲有力者所牽挽，不得全其晚節"，竊亦慮之，今果出此。獨惜二十年盛名，付之流水，命也夫，命也夫！某公嘗酒後狂言，二十歲後研經，三十後習佛，四十後求大名，不得則將爲大盜。先幾之兆，固不必在今日也。

辭某公書

兩奉書，未奉覆，書又繼至。拳拳之意，竟不知何以爲答。某何人斯，乃荷謬愛若此？惟某逃於世久矣，今且以貨殖自污，牟蠅頭之利，日與闤闠駔儈伍。昔之明明求仁義者，今已明明求財利矣。台坐方主國學，攬天下才，爲四方觀聽，奈何采及蚪菲，不且羞當世之士邪？且不佞硜硜之性，昔之昭示於諸大學生徒者，皆古人之所重，而今人之所薄者。前時且不爲生徒所喜，今則時移勢異，祇益取憎而已。即以所薄教人而人無忤矣，然形格勢禁，恐徒以觸忌諱，招怨尤，非特不利於不佞，并不利於生徒，又何利於台坐？台坐之欲招不佞，以不佞之能相助爲理也，今若此，則又何有於不佞？至欲變今之所薄而爲所重，則不佞抱殘守缺二十年，不忍以升斗之糈，闒然媚世而渠恝然捨去也。且不佞今已明明求財利矣，求財利，則必計贏絀損益。如棄什一之利而不取，而取國子先生之微祿；一旦不幸，如韓退之之啼飢號寒，則不特爲妻孥所怨，亦將爲駔儈所嗤：進退維谷，蓋有不可言者。故以利言，則量長絜短，而有所不可；以義言，亦形格勢禁，而有所不能。台坐愛我，幸鑒微悰。

某某敬白。

答某先生書　見《世界文化雜志》

某啓：某某先生閣下，辱手教，獎飾過職，既感且媿。某椎魯不解世情，尤不諳酬酢。憶二十五六時，以世誼謁某公，某公賓客盈門，坐而求見者數十人，皆屏息待。日晌午，某公猶未出；某不耐，即拂衣去。他日某公召見，曰：奈何不少待？某笑曰：野性難馴。某公大笑。今閣下必欲縻以好爵，見愛不可謂不深，奈野性之不蘄畜樊中何？此不敢承命者一。某性戇直，見不可意，即悻悻然見於顏色。今人世尚詐僞，往往外鶩美名，而陰行其惡；植黨以營私，排異以自固。欲默爾而息，則胸腹間輪囷壘塊，必上塞而悶死；欲快然一吐，則言未終而險釁隨之。言不言，皆有死之機焉，奈何奉父母遺體，而自嘗於死乎？愛我者當不忍見其如此，此不敢承命者二。某學文，惟古是好，詰屈聱牙，黔黑臃瘇，不合於世久矣，士大夫且相笑以爲怪，矧欲下喻於流俗淺里之人？是南其轅而北其轍也。則雖欲助閣下，亦何益於事？如欲其改容易飾，爲時世妝，則能者衆矣，又何假於僕？此不敢承命者三。幸鑒下愚，不勝大願。

與緒久書一　見同上

彼在取强，我爲不得已，取强者必敗，不得已者必勝。足下論誠是。顧不得已，非只不得已而已。老子曰：果而不得已，不得已必先求果。求果有數事焉，故守雌必先知雄，守黑必先知白。否則將何所以而求果？我懼吾人徒知不得已而自壯，而不知所以求果以取勝也。可若何？

二　見同上

前夕之上事大可驚，自非大愚，必不出此。其勢奚啻鄒人之敵楚！彼恃其陵師梟悍，乘人不備，覆其水軍，以爲莫予毒；不知其富半天下，軍備可日出而不窮，去一而增十，未見爲勝算。且其民厚享樂生，本乏戰意，即有聲義，亦難爲動；今乃激之以怒，致之於哀，怨毒之於人甚矣。空國致死，其勢何可侮？況挑二憾，禍且倍之。余測其敗亡之慘，曾不旋踵矣。

三　見同上

示悉。鄉夕之事，於我實爲大幸。前時此夯，戀新棄舊，其故夫尚思拾墜歡以紓禍，屢欲賣我，已非一日；徒以屈於正義，忍而不敢，然南路之不通，亦可見已。今則恩斷義絶，覆水莫收，鴆媒之毒，無由竊發。勝算已可計日而待，弟夜眠貼席矣。

四　見同上

示悉。求雄者必敗，求強者必亡，故老子守雌，又曰剛強者死之徒。蓋強與雄皆病於欲得，欲得必不知足，天下之禍，莫大於不知足。今日欲得甲，明日又欲得乙，欲無止境，則禍必隨之。知伯滅范，滅中行，伐韓，伐魏，伐趙，終至身死家滅。今日之事，又一知伯也。人方以爲賀，我恐弔者之在其後也。

五　見同上

今日之事，如飄風，如暴雨，誠壯矣。然飄風不終朝，驟雨不終日，物壯則老，是謂不道；不道早已，今又何能異是？君毋慮。西土大風雨，溝澮皆盈，未嘗無瓦屋皆飛之勢。然其涸焉，似亦可立而待，其所爲在在懼爲前車之續，恐終不能避其覆轍也。君試拭目觀之。

六　見同上

示悉。穀賈騰踴，至斗米千金。此後歲月，不知將何以自全？

爲之憮然，然又未嘗不引以爲喜。何者？我民蚩蚩，不知有國久矣。今知無國之苦至如此，則民心或不至盡死。蒙兀、東胡之入主，知假仁義，免租稅至於再三，故能羈縻蚩蚩者至百年，或數百年之久。今彼昏，併此而不知，東省食米者罪至死，此亦斂穀至無遺粒，不第奴使虜役而已，必欲致之死地而後快。使編戶愚民，皆願致死而不顧，我知其無能爲也。幸忍之，忍之。

與闇公書　見同上

相去數里，三四月不見，竟如隔世。亂後終日伏處，如嬰大眚。今日晨起，偶行龍華道上，見桃花作血色，春風中人，乃毛髮灑析，肌膚慘慄，瞿然以爲異候。道中十步一堡，班馬蕭蕭作悲鳴，疑置身窮漠中也。意緒可知矣。公何以教我？

致吳子馨教授書

數年不得一字，積思成痗。兄自東南地陷後，尚得芘藾於外人宇下，不圖復有前月八日夜之事。草間偷活，逃死無門，蓋又數月矣。是夜變作，兄僻在滬西，酣睡竟不聞炮聲。明日至之江上庠，見道上渠答從橫，方以爲異；聞車中人語藉藉，始覺之。猶畢二課，據高樓，上庠在南京路慈淑大樓六樓。目睹鐵騎如潮，自江皋涌入，道以悵鬼，人民望風匿影。昔日駢肩纍跡之地，乃闃然如虛厲焉。吾婦得耗來省，相視無計。由辟巷繞道行，探首望通衢，所及惟獸跡馬矢，心動掉不能自已。歷四時，始得歸，見牆角斜陽作血色，不知身在何世也。既聞尚不擾人，寓在汶林路，爲法租借地，亦稍有顧忌，始略安。然野性不可測，終思捨此而去。惟一家十餘口，蓋藏無十日糧；上有七十齡之老母，下有待哺之乳兒，去亦大難。同儕中變服爲時世妝者，頗不乏人。時以不入耳之言來相勸勉，兄唯以死自誓而已。此後如不獲行，則擬以商賈自晦，或能苟延殘喘。一月每十五日失眠,形色非人,恐不復能見吾弟矣。言之慨然,悽憤中頗作詩,自謂頗似杜老傷時之作。生此時大不易,天或將大有造於吾輩,惜兄之非其人也。前歲立庵來,客歲芸圻來,兄皆不能附驥。曾謂芸圻:班生此行,何異登僊,爲淮南雞犬而不可得,足下知我心爲何如也。幸爲國自愛。書不盡萬一,惟諒察。

與林嶽威書

昨飲至快,唐衢之哭尤快。然寇深國削,尚不足懼,獨懼人心垂死,不辨黑白,不別是非,舉世趨利罔義,怙惡無恥,以放其無等之欲;蔑棄先民遺矩,并欲舉數千年之文字篇籍,拉雜摧殺而後快,是人不我滅,而我先自亡;則真今日莫大之憂,可爲痛哭流涕者也。頽風所扇,固非一二草野鄙夫如我人者所能挽救,然力所能及,密勿正義,播爲口說、文字勵其徒友一二以及什伯。愚公移山,或有迴天之一日,則吾輩正不可妄自菲薄。風雨如晦,雞鳴不已,惟吾輩勉之而已。

再與林嶽威書

辱書以文字賈禍爲可懼。垂愛之深,感荷靡既。僕年來鬱鬱成疾,徒以有老母,且重以窮困,不能捨此而去。草間偸活,往往深夜不寐;心骨沸熱,不得不以文字紓其蘊憤,否則有痞結伏積而死耳!爲文字,則或至禍死;不爲,則必至病死:鈞死耳,故亦處之恬然。倔强之性,惟公知我。敢布一二。

與友人書

昨過談甚快。東鄰稔惡,無所逃於天地;飛鳥之凶,宗社盪爲灰燼,固足快意。然吾國先秦以來秘籍,往往佚在彼土,近歲寇掠,連檣緪載而去,尤不可以億萬計。四庫書,天壤間僅有其五,而彼盜其三，吾僅有文瀾劫灰之半，今亦存亡不可知。此役或皆與之同盡，此不能不扼腕太息者也。

與友人書

示悉。鄙所惜者為吾秘籍之淪亡，至其國漢學，則誠無取。上者以臆說為創解，下者取給短書雜說，特稗販之流耳。輓近步趨西哲，以科學法治中土書，間有可採者，然亦爛漫寡體，要不逮孫仲容、王靜安遠甚，詩歌尤惡。即陽明哲學，自詡為維新之本，然巨信罔義，良知何在？尤可憾者，其學我之從出，而狂悖自大，賤我曰支那；又妄謂：漢學我已失守，至斥我不合稱中華，東省自唐虞來，已知為吾土，乃巧辯謂非吾有。寇掠我疆場，顧竊周詩，謬曰膺懲，無恥忘本，至於斯極，言之髮指！尚欲善鄰同生死，欺人乎？欺天邪？且其武士道，亦竊我游俠緒餘，而變本加厲，以好殺為能事，毒螫中於人人之心，蠱惑小學生徒，尤為奇酷。上天固好生，此類好殺之民族，自不容於天地之間。區區膚受之學，無益於我，特為淫虐張目耳。章枚叔謂顓以尉薦外交，不求其實，猶為恕詞也。何足惜邪！

祭無名英雄墓文

烏乎哀哉！今日何日，捫天如漆。哀此宗國，如本斯撥，萬匭羅首，橫海一嗢。憶前歲五，謂可朝食，豈秦無人，突起異軍，有敵無我，取義成仁，前僵後仆，狂寇夜唶，四易其渠，終莫獲伸。莽莽淞皋，白骨黃蒿，忠骨孰辨？忠魂誰招？崢嶸廢壘，骨散魂飄，生也為雄，死也為豪。有氣排山，壁此寸土，正義之都，民族之圉。炎黃斯憑，億兆斯宇。嗚呼諸靈！旂常終古。舊物未復，吾民之羞，靈其有知，克相吾謀。先哲所詔，九世復仇，不忘在莒，後死敢媮？蜿蜿廟行，峨峨墓門，靈旂風雨，毅魄永寧。孰貳其國，明神不歆，靈其來享，鑒此下誠。烏乎哀哉！尚饗！

祭范少伯祠文

維民國二十六年三月某日，范社同人，敬以清酌庶羞之奠，致祭於故越范大夫之靈曰：

嗚乎！定傾與人，節事以地；鱻鱻明訓，萬襈不廢。憶昔吾公，丁國之敝；封豕長蛇，剷胸挩背；五千甲楯，觸死莫繼。惟公身市，社稷攸藾；十年生聚，十年教誨，率復國仇，天與人至。於乎今日，與越何殊？或且過之，外患内憂；神皋破碎，豕突狼蹂；漏舟酣豢，百潰莫收。乞公靈爽，克挽狙流；春秋大義，九世復讎；我謀我詔，萬死勿渝。神其來享，鑒此區區。

先師沈子培先生二十周忌告靈文

維祝犁亶安之歲，二月二十有九日，弟子某某等，謹以酒醴牲體魚腊之儀，致祭於先師子培先生之靈曰：

嗟嗟吾師！音容曷追？兩楹宛在，思極夢隨。天有時敝，情無時移；公其知邪？莫喻私悲。自公之殁，天地慘黷；龍漢孕劫，神殂聖伏。生狼生貐，千里血浴；妖由焰取，公知蚤燭。憶公有言：曰國其殆，貪嗔糾纆；蠅狗萬態，百毒内虹，如疽外潰，番番老成，國之蓍蔡。粵在辛壬，公慨然語：六合以外，寧無凈土？生有不樂，公心尤苦；於今爲厲，銜哀終古。嗚呼我公！形散神留，臨質在上，我生敢諭！在昔皖水，横戈戍樓，威靈永在，克相吾謀。藐諸小子，薪火同傳，煢煢在抱，遽二十年。書公之學，如海靡垠；銘公之德，如日斯縣。敢述私聞，用竭涓涓。尚饗！

王一亭先生奉謚祝文

鱻鱻王公，生佛萬家。形則有盡，德乃靡涯。如春之和，如日之耀；以臨四方，不遺奥。庶幾禹墨，竭力勞民；知通無滯，博大真人。丹青餘事，繪海摹天；華鬘指現，亦佛亦儒。胡烽絳霄，萬濤一舸；鵠舉鴻騫，弋人誰笴。前識道始，人與天通；高風亮節，異代同宗。我聞大行，必受大名；行跡斯彰，姬公所稱。於傳有言，有勞曰勤；見《逸周書》。盡心殫力，《左傳·僖公二十五年》杜注："勤者，盡心盡力無所愛惜。"蹶蹶《太玄錯》："勤蹶蹶。"彌堅。又言孚德，行無不得；《論語》朱子說。在邦在家，如淵之達。《山海經》："有淵四方，四隅皆達。"公克肖之，允垂百禩；敢告公靈，來歆來止。

祭陸初覺參議文　見三十四年十二月　日《新聞報》

維民國三十四年十二月二十六日，某某等敬以清酌庶羞之奠，致祭於故省參議陸初覺鄉先生之靈曰：

於乎！巨唐賢輔，實數宣公；帝師王佐，伊呂並隆。半駕而稅，遇嗇德豐；君其胤裔，肸蠁與通。溯君年少，氣鋒才邵；蹴踏九野，風驃雲姚。肝膽冰雪，物我一照；低首闤闠，詎君所好。蒿目時艱，雪涕斑斕；加盟南海，戎馬關山。莽莽天保，戰血朱殷；光我舊物，愷歌而還。民治肇興，春臺同登；奈何移國，大盜馮乘。君參密計，畫灰篝燈；神山兩渡，視天儚儚。終夷大難，武人繼畔；割據勢成，中原塗炭。君又崛興，壯士斷腕；蒼頭突起，驕將駷汗。太歲在丁，四方牧平；翩然來歸，安我鄉氓。出佐民政，絃歌鋐鏗；功在桑梓，我稌我秔。方其嚮治，蝦夷狙伺；封豕長蛇，三邊烽熾。地陷東南，君奮扶義；繭足荒山，傷猶振臂。出死入生，天地羶腥；遊兵天目，風動雷行。字民如子，既衣且饋；民視如佛，君在浙東，民稱之曰老佛。寇視如神。胡天不弔，奪君之速；誰其嗣之，有淚盈掬。寇已天亡，君不可作；九州既同，魂其來復。綜君一生，盡瘁邦國；歸骨祭社，十世足式。祖德同風，宗祐有侐；君靈其知，鑒此膈臆。尚饗！

附錄：上海名人論

見民國三十四年《大衆雜志》
第二十八號三月四月合冊　　斐爾

（一）楔　　子

　　大衆上寫的上海名人論，多是偏向政治方面，我不是政治家，不敢批評政治人物，所以我突然想到十年前，我在某大學念書的時候，許多教授中，影像最深刻的要算國文系的王遽常。他的特點不但是形態的，行爲的，尤其是寫作的古怪。我是學教育的，但是把國文作爲輔系。我的開始注意他，是在某一天因爲教育上一個問題要想搜集些中國史上的材料，寫一封信去問他，回信封面上全是草體，一兩個最特別的，旁邊加了小注，大約怕郵差不認識，方纔如此罷。信內草得更厲害，竟有一大半不知所云。好容易跟別的同學共同研究的結果，總算曉得一個大概。他的草法，跟十七帖書譜不大相同，後來問他，說是章草。因此引起我學草書的興趣，因此我常跟他來往。讀到他的詩和文，無一不使我感到特別和趣味，他的外貌好像是道貌岸然的，但是詩中很有風情。他不大認識同學，往往三四面還要問尊姓大名，但是他讀書，記憶力相當好。他作文老是詰屈聱牙的，但是講書，新名詞特別多。他跟人閒談，眼睛睁得挺大的，但講書時，老是合着眼。他跟熟人談話，是滔滔汩汩的，但是碰着生客，就噤若寒蟬了。他平時挺和氣，一上講壇就威嚴得可怕了。這些這些全是矛盾，我們私底下喊他"矛盾先生"。我聽他的課，大約一年半，對他的影像，一天深似一天，一月深似一月，後來他發表的作品,和別人批評他的作品,我一篇一篇的收藏,積得相當可觀,我現在就拿"矛盾先生"做對象,作一篇人物論罷。

(二)《名人年鑑》和《申報》記載

他在教育界,很有一點兒名氣。也許外界的人不知道,我就把楊家駱《民國名人圖鑑》第一册第三卷關於他的一段,引在下面做開場白:

> 王蘧常,嘉興人,一九〇〇年生,受業於鄉人沈寐叟曾植,又受經於太倉唐蔚芝文治。二十歲後,專研古史,發願造爲三代史,其他著有《諸子學派要詮》《字林補佚》《朱子著述考》《曾文正論學類鈔》《沈寐叟年譜》《嚴幾道年譜》《明兩廬詩文集》等(日本出版的《中國紳士圖鑑》誤作王邃常)。

他的形態和行爲,有人筆名"木木"的,做了《我所知道的王瑗仲》一文,登在民二十五年《申報·春秋》欄內,講得很詳細。瑗仲是他的別號,現在引在下面:

> 王瑗仲是現任上海大夏大學的名教授,兼高等師範科國文系的主任。我在三年前曾經受他兩年課。這兩年中,他從來沒有缺席一點鐘,亦沒有早退和遲到,早退和遲到是大學教授的摩登病,但他是不够摩登。講書的時候,老是閉着眼,口中滔滔不絕地說着,口音是準國語,却非常宏亮。堂裏一百多人,可說沒有一點聲息,倘是一有了聲息,他馬上睜大了眼睛望着。有人問他爲什麽閉着眼,他説平時看書太勞的緣故,並且説左宗棠也常常閉着眼的。所講的課程,就是最枯燥的好像經學,也能引起興趣,因爲他的典故特別多,常常引用着,尤其是熟於歷史。他上課寫筆記,從不帶本子,就是一千多字,也是靠記憶力的。有一天,有一個同學,問他秦代三十六郡

名，他便絕不遲疑地寫出來。他的衣服很樸素，舉動很是隨便，不大善於交際似的，但有人說他也穿過西裝，跳過舞的，我却不很相信。還有一件特別脾氣，他從來沒有寫過一句白話文，也沒有寫過一個簡體字。但他自己說，喜歡看近代人的小說，尤其是魯迅和郭沫若的。他的文章，特別古奧。有一次他替人做一篇傳，中間有"往寧""著製"等幾句，我們看了，莫名其妙，後來方始曉得是"以前的願望"和"穿雨衣"的意思，至今我還記着，字也多寫古體，充滿着復古色彩。但他老是對人說，文字要通俗，這不太矛盾了嗎？也許是替我們青年人說法，不得不如此罷。我近來所見的人物也不能算少，但影像最深刻的，要算是他了。

還有廿六年四月五日《申報》的《春秋》欄內，有《王奇唐怪》一文，記載他跟他的好友唐蘭在無錫惠山"狂歌過市，路人側目"的故事，也很夠味。他的同鄉人某君說："他在家裏的時候，脾氣還要古怪，有人去看他，話不投機，他就呼呼的睡熟了，弄得客人進退兩難。有一次，內戰發生，敗兵到處搶掠，鎗聲四起，火光燭天，他老人家學得孟老夫子的不動心，連頭帶尾在一個禮拜中，寫成篆文《尚書》二十多篇。家裏人罵他書踱頭，他滿不在乎，說不讀書寫字，那末怎樣呢？可以退掉敗兵嗎？但我對他並不感覺到怎樣怪，怎樣不近人情，也許是他入世漸深的緣故。他不善交際，那是事實，他在某大學教授三年，還沒有認識教務長和校長，這是某大學的辦事員親口對我說的。他到校就上課，上了課就走，不大跟人寒暄，總是獨往獨來的。現在好久不見他了，不曉得現在能夠近情些嗎？我很牽記他老人家。"

（三）博學輕財

還有兩件事，值得一敍的，一是他讀書是相當豐富的，我把親歷寫在下面：好像是某一年春天下雨的早上，接到某城老同學的一封快信，實在是告急文書。他說近來在高中部擔任國文，教本用姚鼐編的《古文辭類纂》。前一天有一個學生的家長，號稱前清秀才，他來請教歸有光《思子亭記》"漢有太子，死後八日，周行萬里，甦後自述，倚尼渠餘，白璧可質"一節的典故，並說："翻完兩《漢書》，沒有找到，您們大學學士，新派頭銜，必能滿意答覆我。"我們聽了，大家面面相覷，只得說："豈敢豈敢，我們後進怎及老先生？待我們來考查一下，幾天裏奉答你。"他臨走對我們笑了一下。同事某君輕輕地向我說："我有枕中鴻寶。"我稍稍放心。後來某君鄭重地拿出所謂"鴻寶"來，原來是中華書局出版的《古文辭類纂評註》。可是他翻來翻去，不覺倒抽一口冷氣，又翻《辭源》《辭海》，也毫無影蹤。我為面子及本校聲譽計，不得不向母校老師請救，十萬火急，委曲您做申包胥。我見了，心想教授中比較博學的，還是矛盾先生，就請問他。他看完了信，就說："好像在《晉書》裏，記得是五胡亂華的劉聰；倚尼渠餘，是外國國名。你要詳細知道，還是到圖書館去翻《晉書·載記》。"我滿心歡喜地到圖書館，果然查得下邊的一段：

　　聰子約死，道遇一國曰倚尼渠餘，引約入宮，與皮囊一枚。及蘇，開之，有一方白玉，題文曰"倚尼渠餘國天王，敬候遮須車國天王，歲在攝提，當相見也。"

我非常高興去謝他，恭維他十分博學，他笑笑說："這是偶然碰巧，哪裏夠得上博學兩字？有時來問，老是瞠目不能對答的啊。"二是他不大看重錢財。他講哲學史的時候，老是說孔子的偉大在能夠超越經濟勢力之上，不受他的束縛，所以他說"富貴於我如浮雲"，我們要學他，就要在此着眼。我們聽了，背後說他要學孔子遠着哩，他住着小洋房，坐着包車，抽着雪茄，天天喝着黃湯，哪一樣超越經濟？想不到過了幾年，有一天，在虹廟弄口，碰着同學老江，老江説:"你知道矛盾先生嗎?他近來很差,住亭子間,坐兩腳車,吃着水手的黑板煙。但是意興還是很好。近來賣文為活,價錢定得非常高,聽説要五萬元一篇,請教的並不多,多少有點兒進賬。前天聽見老羅説,他脾氣更古怪了。有一個貴人發了財,替他黃臉婆做壽,鋪張鋪張,擺擺闊,要做一篇壽序,歌頌她的三從四德。不知如何,忽然想到他,就送了一筆豐盛的潤金給他,以為必無問題。哪知他老人家皺皺眉頭説:'我胃氣痛已經三月,不能用心,另請高明罷!'拿去的人,弄得老大沒趣,出來向人説:'書呆子沒有辦法,擺着花花綠綠的鈔票不要,情願啃窮骨頭,活該活該。'"我聽了笑道:這是他要實行超越經濟的一貫態度啊。

(四) 詩文的各家評判

現在我想討論一下他的學問。他在課堂上老是説,他的略知學問,得於曾國藩的影響最大(這種口氣,也是模仿曾國藩的)。但是聽見人家説,最專門的要算古代史,在校刊上亦常見這一類論文。關於這個,我是門外漢,什麼寧定期啊,仰韶期啊,烏龜殼啊,青銅器,新的舊的石器啊,弄得頭昏腦脹。還有,年譜也做得相當多,這是翻死人骨頭,我也覺得無聊,並且已有人批評過,恕不再嚕囌了。現在我想討論的,是他的詩文跟書法,比較有興趣些。

(甲) 詩

他的詩發表過的,有《明兩廬詩》,是和他的老友錢仲聯合刊的,所以合稱《江南二仲詩》,是他早期的作品。大約起於民八九,訖於民十五六(1919—1927)。以前有許多人批評過,好像陳衍的《石遺室詩話續編》,陳柱的《四十年來吾國之文學略誌》(《交通大學四十週紀念刊》),朱奇的《嚶鳴詩話》(《金剛鑽報》),錢萼孫的《近代詩話》(《天津商報》)、《十五年來江浙詩派論》(《無錫國專十五週紀念册》),姚繼卹《江南二仲詩評》(《無錫國專年刊》)。現在

把他摘要敍述一個大概。姚氏敍他的詩學淵源,很是詳盡。他說:

> 王君爲嘉興沈寐叟弟子,其曾大父補樓先生有《玉樹堂詩集》,張叔未推爲逼似大蘇;尊人部昀先生,以詩人爲循吏,寐叟稱其詩品在梅村上,所著《二欣室詩集》卓然名家,《彩雲》一曲尤負時名,論者謂非樊山所及。君淵源所自,不同凡手,少於其鄉有神童之目。十五始學詩。十八,寐叟自海上回籍,君私以二截投之,託曰阿龍,叟嘆嗜曰是近玉溪,遍問鄉人無識者。是年夏,君謁之於上海,叟遽稱曰阿龍先生,旋大笑曰:"好爲之,昔者我固疑吾子爲之也。"自後君益致力於詩,由唐宋以上溯子建、康樂及漢郊歌鐃歌十八曲,均有抄本。二十,君來錫山,執經吾師唐茹經尚書之門,治經之暇,時復旁及。一日見寐叟於海上談詩,既知君治經,曰在在皆詩境,即經亦可發詩,吾鄉竹垞固以經發詩者也,而能結唐宋分馳之軌。君大寤,詩境由此益高。未幾余亦來錫山,從君爲五七言,有鳴於集唱和之作,粗解聲詩,實由君啓之。自後君遊海上,主各大學講席,吟興不復如前,自序所云"皆爲事纏,低首十丈紅塵中,意氣都非疇昔矣"云云,道實也。近歲君喜言考據,奮志造三代史,詩幾絕筆,大似孫淵如壯歲以後。古今才人,固無獨必有偶也。

錢氏在《近代詩話》中敍他對詩的主張說:

> 乙丑春,始與瑗仲訂交於錫山,商榷詩文,益我者良多。是夏在家有作必寄君,往返信札頗夥。有一札,批導利病,精極不刊,書云:"尊作优爽有奇氣,漸脱清人氣味,如能於豪放中求深沉,空□中求密緻,則更加人一等,古人未有不從密緻中下工夫也。自此以後,尤須精研訓詁,細窺物理,求句句錘鍊,句句沉着,無空響,無捐義,如此方能亘古如新,覺有一種光氣,常動盪於字裏行間,不可捉摸,不可遏抑,不襲古人聲音

笑貌，而自有聲音笑貌可與古人頡頏……"

姚氏評他的近體說：

所作陳言務去，自鑄雄詞。律句如"風餓饕帆腹，雲濃斷塔身""谿靜魚忘水，春和風詒花""夕陽制花影，水氣逗秋陰""月定天初大，愁空夢易長""雨氣欲浮山足動，日光苦熨浪頭齊""斜陽沒水兩相搏，峰影脫雲孤欲飛""寒氣結成魂一片，月光細鑄樹千身""熱淚與冷風，獨鑄心頭鐵""春聲如酒味，中我百愁圓""網得詩心不經意，無端瞑入夕陽邊""滿地鳴蛙人獨立，碧天如海一燈驕"等句，皆戛戛獨造，極搜肝鏤腎之能事，足以援奇於古人之外也……然徒言矜練，不足以盡其長，《明兩廬詩》之可貴處，尤在胸襟之高大，浩然元氣，獨往獨來，如《出候潮門》云："候潮門外看潮來，引劍高歌亦壯哉，百嶺截江回地力，萬濤奔海放天才。渾疑身欲淩風去，忽漫心從反照開，雲樹兩行秋一髮，隨風和雨作空哀。"《歲暮歸車過東柵》云："北風吹盡浪花肥，撲眼週年景漸非，萬户立煙春欲動，一燈飄夢客初歸。無邊日月摧蓬鬢，如此江山著布衣，入眼鄉關贏一笑，滿林煙月望中飛。"《七月某日徹夜大風雨晨越霧重城郭廬舍失所在感賦》云："秋來處處斷人腸，又聽西風下八荒。一夜亂雲扶海立，萬山癡霧挾天狂。幾疑地到洪荒化，漸覺心從混沌忘。冥冥長空餘病日，猶能伴我看玄黃。"《揚州道中》云："臥吹簫管到維揚，月漸分明水漸長。山過大江俱跋扈，春來北地亦蒼涼。隱然敵國誰相濟，友人三四人，好奕，十數局不休。偶爾逢場亦不祥。我早忘情成局外，年年只慣看玄黃。"《墮地》云："無端墮地百憂謀，風雨縱橫看九州。傲骨三年成百折，狂奴雙淚亦千秋。眼前日月從頭去，身外文章與命仇。十二萬春曾一瞥，要攜春草入扁舟。"《望湖雜感》句云："久思買夏千山頂,大澤高天定我魂。"《雙十節大世界觀提燈》句云:"男兒何必淩霄住,歷歷星辰在下頭。"高瞻遠矚,有淩跨萬象之概。

陳石遺氏也說他喜鍛鍊字句,然而能夠倜儻委婉。他說:

> 瑗仲祈嚮乙盦,喜鍛鍊字句,然乙盦詩雖多詰屈聲牙,而俊爽邁往處,正復不少。今有《明兩廬詩》,特舉似其倜儻者……(他舉的詩,大多數姚氏已舉了)皆不靠一二字以求出色。《雨後》云"醉裏吾喪我,閒中形答神",習用典一支對,便覺有味。《登城望南湖》云"樹病強吞日,湖狂欲侮天",稍生硬矣。而《立廠詩來云行將歸約予迎煙雨樓下報之》云"鴛湖柳正多,柳絮嬾將睡,點點欲成萍,閒煞鴛湖翠",又何婉也!

陳柱氏則說他能大,他說:

> 七月某日一首,揚州道中,可謂能大矣。《石遺室詩話》稱瑗仲詩喜鍛鍊字句,若以上所舉之類亦不少,皆鍛鍊之至,渾然自然不見鍛鍊之迹者矣。

以上各家批評,多注意他的近體,姚氏捧得太過份,陳石遺氏能夠"持平"。我却愛他的古體,現在舉一兩首在下面:

> 夕陽搖吟魂,悄悄隨風去,天空百徘徊,粘上牆頭絮。(《明兩廬雜謠》)
>
> 歡心深如繭,不見心偷變,紬盡連理絲,飛去不相念。(《心如繭》)
>
> 門前長塘路,一日千萬渡,中有故鄉音,一聽淚先墮,南望水復山,立盡斜陽暮。(《郊居謳》)
>
> 夜半蛙聲怒,燈影淡如鷺,四海著一身,猶虞無安處,忽憶去年時,風雨董家渡。(同上)

覺得他雖用白描,却能夠"古意盎然",很夠味的。這是我的偏嗜。

他三十以後很少發表,近來纔見到油印的《明兩廬詩》未刊稿,起己巳、終癸未(1929—1943),前後十五個年頭,不到一百首,外邊傳播不多,很有一點價值,我覺得和初期有不同的四點:

(一)初期沒有長篇,此有五七古長篇。

(二)初期豪爽駿邁,但免不了虛僑之氣;此期駿邁遠不如前,但組織比較嚴密,氣體比較沈着。

(三)初期多吟風弄月,此期多憂生念亂,但歌詠時事,喜用近體,不夠暢發,是一個大缺點。

(四)初期很有一些風情豔體,此期常說到師母太太,大約思想言論,受了束縛,不容他心猿意馬了。

至於詳細批評,因為種種關係,留待後來罷。關於他的風情詩,別人多不注意,只有姚氏略略說過,但他說"以玉溪頑豔之筆,寫致堯悱惻之思,極變眩迷惑之能事"——我以為他真被他迷惑住了,根本就沒有致堯那麼一回事。我的觀察覺得很有些羅曼斯的氣味,好像《倣樊川》云:

人自無言月自斜,碧闌干外即天涯,垂垂一樹相思子,隔着銀河自放花。

《無題》云:

柳不成絲花已瘦,拚將雙淚闘珠圓,憑君灑向西江去,點滴都成連理圈。

《從此》云:

春光寂寂我將病,眉眼盈盈夢幾經,從此江山明月裏,不愁風露只愁醒。

《珍重》云:

珍重天涯寄遠詩,萬千種語一燈知,無端鉤我十年恨,立盡風殘月墮時。

《相望》云：

　　花鬚柳眼畫微晴，笛裏相望歲幾更，萬里夢魂通一息，十年湖海照雙清，銀波灩灩春無定，玉漏沈沈夜有情，寂寂不聞靈鵲語，冷看星月到天明。

分明都有一個"她"在：（一）好像是過程中的初戀，（二）白熱化，（三）初別，（四）遠別，（五）好像好事多磨。他詩中好幾處說到荷花，《詠白荷》中說："一世萬花應下拜，十年雙眼只憐渠，不羣終恐人同少，絕色原難地上居。"《荷花生日》又說："誰憐瘦影泥中老，自放孤香物外存，我欲相隨完一世，淪漣十里養靈根。"我想多少有一點兒關係？根據"相思子"，好像是南國佳人；"絕色原難地上居"，好像是生長海洋中的。這些這些，他老人家看了，或許要不樂意，或者要說誣蔑，小子無禮，實則我"在詩言詩"，決沒有一點惡意。假使果然是"致堯悱惻之思"，則小子錯了；倘使有呢，那末他貴同鄉鼎鼎大名朱彝尊先生，也有《風懷二百韻》，何礙他經學大師的尊嚴呢？

（乙）文

他的古文，陳柱氏《四十年吾國之文學略談》說他"治漢魏"，我的意見好像他用力西漢最深，跟東漢不同，無論魏晉。三十三年《新聞報·茶話欄》，有署名瑞吳的，批評他的文字，比較詳細。他說：

　　先生執教上庠，垂十數年，文章道德，照映士林，近閉戶食貧，賣文爲活。其爲文辭理察密，而罄控縱送，足以窮事理之奧，極文心之變也。自來學人之筆，或質而不文，文士之作，恆華而少實，而先生之文，華實相宣，文質並茂，而尤善於化俗爲雅,凡古無今有事物,靡不可融鑄以入文,而備盡雅潔……

我前在《申報·春秋欄》(民二十一年),《新聞報·茶話欄》(民三十三年—三十四年),和各種雜誌裏面,剪存他的作品不少,近來又得到前兩年他在交通大學油印的文稿講義,大約也有數十篇,曾經用歸納的方法研究過,覺得他的特點有六:

(一) 善於冶化。
(二) 善於描寫。
(三) 善於敍述。
(四) 善於附會。
(五) 攻擊社會罪惡。
(六) 表揚忠義節孝。

(一) 善於冶化　可分爲化俗爲雅及化今爲古兩種。前者如《行政院參議陸君墓誌銘》說:

> 辛亥,應工部局試,以挈攫跋距雄其曹,給事會審公廨,五年,遷刑事處,主者以爲有殊才,拔任偵探,七年,領探事,頃又擢貳巡官,旣卽正,又年二,總領探事,名由此起,六年,假督察長事,四年真除,時二十有六年也。

從前工部局許多職員名稱,很粗俗的,但一經他點染,就成極雅馴的古文了,而且不失事實,這是值得稱道的。

還有《倪海鶴墓表》裏說:

> 習木什器業……主號張萬和者最久,於業無所不究。舉凡材木之美惡,質理之疏積,法式之新陳,規爲之巧拙,交易之通塞,市賈之升沈,與夫製作、挽摩、雕劇、髹漆、藻飾之屬,罔不研覈,淖極理致。嘗曰:海上五方雜廁,風尚各殊,不知其

好惡,則無以別趣捨。且什具豈惟好美樸屬而已?工之成事,實繫國計。言其材,則始培林,西歐樹蓺,雖劗葉插枝之微,動合律度,其斵材均藉機械,宋(審)曲面勢,必均必直,故能生蕃而質美,工省而直廉;國土所生,往往岢窳敱暴,不能中程,鮮足與爭短長者,常此不競,漏卮將無抵塞之望。其言之切至明達如此。

又:

高風善爲通俗文,往往捃摭古今忠孝義烈之行,與夫可驚可愕,可喜怒悲慨,足以風世而嫉俗者,一納於韻語,播之絃筦,海上婦孺無不知倪高風其人者,蓋庶幾有孫卿子成相之遺意云。

一個做木器,一個唱開篇,說得多麽文雅啊。

至於化今爲古,則如代人作的《張蟾芬墓誌銘》說:

吾聞西士魯拉士金曰:有誠而後有政教。是政教乃緣誠而生,不誠未有能行之者。吾儒言道德禮義,不假神道設教,然亦歸本於誠,而以爲天之道。董子亦曰道之大原出於天,則與西士景教之奉天主誠,若合符節,於以知此心此理,固有推東西海而無不準者。

又說:

時外務日迫,士狃閉壒,疾景教之挾外力,斷斷於夷夏之防、邪正之辨,怵爲洪水猛獸;而西士宣福,種德不讎,亦積憾於我。構爲民教不和,引蔓至不可爬梳,禍延數國,先生恫焉。

傳教是古代沒有的,但敍述也很古雅。

(二)善於描寫 例如《陳忠愍公化成別傳》說:

> 公駐吳淞……夷初警（雅片戰爭）。一夕大風雨，潮侵岸，高數尺，總督裕謙使人覘之，見公危坐帳中，鈴柝聲琅然，竟達旦，部下數千人無譁者。

《金得海傳》說：

> 三月一日，吾軍左次，羣起束裝，君獨蹲大壕中，不肯去，槍炮聲且近，趣之，泣曰："予胸腹已受彈，即去亦無生理，盍若在未死前，一拚命乎？"遂解同伍大爆彈數枚佩之，並從容實鎗，揮手高歌送軍行，退里許，似猶聞餘聲激楚焉。聞者皆爲之流涕，而君竟不歸。

《吳子馨教授傳》說：

> 初至，誇市衣，負巨篋，踉蹡行大雨中，直入橫舍上坐，即發書讀，與人不款曲，舍中人皆目笑，君自若也。

風神很有司馬遷的意味。又《行政院參議陸君墓誌銘》說：

> 上海爲天下郊，五方雜糅，劇盜黠賊，牙孼於其間，薄莫塵起，往往狙伺探丸越貨，俾倪金吾，不可爬梳。及君總擇事，鷹擊毛摯，數年大刮洗。嘗率屬捕劇虜，鬥焉多死，君獨身掩入，禽其渠，渠舉火器，竟不得發，若有天焉。其它蹈險如夷多類此。君益自奮勵。乙丙丁戊之際，持質規財之盜毛起，中有魁率爲發縱，詭變百出，莫由蹤跡，初致殷富，寖及於巨宦，偵騎四出，而無誰何。當路者大懼，一以付君，君陰部署，外示眠豫，盜不可測，卒連躙其窟穴，禽必滿品，不二年盜風大戢。海上戴君如神明，雖婦孺罔不知，盜賊每謂遇君必無幸，至以相祝詛。某歲南都某公爲盜傷，大索不得，君立致之，自此名傾天下矣。

又宛然《漢書》。我最喜歡讀他這一類文字。

(三) 善於敍述　例如《國務總理杭縣孫公墓誌銘》說:

> 公蚤承考文慤公教,既慨然有經世之志,時方務於奇說詭行,以戾契弋高譽,公獨闇然不自表襮,言動一衷於義而後安。以任子爲郎,蓋五遷而巡撫山東,其間兩領學校事,五使外國,又迭權太常寺少卿,順天府府尹。其治術,壹以融合古今中外爲一冶,而務歸於誠信,著聲海內外。先幾之燭,往往在十年或數十年之後;及乎事變之際,當幾電發,天下動色相咤,使人莫由測其端倪。迨乎事定,察其當事之難,應變之速,則又未嘗不歎其處心之苦,雖古賢哲亦無以易此也。

"孫公"就是孫寶琦,他是清末的山東巡撫,搖身一變而爲民國都督。當時一班頑固遺老,說他投機,經他虛虛的一總敍,他的苦衷可以大白了。又代人作《海寧蔣鏗又秀才墓誌銘》說:

> 我秀水沈,與海寧蔣,夙連姻好,至鏗又娶我兄子旬次女,其子娶於林,則我兄之外孫女也,其女又歸我從孫誠,其從弟從子又娶我兄之子若孫,蓋自我本生王母蔣太夫人凡五世矣。蔣太夫人於鏗又爲曾祖王姑,而先妣唐太夫人又於鏗又爲從大母,先三姊爲世母:其昏媾磐牙,幾不能縷析而指數。

在錯綜復雜的中間,敍述得有條有理。

(四) 善於附會　例如代人作《嵩山草堂記》說:

> 昔陸渭南居斗室,命曰煙艇,謂渺然有江湖大澤之思……馮子超然居海上嵩山路,顏其堂曰嵩山草堂……請予爲之記。人或以爲怪,予曰:此夫亦陸子煙艇之意與?然陸子詩人之意耳!馮子以高隱爲畫師,其淡蕩縣邈之意,或有出於陸子外者;則闤闠之間,未嘗無奇情壯態,爲馮子紙墨之助者。推此意也,廣衢可以爲大川,曾樓可以爲山嶽,人馬可以爲魚鳥,高

峰可以爲浮圖。則謂嵩山之堂猶之在嵩高可也，謂三十六峰環峙於堂之左右亦可也，謂巖壑林泉，千態萬狀，蘁蘁然獻技於堂之前後，亦無不可也。故有高世絕俗之心，則海上爭利之藪可以爲大隱；否則終南、嵩山，適爲假隱自名以詭祿仕者矣。

又《孫太夫人壽序》說：

孫哲生院長母夫人盧太夫人，嘗佐吾先總理成革命，覆數千年帝王之局，且進而謀世界之大同……竊嘗推革命之義，發於商湯；而商易初奭，奭，坤也，故《歸藏》有《鄭母》《齊母》諸經。則女德之尊，亦肇自商，湯妃有嫛，終贊革命，有天下。自周以後，信乾而詘坤，不復及國事，女德日衰，陵夷耗亡，幾不復齒於男子之列。於是國力亦日耗。吾總理始倡平權之議，而數十年間女子之蹈湯火，冒白刃，與男子共策革命者，遂如雲龍之起，而太夫人實爲之先，卒以克成鴻業，豈有得於《歸藏》首坤之說乎？

真可以説"文心狡獪"到極點了。

(五) 攻擊社會罪惡　例如《王彥修家傳》說：

……夫以君子之德行才智，終詘於商賈，而世之仕宦將率，獨唯商賈之是效。假居官爲駔儈，施教爲積居，勢能爲奇貨，而權位利祿爲子母，則君之才德，固有相背而不及者，此其終詘於商賈，且并商賈而亦不能一用其材也，則尤可悲夫！

又《余孺人家傳》說：

……孺人未嘗學問，而能通知大義，而世之囂囂徒知務女學而婦德日下者何也？世言女學盛，則可齊男子，爲國家用，然驕侈無行，無益於家國，反陷其夫於不義者，比比皆是也。

則孺人之可傳，不特於其家，雖式諸鄉與國可也。

他的攻擊，雖没有具體，也可以知道他內心的忿激了。

（六）表揚忠義節孝　他這一類文字最多，好像《孫鈺傳》《朱鐵槍傳》《李中介傳》《忠丐傳》《六十亡名烈士傳》《滕祺之傳》《李榮熙傳》《金得海傳》《蕭上尉傳》《陳忠愍公化成別傳》《張蒼水先生事狀》《胡孝子傳》《胡節母傳》《張烈女傳》，可惜大部分因搬家遺失，不能詳細評論了。我最喜歡讀他的傳後"論曰"，舉一個例在下面：

> 夫當國家危難之際，慷慨赴敵，惟義所適而已，固不必計器械之利，強弱之殊，成敗之數。惟知義，故趙君隻弓可殲強敵；不知義，則百萬甲兵，曾不足以守寸土。世之較強弱器械而計成敗者，皆握齱忘義庸懦夫也；安有握齱忘義庸懦夫而可謀國也？而世惟握齱忘義庸懦夫之與謀，此趙君之所以死也。悲夫，悲夫！

句句沉痛。說話雖然過份，更可見他的急不擇言了！

有人說他極像梅伯言（曾亮），又說他學曾滌生（國藩），其實都是"皮相之論"。他自有一個自己在，但是文字總覺得太古奧，好像《王光遠家傳》裏的"負圓罔養"，《臧君墓誌銘》裏的"嫗掩""訾俗"，《沈田莘生壙記》裏的"太冲莫朕，第靡波流"，《建威將軍吳公墓誌銘》裏的"尉薦士卒"，不免太不通俗了。還有壽文太多，他是服膺曾國藩的，曾氏曾經譏諷過歸有光，他何以"明知故犯"呢？這不能不說是他的缺點。最後講一段關於他賣文的故事：在前幾年，米價還不過一兩百元一担的時候，他潤格碑文傳狀已定一千元一篇。有一個暴發戶，請他做城隍老的傳文，附有條件，說：一、我老子曾經做過肉店的伙計，他老娘做過人家奶媽，但是後來却是老太爺老太太了，必定要說到，方覺得現在的可貴；這兩件事是不大體面的，最好說得體面些。二、我老子娘是沒有事實可說的，但是要鋪張得好看。他説：可是可以的，但第一個問題要照潤格點品算，加一倍；第二個問題，要好看必定要鋪張，那末又非加倍不可，既然要鋪張，文字不能不長，超過五百字加一倍，超過一千字加兩倍。暴發戶有點躊躇，他笑笑道：唐朝有個皇甫先生替當朝的宰相裴大人做一篇碑文，每一字要一匹綢，我還是賤賣哩！後來總算成交。他寫到上面的問題，他説：

> ××先生微時，雅慕陳曲逆之爲人，分社肉未嘗不均，慨然曰：宰制天下，不當如是耶！太夫人與同甘苦，嘗爲人食母以持家。

暴發戶看了，莫明其妙，後經解釋他聽，才很得意的説：原來宰相也做過殺豬的，幾千塊錢，值得值得！過後他對人説，我從來不計較潤格的，但是這種人，非計較不可。

（五）書法

他的書法，批評的很多，好像陳柱氏《吾國四十年來之文學略談》（見上），《草書考》（交通大學油印講義），《古今雜誌》等。還有唐蔚芝撰文潤例附他的合作書例（我前年在箋扇莊見過），後面唐氏介紹説：

> 及門王××教授，爲先師沈寐叟先生晚年入室弟子，書法尤得真髓，由北碑上探兩漢，旁及漆書行簡、石經石室之墜文。先生嘗謂不落唐以後一筆，年來都講上庠，所造益深。

但別人多説他學寐叟，他題寐叟絕筆墨跡詩也説："昔年筆法傳坤艮，置我三王二《爨》間。"其實寐叟用偏鋒，他是用中鋒的，寐叟用指力，他是用腕力的，也有不同罷。他的用力經過，在《書法答問・自述篇》（《光華簡報》半月刊）裏説得很詳細，他説：

> 今年秋，以校長命爲諸生指授書法，愧不敢辭，乃撮其大

要,爲《書法答問》若干篇。予幼承先大夫之教,童穉即好紙筆,三十年來,深知此中甘苦,敢先爲諸生陳其一二,或亦小有助焉。余初學二王,少長效歐陽率更,若《醴泉銘》,若《化度寺碑》,皆臨摹至數百通。嘗作楹聯榜書,頗要譽於鄉黨間,然吾兄瘦匏獨笑爲干禄書。年十九,見沈寐叟先師於海上,先師以爲骨格已樹,可改肆北碑,求縱恣。瀕行,舉《鄭文公》《敬使君》兩舊拓見賜,並指授用筆用墨之法,則大喜,如航大海之得南針。自此向明即起,每晨盡墨一盂。先大父又賜舊磚一,縱衡皆二尺,遂作檗窠書。如此者一年,吾兄從政歸,見而大許之。先師掃墓還里,過訪先大夫,見所習《鄭羲》與《乙瑛碑》,謂猶拘局格禁,不能盡古人之勢,且二碑不易躋扳,盍廣攬以博趣,去員而就方乎?即背臨《鄭羲》若干字賜之。乃改肆《張遷》《衡方》《張清頌》諸碑及《龍門》諸造象,業更加勤,往往手爲之疽,臂爲之僵,不顧也。如此者又二年。一日,爲先大夫代書吾鄉白苧橋碑文,爲金甸丞文作。丈見之,過妘先大夫,許爲劉諸城,乃益自熹。後又改摹兩《爨》,以圓勢運方筆。時方從太倉唐蔚芝師受經學,道出海上,以所習上寐師,心頗忐忑,懼不中程。師乃嘆唶曰:若此,曷再去方而就圓乎?乃復從《鄭羲》入,繼又習《敬使君》,不及一年,而師謝賓客矣。自後握管,輒惘惘不自聊。廿五歲後罷精考據,常窮日夜,前所自課,乃漸中輟;偶見一二舊拓,猶踊躍欲一試,而自律不能持久。近歲以來,犇走衣食,舊業久廢,偶偷閒學章草,初仿《月儀》及《出師頌》,後得松江本《急就章》,日必一二紙,然卒卒不能致力,覺腕下有鬼,無以發其奇蘊。每自訟曰:負吾師矣!負吾師矣!

他談"學書之要",在《書法答問·綜言篇》裏說:

(一)在專一 徐季海云:張伯英臨池學書,池水盡墨;

永禪師登樓不下，四十餘年。史稱鍾繇少與胡昭並師劉德昇，十六未嘗窺户；嘗謂其子會曰：吾精思學書三十年，坐與人語，以指就坐邊數步之地書之，卧則書於寢具，具爲之穿。其勤奮專一如此。吾人雖不能絶百事而爲之，然不可不有其精神。蓋非精熟，不能盡美。俗云書無百日工，真悠悠之談也。

（二）在敏速　姜白石曰：遲以取妍，速以取勁，先必能速，然後能遲，若素不能速而專事遲，則無神氣。即以實用言之，亦應求速。元康里巎巎善真行草，嘗問客，一日能作幾許字？客曰：聞趙學士一日能寫萬字。巎巎曰：余一日作三萬字，亦未嘗因力倦輟筆。近世曾文正公教其子紀澤學字，亦曰：既要求好亦要求快，余生平遲鈍，喫虧不少，爾須力求敏捷，每日能作楷書一萬，則幾矣。然求速非潦草之謂。趙宧光云：書法云，作字不可急促，王介甫書一似大忙中作，不知此公有如許忙。嗟乎可憐！忙忙作字，豈惟字醜，人品亦從此分矣！然介甫書雖有橫風疾雨之勢（見張邦基《漫録》），而筆筆送到鋒尖，必非躁急老草所能致，學者固不宜妄非介甫，亦不得妄以介甫爲藉口也。文正謂既要求好又要求快，斯得之矣。

（三）在誠正　吴孟起云：程明道先生作字甚敬，曰：非欲字好，即此是學（見《字學憶參》）。陳白沙先生云：予每書於動上求静，放而不放，留而不留，此吾所以妙乎動也；得志弗驚，厄而不憂，此吾所以保乎静也；法而不囿，肆而不流，拙而愈巧，剛而能柔，形立而勢奔焉，意足而奇溢焉，以正吾心，以陶吾情，以調吾性，此吾所以游於藝也。由是言之，書學亦修辭立誠、進德修業之事，豈可目爲末技而忽之？傅青主嘗曰：弱冠學晉唐人之楷法，皆不能效，及得松雪、香光之墨迹臨之，則遂亂真。已惟自媿，蓋學君子，每難近，與小人遊，忽易親。松雪曷嘗不學右軍，而結果淺俗，心術壞，手亦隨之。於是始復學顏平原。故諸生學書，必自正心誠意始，所謂心正則筆正也。

（四）在虛心　趙宦光云：學者須虛心自考功過，著意力爲去就，即自己不辨，須憑賞識家彈射受病要害，一不得，先具成心，使嘉言不入於耳。古今法書，是其功過二案；古今法帖，是其功過佐證。兩造具備，無可逃避，然後逐筆考驗，以對症方，起其膏肓。骨弱者強之，筋緩者固之，肉浮者法之，節解者收之，纖巧者以韻易取，流盪者以逸鍛煉，雅俗對照，厭欣自生。

（五）在博取　揚子有言，能觀千劍而後能劍，能讀千賦而後能賦。吾人雖不能摹千碑，亦當百碑，或數十碑，方能熟體變、取師資也。古人無論矣。清人鄧石如學篆，好石鼓文、李斯《嶧山碑》、太山石刻、漢《開母石闕》、《敦煌太守碑》、蘇見《國山》及皇象《天發神讖》、李陽冰《城隍廟碑》《三墳記》，每種臨摹各百本；又苦篆體不備，手寫《說文解字》二十本，半年而畢；復旁搜三代鐘鼎及秦漢瓦當碑額，以縱其勢、博其趣，五年篆書成。其學漢分，則臨《史晨前後碑》《華山碑》《白石神君》《張遷》《校官》《孔羨》《受禪》《大饗》各五十本，三年分成。何子貞習書，則上溯周、秦、兩漢古篆籀，下至六朝南北碑，皆心摹手追，徧臨諸碑，得其菁華，其取精用宏皆如此，宜其能大成矣。

（六）在窮源委　趙宦光云：學後人帖，須見其原委，然後可以從事，如祝希哲真楷學鍾元常，即須討釋帖，便見其學由彼而得，於是求二人合處以取法，訾古今變化以窺妙，始可兼其二益，所得多矣。其行書出於章草，稿草出於芝、素，可類推也。文待詔真楷之於《黃庭》帖，行書之於太宗帖，大草之於山谷書,亦類也。又若王文學真楷之於虞學士,行書之於右軍父子,亦類也。又若宋仲温學王氏之章草,文休承學懷素之《千字文》,亦類也。苟不究其根本,皮相大能僨事,此由流以及源之説也。又云:學一名家書竟,旋取他人之學彼者參定得失,如學鍾司徒,必以右軍、衛夫人、宋儋、羊欣諸家為學徒而考究之;學王右軍,以大令、智永、孫過庭、虞世南、趙孟頫、鮮于樞、宋仲温、文徵仲諸人為學徒,以及顔真卿臨《東方朔像贊》而參究之,學大令以虞世南、王履吉、黄淳甫為學徒而參究之,學率更以小歐陽以及蜀本《石經》之似歐諸家而參究之。大抵前人書法不可多得,故借後人學力,以輔吾之不逮,此因源以及流之説也。凡此諸端,皆予素所心維而口誦者,敢以識途為先驅。

上邊所説雖多取古人舊話,但也可以推見他的所以成功了。現在寫一兩件關於他書法的故事。有些是他在導師會茶話席上講笑話時説的;有些是同學告訴我的。

一、他寫字非常古怪,"不名一格"。有一天有人請他寫"××區××辦事處"的招牌,他寫"區"作"匲",寫"事"作"㕙",請寫的人見了,哈哈大笑説:先生不要打棚。他板了臉説,我從不打棚的,上面的字出在北碑上,下面的字,鍾繇是這樣寫的啊。

二、他喜歡用淡墨寫,有人請他寫對聯,上面化成一兩個墨團,但是寫得很飛舞,他很得意,人家看了,非常不滿,説出了潤筆,得了幾個墨團,他知道了,立刻要回還他的錢,賠他的紙。笑着説:俗人那裏能知道雅事,那裏能欣賞藝術?鼎鼎大名的包世臣,不是常常成墨團團嗎?

三、一個朋友請他寫扇子,中間拉了幾個字,朋友説,拉了字了,他瞪着眼説:你要我寫扇子呢,還是替你抄書呢?

四、有一天校工阿火歇歇瑟瑟的説,先生能不能替我寫一副對,我的兒子要結婚了。他笑道:可以可以。上款寫着"阿火校友文郎合卺之喜",大家看了,笑痛肚子。

五、聽説有人請他寫對,掛在中堂,後來家裏失火,只有中堂沒有燬壞。有人説,他八字全是火命,所以把火神壓住了,他聽見笑道:那末我是張瑞圖第二了,然而張瑞圖何足道哉?(相傳張氏是水星,他寫的字可以辟火,但是他失節流寇,所以他如此説)

六、他練字很勤,但是請他寫字,却非常的懶,一兩年等到一把扇子,是稀鬆平常的事,假使向他催,他老是説抱歉得很,一兩天內,一定交卷。但是過了一百個一兩天,還是不來。他有一個老友,竟因此要和他絶交,憤憤的説:這一點面子,這一點交情,還够不上寫幾個字,做什麽老朋友?他潤格上説"疏慵成性,不勝文字之誅求,往往失歡朋好,常用疚心",確是實話啊。

七、有人問他爲什麽不肯寫,他説:不是不肯寫,實是不感興趣,你知道孫過庭所説的"五不合"嗎?有一於此,便不能提起興致。

八、有一次他開導師茶話會,我們事先約定,把他包圍。他没奈何,只得答應,想不到越寫越起勁,一共寫了三十多副,我們一致恭維他"揮毫落紙如雲煙"這般神速。他説:這又何足道?何子貞晚年,一天尚能寫七十副呢。大約請他寫字,除綁票式的請求外,是不容易奏效的罷。然而也有例外,好像阿火。現在他賣字了,不曉得怎樣。

九、他練習篆隸,非常勤奮。從前到他家裏,常常見他寫在報紙上,堆積如山。但是請他寫,老是不肯,笑笑説:我的寫篆隸,意思並不在篆隸啊。我們不懂,他又説:意思仍在真草啊,要把篆隸的筆法,運用在這上面啊!

十、他對古人的書法,最不喜歡趙孟頫,説他是書中的蕩婦,一股狐媚子勁兒,最容易壞人骨氣。有人問董其昌怎樣,他説:那還不失大家閨秀的風度。吾亦問過他，北碑往往粗野得不堪入目，爲何喜歡他？他說惟其粗野，故所以常有天真流露。有人問何子貞，現在還有可看的字嗎？他說偶然看見小孩的描紅，還有一二筆可取。雖然目中無人，也是這個意思啊。

　　總觀他的人格，他的學問，覺得距離現時代太杳遠了。宜其他要研究古代史，來求取心靈上的安慰，大約也是陶淵明《桃花源記》的一套把戲。然而生在現時代裏，吃着現時代的飯，溷在現時代的社會，但是思想行爲距離着現時代那末杳遠，不是大大的矛盾嗎？矛盾先生啊，還是回來吧，回來建設我們前進的桃花源，這是我最後對他老人家的忠告。然而他是倔强的，也許他要說，世界的一切，不一定直線進行的，也許是循環，那末吾開倒車，也許是進步。那末，"余欲無言"了。

國恥詩話

目　錄

自序 …………………………………………………… 143

卷一 …………………………………………………… 145
卷二 …………………………………………………… 174
卷三 …………………………………………………… 212

自　序

倭禍初起，絃誦都息，杜門悲憤，遂有《國恥詩話》之作，始雅片之役，著國恥之所始，訖淞滬之戰，痛國難之未已，輯眘詩材，達百數十種，釐爲四卷，及倭陷東南，此事遂廢。三十年冬，上海故租借地亦淪寇手，余方流寓，不能脱去，家人懼禍，以此書及他稿納承塵中。去歲强寇乞降，河山光復，始出之，已朽蠹泰半，棄置敝籠久矣。今年秋，友人有自蓉來索觀者，余曰：大恥已洒，且上躋强國之林，國恥云云，殆非國人所樂聞。友人曰：前事之不忘，後事之師，倭雖去，而繼倭以興者，亦大有在，此其一；國恥稠疊，今雪倭恥而已，他猶未盡也，此其二；雪恥而忘恥，其禍甚於無恥，吳越之事粲然已，此其三。則君書正今日之急務也。且自來詩話，只平騭詩歌而已，多陳陳相因，其細已甚，甚或假以標榜，掊擊異己，尤失古人説詩之旨，子能化腐朽爲神奇，借鼓舞鏗鏘之節，申卧薪嘗膽之心，不翅一國恥史也，實往古所未有，此尤拙所心折，而亟宜刊布者也。予無以應。錫山處士王卬亢元，聞而善之，將以剞劂問世，爰略加補苴，併爲三卷，書其緣起及友朋問答之辭弁其首。至蘆溝事變以後，則別爲抗戰詩話，玆不及云。

民國三十五年雙十節嘉興王蘧常瑗仲父記於滬西明兩廬。

卷　一

　　吾國近百年來，恥痕稠疊，實肇於遜清道光二十一年英人雅片之役，措施失當，內外因循，遂啓外人覬覦之漸，成協以謀我之局，履霜堅冰，賢者歎焉，故本書以雅片之役始。廣東爲英人貿易雅片最盛之區，朝廷雖屢申禁令，然以沿海官衙，貪利納賄，輸入仍逐年激增。至道光元年，湖廣總督阮文達公復奏請禁止，實爲此役之嚆矢。及林文忠公督湖廣，欽使查辦，實施杜絕貿易之策，而巨變以起。是時中朝黨論紛歧，和戰不一，加以承平日久，兵事窳敗，遂至華離四碎，不可收拾。然使文忠公得始終其事，決裂亦何至於此也，悲哉！魯通父孝廉庚子歲有《讀史雜感》五首，詠其事云：鐵艦雲騰滿上游，建牙吹角動高秋。三千組練弢犀弩，一夜風煙散火牛。絕域威名驚小范，中朝黨論送維州。虎門鷺島孤懸地，坐甲從容待運籌。又云：立仗蕭蕭老驌騻，忽聞鳴鳳在朝陽。空傳天語褒殊錫，無復廷爭守御床。戰鼓悲涼旌節落，星軺留滯海城荒。長沙稍喜能流涕，寂寞青蒲望報章。又云：條支萬國大荒西，職貢經年道不迷。旅拒公然爭互市，廟謨終與講招攜。大軍解甲供牢禮，小縣徵丁習鼓鼙。聖世只須勤內治，旋敎瀛海盡航梯。又云：征蠻部曲數楊羅，今日誰當馬伏波。楚國三男生絕少，將軍十萬辦原多。奇謀競搏中行說，猛士爭求曳落河。幕府紛紛滿朝傑，急應親奮魯陽戈。又云：圖山關外見旌旗，鐵甕城頭戍鼓悲。夜色橫江狐吹火，軍聲滿地鵲移枝。中原徵調空千里，北固登臨又一時。獨倚蒼茫看海色,樓船如馬日東馳。至辛丑,海疆事益壞。孝廉復有重有感八首云:清酒黃龍約屢譌,珠江瘴海日橫戈。全開門戶容蛇豕,漫握韜鈐布鸕鷀。燕將不聞誅騎劫,趙人猶是愛廉頗。征南部曲淒涼在,忍聽臨江節士歌。又云:披髮何人訴上蒼,孤舟百戰久低昂。前軍力盡宵泅水,幕府謀深坐裏糧。握節魂歸雲冉冉,颺灰風疾海茫茫。神光金甲分明見,嘷血銜鬚下大荒。又云:張公苦意絕天驕,忽報呼韓款聖朝。便遣頻陽老王翦,豈宜絕域棄班超。跕鳶事業心紆折,射虎河山氣寂寥。珍重玉關天萬里,西風大樹日蕭蕭。又云:白晳通侯畫戟雄,黃扉假節黑頭公。銀槍世領親軍使,鐵券家傳汗馬功。弓矢臨邊恩數異,金繒誤國古今同。如何更賣盧龍塞,從此東南鎖鑰空。又云:五羊城外趙陀營,百處風聲草木驚。仗鉞將軍喧就逮,秉鞭王子靜專征。螭頭妙選千金士,虎節新徵十道兵。見說珠崖近乘勝,前驅幾日斬長鯨。又云:龍額弓高拜故侯,羽林精銳下黃頭。料兵荊楚遙傳箭,輓粟洪饒急唱籌。江轉千盤連鐵索,山圍五管似金甌。英謀老算今何在,一夕烽煙滿目愁。又云:吉網羅鉗事有無,金雞纔下痛慈烏。關中儲偫思劉晏,塞上風雲避郅都。麻經臨戎天慘澹,干將出匣氣盤紆。斬蛟殺虎威名在,祇待從容展壯圖。又云:南州使者建雙旌,萬里相呼載酒行。本以文章期報國,翻令書劍學從征。倉皇發策丹心炯,慷慨登陴白髮生。草檄飛書杖乘事,獨能無意向功名。自注:單地山師視學粵東,凡三書召與同行,以親老辭,先生後以失職長假歸。前後凡十一首,於此役始末敍述甚明,比附史事,亦皆確當,無媿詩史。孝廉尚有三公篇,尤精鍊。三公者,欽差大臣兩江總督裕靖節公謙,贈太子太師大學士王文恪公鼎,浙江巡撫劉公韻珂。有小序云:裕公致命死,王公憂死,東南岌岌,劉公撐拄而已,又抱病幾死,懷賢憂國,情見乎詞。詠裕公云:裕公忠臣後,正氣何堂堂。起家謝閥閱,致主繇文章。東南大藩地,實領財賦疆。士女臚笙竽,溝洫流稻粱。

昏昏寶珠域，僛僛歌舞場。感歎風俗頹，嫉邪森剛腸。意待五蠹除，坐使萬民康。淳風未迴斡，醜夷紛陸梁。舟山棄其甲，虎門嗟排牆。流涕拜表行，前驅心飛揚。昔我有先臣，戰血漂大荒。主憂臣則死，投袂親戎行。一呼百夫奮，再呼千帆張。流沫誓三軍，天水久低昂。斥堠日謹嚴，間諜亦有方。捉鬼剝其皮，斷筋續馬韁。羣鬼哭澈天，海水爲沸湯。初攻昌國城，三帥同時戕。再戰招寶山，軍門氣凋傷。公時秉鞭出，下馬泮宮旁。豐碑摩日月，大字標流芳。永痛誠勇公，血淚終承眶。軍門單馬來，登城語倉皇。揮手謝軍門，百口不得將。君與此賊生，我與此城亡。嗚乎英靈姿，鐵立色不僵。皇情久震悼，羣議猶披猖。安得陳此詞，稽首陳太常。

裕公姓博爾濟吉特氏，蒙古鑲黃旗人，一等誠勇公義烈公班第曾孫，義烈公殉阿穆爾撒納之難，故起云云。孝廉文集有《書裕靖節公死節事略》一文，其略云公起家兩司，巡撫江南，所至有威，東南事起，公駐節寶山，夷不敢犯屬。伊相以罪廢，天子命公督兩江，充欽差大臣，屬以東事。公聞命赴嘉興調度，而廣東和議屢敗，最後以銀大萬千餘爲城下之盟，飽而去。公知不足恃，守益嚴。道光二十一年七月，廈門失守，得報，集兵鎮海，躬率文武僚屬，刑牲醑酒，誓於衆曰：「逆虜悖天寒盟，得氣於廣，閩爲不備，羅茲痽毒，今聞其乃揚颺起椗，捲衆北趨，鎮軍葛、鎮軍王、鎮軍鄭先帥偏師急趨定海，幕府總統大衆，相機援應，且虜數和以要我。今日之事，有死靡貳，幕府四世上公，勳烈不沫，受命專討，義在必克。文武將佐，敢有受夷一紙書、去鎮海一步者，明正典刑，幽遭神殛。」音詞慷慨，聞者震奮。當是時，鎮海守兵數千，隸麾下者惟親兵及徐州兵，而提標兵隸提督。提督者，余步雲也。公與步雲約分險而駐軍。公遣知府黃冕守金雞山，而步雲守招寶。自夷入中國，戰則懸紅旗，和則白旗，變易耳目以猜我師。至是公巡師登城，見招寶山之旗有異，懷而未發，而步雲果稱疾不行禮，怏怏懷兩端。步雲者，用鄉勇起家,剿川楚等賊,積功爲大將。趙金龍之叛,步雲功最。自以久歷行陳,頗易公。公治軍嚴,夷在廣東時,謠言"公得虜,必剝其皮"。公聞之曰:"虜謂我不能爾邪?"遂捉兩夷目,剝其皮,以故,夷人怨公次骨,而誅步雲以牽制公。公之誓師也,道經學宮,泮池旁石刻巨字甚偉,而心動,私念:"脫不測,尸我於此矣,歸則不語左右,已而夷分兵寇盛嶴石浦,遣將擊走之,八月十二日。"……夷犯定海,先登自竹山門,總兵葛雲飛禦之於半塘土城,破其巨艦。明日,復進竹山門。明日攻曉峰嶺,處州鎮總兵鄭國鴻却之。是晚虜據五奎山。十六日入吉祥門,夜戰,火其舟。十七日,夷三道並進,壽春鎮總兵王錫朋首當其鋒,衆皆殊死戰,頗有所摧敗。而大艌掩至,我軍連戰六晝夜,士卒饑疲,虜持皮梯登岸越嶺,勢如風雨。於是海風大作,濤奔山湧,文報斷絕,三帥同時畢命,軍中奪氣,公以定海既陷,虜必揚艅深入,益激厲將士,憑城固守,而鎮海單弱,援軍未集。公知不濟,歎曰:"昔先義烈公以乾隆二十一年八月死於難,今二十一年八月,謙在此,命也夫!"謂其客曰:"明日將戰,戰則不及言,今欲有言,凡軍中諭旨、奏疏,及他文簿,置行館中。"又曰:"余無子,妻弱,一女在襁褓,可以德峻承祧。喪葬之費,取給而已。"又曰:"吾所草諸疏,藏之家祠,朝廷有所推問,以此進。"將戰,又曰:"公等皆去西城數里外,觀吾破賊,急草露布,不者與家人會於餘姚,勿顧我。我死,提督必以我説於夷,夷雖得鎮海,不能有也。朝廷復命大將斷曹娥江而西,東南尚可爲,勉之!"二十六日,夷凌晨而軍,公登城督戰,親援枹鼓,戰方交,而步雲單騎上城,有所謁,不答。去旋復來曰:"我死固當,如百口何?且步雲有息女,今日嫁,何如哉?"公曰:"兒女情,君固不免,然忠義事大。"既語步雲而急戰,自辰至未,所殺傷過當,而招寶山兵遽潰散,威遠城失守,金雞之卒擾亂,公所遣黃冕,不能軍,麾而退。夷乘勝薄午,炮火雨下,延燒民屋,守兵皆散。公徒步下城,西北面叩頭,奮身入泮池，有呼救公者，聲未絕而逃。千總馬瑞鵬曰："公之奴淩喜之聲也。"泅水而出公，公昏頓，縛一小肩輿，健卒負之，步而從。於是夷人以十萬金購公尸甚急。薄莫奔甯波，明日易舟奔餘姚，而息尚屬。僕余升者追及，登舟而號，少頃目微眴，猶述城上語一二，不可辨。舟行五里而公死矣。後五日，渡江，貌如生。劉中丞斂之而瞑，見者莫不悲異。而余步雲以二十六日晡退保甯波，果以公死說於夷，夷繇是益輕中國。明年五月，遂寇寶山，掠上海，據京口以犯金陵。朝廷始歸咎步雲，逮捕至京師，斬於西市。可爲此詩注脚。薛叔耘御史《裕靖節公殉難記》言剥皮斷筋事尤詳。云有一英人曰嘔哩，以舢板船擱淺，爲浙民所擒，送至大營。裕公命生剥其皮，并抽其筋以爲馬繮，呼號三日而後死。故孝廉詩曰："斷筋續馬繮"也。詠王公云：皇朝二百載，養士餘幾人。大哉蒲城公，雙手迴天鈞。立朝重山岳，上殿驚星辰。當時中書筆，肺附專經綸。雖無伴食嫌，終謝幃幄親。賴其樸誠極，每叨恩遇頻。嶺海有棄甲，梁宋無安鱗。中原千里土，化爲荊與榛。被命紫閣下，持節黄河津。道逢侯官公，荷戈來天垠。傂屋風雨夕，露立冰雪晨。司空三尺籍，水衡百萬緡。銖兩鎮支劄，尺寸籌茭薪。嗚乎兩賢績，萬古留河湄。公功未克竣，侯官出玉門。是時龍蛇鬥，虹蜺遶城闉。歸朝奏事畢，廷對升紫宸。流涕守御床，聖意久逡巡。古來格天業，結念期精真。齋戒坐小閣，萬言倏然伸。一請罪大帥，再請責樞臣。語多氣激烈，反側聲酸吞。蕭蕭起草亭，耿耿燈火昏。一死豈溝瀆，留感天聽尊。天尊聽斯卑，公死無兒孫。哀贈何足榮，所貴公論存。觥觥史鯔節，精白無緇磷。我欲賦大招，雷電交天閽。剖心告百爾，此義難重陳。案，公有子官編修，孫三人，而曰無兒孫者，初公臨塞祥苻黄河決口，林文忠已被貶，亦赴工效力，公一見傾誠結納，且言還朝必力諫之。及還朝，力薦林公之賢，爲穆彰阿所扼。公大憤，終不獲申其説，歸而效史魚尸諫之義。其夕自縊甍。此詩中已敍述甚明。是時新城陳孚恩，爲軍機章京，穆相素所寵任。方早朝，公獨未至，孚恩心動，急詣公宅，其家方搶攘無措，尸猶未解下。蓋凡大臣自縊，例必奏聞驗視，然後敢解。孚恩至，命急解之，檢衣帶中，得其遺疏，大旨皆劾穆相而薦林公也。孚恩謂公子曰："上方怒甚，不願再聞，此言若奏之，則尊公卹典必不可得，而子亦終身廢棄，子而猶欲仕於朝也，不如屏此疏勿奏，且可爲尊公邀優旨，子其圖之。"會公門人張文毅公芾亦至，亦穆相所厚，相與共勸編修。編修從之，竟以暴疾聞。見《薛庸盦文集》。編修不能成父志，故孝廉云云，所以深貶之也。詠劉公云：中丞齊魯士，屹立氣嶄絕。臥病臨安城，千里固積鐵。重值甬東敗，罝圍日危殆。元帥天上來，驕盛貴莫匹。所將多禁卒，虎皮冒羊質。動止須關白，豈得無肘掣？義律固詭譎，僕鼎尤恍惚。乍浦逮餘姚，千艘常撤掟。炮火灑空來，晴天黯飛血。義勇先倒戈，大將莽奔蹶。關隘歘不閉，公怒目眥裂。抽刀斷江流，分寸不得越。氣阻昌國濤，令肅錢塘月。大義責主帥，小心詰奸黠。聞范破膽寒，撼岳力阻折。以茲西湖波，晴光蕩城闕。每恨貪功徒，上章苦論列。宸聰頗虛納，物議堅莫奪。嚴譴兩依違，公論未昭雪。伊昔侯官公，謫戍事倉卒。蕭條行李來，握手兩絕訣。解贈五百金，箱篋立空竭。金甌正完固，寶劍豈折缺。反念玉關人，萬里犯炎熱。隕涕下黃河，到海聲幽咽。去住兩忠賢，夢魂永忉怛。持論嚴正，皆詩史也。_{前詩所謂王子，此所謂元帥，皆謂奕經，詳下。}

虎門之陷，廣東水師提督關公天培死焉，其事尤悲痛。燕山徐綱伯維城有詩弔之云：天蒼涼，海於邑。撤戍兵，延虜入。延虜奈何，和衷主和。不和奈何，迅奪天戈。哀哉督臣主和議，提臣忠勇氣蓋世。忠勇蓋世督臣忌，亟撤重兵置死地。置之死地空請援，縱鯨跋浪驚高天。戰必不勝驗左券，然後卒成和局如所言。嗚呼，督臣之罪不容誅，阿徇大抵由中樞。桓桓提臣真丈夫，力戰致命無踟蹢。逆虜櫬以紅氍毹,欽其毅烈猶嗟吁,鼓吹送歸南海隅。督臣視之心倘愧,悔由愧生悆或蓋。不惟不愧意且快,喪心病狂國事壞。二臣忠奸著中外,忠奸且著千萬代。咄嚱哉!虎門雄關乃不守,不守堅守刈隻手。於是督臣畀地香港遂爲夷虜有。見《天韻樓詩存》,魯通父孝廉重有感一二兩首,亦弔關公而作(見前)。第二首沈鬱蒼涼,靈氣恍惚,最爲生色。"前軍力盡宵泅水,幕府謀深坐裹糧"兩句即綱伯一詩之意,納之十四字中,尤覺微而婉,洵詩中之《春秋》矣。相傳公死節後,屢著靈異。一日大風作,瀕海人見一大艨艟揚帆而上,舵樓中坐一金甲神,仿佛公也。海神白馬,其感激人心有如此。孝廉"握節魂歸雲冉冉,颺灰風疾海茫茫。神光金甲分明見,嗖血銜須下大荒",即謂是也。公字仲因,一字滋圃,江南山陽人,起家行伍,容貌如常人,悛悛畏謹,而洞識機要,口占應對悉中,暇則習弓馬技擊,技絕精。在廣著《籌海集》,識者比之戚少保云。綱伯所謂督臣,通父所謂幕府,蓋指琦善。公居虎門之六年,而禁煙事起。林文忠公以罪去,前直隸總督琦善代之,於是和議興、海防撤矣。廣東邊海門戶曰香港、虎門。香港奧衍,易盤踞,去省少紆遠。虎門險狹,海道曲折,去省近。虎門外列十臺,最外大角、沙角二臺,屹爲東南屛蔽。是年十二月,英人攻大角、沙角,壞師船,而琦善日以文書與往來,冀得少遼緩;寇不報命而急戰,晝夜攻掠不已。時諸軍集廣府者不下萬人,又民兵數萬,而琦善所遣助守臺者,撫標二百人而已。由是二臺日益孤危,相繼陷沒。二十一年正月,寇進攻威遠諸臺,守者羸兵數百,公遣將慟哭請師,合城文武皆力求,琦善置不問,公遂戰歿,時二月六日也。通甫有《關忠節公家傳》,甚詳,忠節,公謚也。

庸人誤國養寇,自古痛之,然未有無恥如今日所謂不抵抗者。因憶鴉片之役,亦有類此,而尚不敢公然以此爲揭櫫,然其爲禍已可睹矣。悲哉!廣東沿海炮臺,曰沙角、大角、虎門、橫擋、烏浦、二沙尾，以及省河要隘，棋布星羅。林文忠到粵，即相度地勢，互爲聲援，內河復加木樁鐵鎖，載石沈船，奏移高廉道駐澳門，守以重兵，雖百英夷亦無能爲役。迨道光二十年琦善來代，預存不欲戰之心。英兵至虎門，則急撤烏浦，至烏浦二沙尾，則急撤獵德省河兵，舊防盡墮，英始縱恣。琦善初索英人煙費銀一千萬兩，領事義律允七百萬，先繳百萬，香港遂爲英有，並索寧波、上海各口。不許，即攻虎門，又揚言不得增兵，增兵即不和。琦善惶懼，奉約惟謹。時諸軍集省會者，駐防滿兵。督撫提標兵，又調集客兵團練鄉勇民兵，不下二萬餘，而各臺請援置不應，羣情憤激，而莫可如何。有匿名題壁詩云：誰使貨通獅子國，豈無兵駐虎門山。漏巵不塞河沙數，幸有雄師取賂還。賂謂煙費也。

　　初林文忠公至粵焚煙土，總督鄧公廷楨曾有《高陽臺》詞紀其事云：鴉度冥冥，花飛片片，春城何處輕煙。膏膩銅盤，枉猜繡闥閑眠。九微夜爇星星火，誤瑤窗、多少華年。更那堪，一道銀潢，去貸天錢。星槎恰到牽牛渚，歎十三樓上，暝色淒然。望斷紅牆，青鸞消息誰邊。珊瑚網結千絲密，乍收來、萬斛珠圓。指滄波，細雨歸帆，明月空舷。以鴉片鶯粟煙膏等字，一一嵌入，絕無斧鑿痕，頗見匠心，而十三行之喪氣，各洋舶之索然歸去，尤爲形容盡致。十三行者，李調元《南越筆記》云，廣州城南設有十三行，蓋商人設以攬中外交易之柄，猶內地之牙行。商人重利，鴉片尤爲大宗，先僅七家，後分爲十三。最著爲番禺潘振承之同文行，而南海葉延勳、伍秉鑑，亦爲佼佼者。後鄧公與文忠皆戍邊，道出嘉峪關。文忠有詩四律，勁氣直達，音節高朗，其四云：一騎纔過即閉關，中原回首淚痕潸。棄繻人去誰能識，投筆功成老亦還。奪得胭脂顏色冷，唱殘楊柳鬢毛斑。我來別有征途感，不爲衰齡盼賜環。言婉而意哀，其隱痛蓋有不能言者矣。後鄧公先文忠一年賜環。文忠送之以詩，有云：歧路又歧空有感，客中送客轉無言。鄧公和此韻云：百年多難思招隱,半壁殷憂敢放言。俱爲一時傳誦,雖非國恥,而與此役有關,類出於此。

　　林文忠公以十九年十二月奉命總督兩廣,亟繕守備,並請敕福建、浙江、江蘇諸省嚴防各海口。英擾粵自二十年二月至五月,終不得志,遂於九月改擾浙江,我以疏防,遽陷定海。老成之言不用,大局遂壞,文忠反以此獲罪去。清社之屋,中國之不振,實兆於此矣。故定海之陷,中外形勢轉捩之一大樞也。是役,我定海知縣姚公懷祥、總兵張公朝發死之,姚某伯孝廉有長歌記其事,歌云:趙君案,謂趙裕熙。置酒忽不樂,醉掣匕首揮白雲。胸中舊事匿真史,謂當借我長篇陳。今宵大雪天陰陰,瘦猿作筑烏爲琴。商聲離案,疑"雜"字之譌。沓和千籟,有鬼旁涕悲其音。當歲庚子夏六月,暍日千巒爍林樾。孤城海上浮一丸,罔兩潛來索山骨。擣虛或似龍驤軍,樓船走轂天爲氛。請兵告急拒不發,一朝壞我將誰云。二十七艦平碇潮,亂呼觱篥金距趯。遊魂絕島豺狼忍,側目中原意氣驕。承平已久兵力孱,刀鈍不屬弓難彎。糧無儲蓄縣官苦,職有司守將軍難。將軍獨幟當堅壁,縣官倉皇倒持戟。約戰難寬三日期,萬姓存亡爭一息。女牆列炬南門關,蒺藜櫑木傳車轅。將軍挈馬堵衝道,兀立不動如邱山。自注:時紳士勸張公入城避險,公嚴止云:是吾職也。邱山可動身不動,微命鴻毛國恩重。驚飆壓屋孤木持,稉霧埋霄一星竦。連環鎖甲霜髣髴,將軍立馬東崖高。屯郡貔貅正傳宴,眼看逝水流滔滔。斯時縣官巡民市,十户荒涼九逃徙。存者誓爲一臂當,敢以偷生速公死。忽傳鈴騎繞城來,城門不鑰轟然開。火鴉落砦大旗折,雷聲掩地聞哭哀。將軍死矣民則那,四城鼎沸譌言多。前兵已潰後不繼,將軍未死還如何。將軍未死創已深,民爲裹血聲嗚暗。堂堂天子命之帥,詎宜生就蠻夷擒。將軍凛凛識大義,民挾將軍授之騎。南門路塞馳北門,誰料將軍受民餌。社狐倉鼠無一存,灑地但有新血痕。天魔種子夜叉相,汗如魚氣蒸渾渾。存者欲出不得出，出者窺門不敢入。未死徒爲將軍悲，一死還爲縣官泣。將軍因赴轅門讞，膚革無完足寸繭。將軍不死大帥生，誰許將軍舌能辯。北面稽首煙草中，縣官就死何從容。杜鵑喉澀淚出骨，赤山炎氣方爈爈。我歌至此心腑摧，縣官良吏非庸才。爲臣不易久紳佩，<small>自注：五日前尚在書院課士，以"爲臣不易"命題。</small>見危而授無疑猜。高墳古柏風吹折，下有清池凛寒雪。<small>自注：城北同歸域爲明魯王諸臣叢葬處，下有梵宮池，姚公殉節於此。</small>昔日羣公有同志，今日縣官是孤節。高軒食肉多組緌，天地私汝成一名。可憐烽火初驚夜，猶與諸生講六經。縣官已矣且弗論，將軍不死還何言。一時鐵鑄六州錯，遂抱黃泉萬古冤。天門嶻嶪難呼枉，遍野荊榛密羅網。尸居不識海淺深，反珥貂翎受勳賞。將軍不死還死創，桐棺草斂秋風凉。海風東浙潛蛟遁，海月南閩淒雁翔。縣官亦是閩中產，苦共將軍竭心眼。春秋功罪無倖逃，同見先皇復何報。趙君醉醒吾歌終，大雪爲止羣山空。起看溟渤天同遠，側聽匉訇水又風。青天茫茫億萬里，書我長歌擲諸水。東水澄清天日高，始信魚龍多譎詭。案，兩公殉難事，載籍不詳，得此可補史闕。張公被賣，詩意絶痛，惜已無所徵考矣。

英人於道光二十一年八月再陷定海，吾總兵王錫朋、鄭國鴻、葛雲飛皆死之，而王總兵死事尤烈。朱伯韓觀察有詩紀其事，題曰《王剛節公家傳書後》，剛節，總兵謚，家傳，梅伯言郎中作也。詩云：皇帝廿一載，逆夷寇邊陲。定海城再陷，三總兵死之。其一鄭國鴻，其一葛雲飛。公死尤慘烈，寸磔無完屍。親軍數十騎，鏖戰同燼灰。先是裕制軍，仗鉞往誓師。余督爲犄角，三鎮受指撝。要害議分守，險難安敢辭。甬東僻海陬，烽燹苦新罹。流亡招未復，怪鴟啼蒿藜。荒郭背崖砦，曉峰何嶔崎。竹山障其南，厄徑窮煙霏。兵法忌阻隘，技擊無所施。峨峨九安門，獨力誰能支。公率壽州兵，帳下多健兒。列栅據峰坳，彼虜潛來窺。我兵壁壘堅，無從抵其巇。賊退攻竹山，巨炮轟奔雷。乘勢破曉峰，城角忽崩摧。公乃急赴援，事已不可爲。鄭帥斷右臂，裹創强撑挶。張目猶呼公，陽陽如平時。葛陷賊陣間，血肉膏塗泥。或云没入海，振臂登危屼。舉火發炮車，反攻欲設奇。一酋自後至，剚刃裂其臍。惟時海色昏，頹雲壓荒陂。公棄所乘馬，短兵奮突圍。前隊既淪亡，後斷勢漸危。相持已七日，援兵無一來。公死復何憾，公名日星垂。昔年戰渾河，奮撾鞭羌夷。平猺盪苗疆，奪蜑居前麾。鯨鯢坐可屠，何論鼠與貍。命將惜非人，錯置乖機宜。傳聞祭纛日，公潛語所私。吾已辦一死，此行必不歸。大帥奔寧波，招寶旋傾頹。同一委溝瀆，可憐損國威。颶風吹怒濤，沿海半瘡痍。老弱僵道旁，婦孺走且啼。稍喜劉中丞，鎮定安遺黎。用兵今兩年，吾皇日嗟咨。既苦經費絀，又虞民力疲。專閫成空名，文吏習罔欺。寇至軍已逃，兵多餉空糜。頗聞陳將軍，戰歿江之湄。歸元面如生，大名與公齊。世論泥成敗，事後多詆諆。若公等數輩，使建大將旗。進可殲凶鋒，退必堅藩籬。何必貽隱憂，歲幣爲羈縻。國家重武略，忠義懷前徽。死事例議郵，優典極寵綏。諡公以剛節，祀公有專祠。公名曰錫朋，傳者宣城梅。我爲補所遺，長歌告予悲。敘述密緻，於委蛇澹蕩中，鬱風雷之聲，斯爲可貴。附梅伯言《王剛節公家傳》。英夷擾海疆，廣東、福建死事者數人，惟浙江定海王剛節公與兩總兵皆力戰，殺賊過當，以無救遂敗，人咸惜之。公諱錫朋，字樵慵，順天府寧河縣人。少雄武有俠氣，以武舉補兵部差官，援例得固原城守營遊擊，遷慶陽營參將。道光六年，從大軍征張格爾，自大河拐至回莊，戰疾力，矢殪其酋，賞戴花翎。進戰至阿瓦巴特，陷堅，賊阻渾河沿，從大軍間道渡河，進喀什葛爾城，進收英吉沙、葉爾羌、和闐皆有功，別將獲賊目玉努斯。十二年，苗民趙金龍亂湖南，殘常寧、新田。公以臨武參將從提督羅思舉破賊羊泉街，首逆誅，別將逐賊高家坪，大捷。回就大軍楊家園，圍賊殲之，賞銳勇巴圖魯名號，擢寶慶協副將。時廣東猺亦煽動，趙仔青進擾湖南，兩廣總督檄以兵控兩省中地，殺賊背江口至濠江口。又破賊銀匠冲，獲其酋旗。仔青反走，追獲之，及其孥，湖南平。赴廣東大軍，戰連州大洪橋，乘勝入火燒排之蛇兒嶺，奪馬鞍山，遂平五排猺。又從定蓮花汛、冷水冲、金竹根、桃花冲、紅泥田各猺，及排後猺，亦就擒服，遷福建汀州鎮總兵。服闋，改壽春鎮總兵。公自遊擊從楊忠武公定回疆知名,及平猺,功居最,嘗戒諭士卒曰:戰利,呼人共之,獲倍多;即人不利,趨救之,可兩全。故戰比有功,而定海事竟以無救敗。先是,英夷陷定海,去之,公以壽春兵鎮其地。二十一年八月,夷再至,出守九門垵。鄭國鴻駐竹山門,葛雲飛駐曉峰嶺,相去十餘里。賊先犯九安門,不利,退攻竹山、曉峰。公馳往,兩營已先敗,賊爭鬥公,衆且盡,所親卒及身自盡殺數十百人。賊至益多,揮短兵陷陣死。是役也,賊可三萬,我兵計五千,公檄請益兵,大府不應。戰且五六日,勢足以待救,亦坐不救。曰:吾守鎮海者也。鎮海急,則又走人家,賊至門,守室者不出門於庭,門焉者亦不知,但走告主人,賊至每所,過每所,自擁大軍爲偵候而已。三總兵皆坐是敗死。公殺賊獨多,死尤烈。事聞,天子震悼,以提督禮賜謚卹,建專祠,子承泗襲騎都尉。此外尚有《朱副將戰歿他鎮兵遂潰詩以哀之》一首、《老兵歎》一首,寫主帥畏葸償事,歷歷如繢。可知是役之敗,非在將之不能戰,兵之不能用,器之不能利,而在主帥之非其人。牛鑑之怯,葉廷琛之愚,余步雲之狡,奕山奕經之無用,皆可爲歎息流涕者矣。而三鎮之敗,裕靖節雖一死,猶不能蔽其失援之辠也。或曰乞援爲大風雨所阻,非不援也。詠朱副將云:將軍名桂其姓朱,膽大如斗腰圍粗。願縛降王笞鮍奴,臨陣獨騎生馬駒。寧波三鎮新失利,大帥倉皇欲走避。公橫一矛跽帳前,此輩跳踉那足畏。我有勁軍人五百,自當一隊往殺賊。大兒善射身七尺,小兒英英虎頭額。紅毛叫嘯總戎走,峩峩舟山棄不守。鎗急弓折萬人呼,裹瘡再戰血模糊。公拔韛刀自刺死,大兒相繼斃一矢。小者創甚卧草中,賊斫不死留孤忠。是時我兵鳥獸散,月黑漫漫天不旦。中丞下令斷江皋,亂兵隔江不敢逃,敢有渡者腥吾刀。案,初副將,以二千衆屯慈谿城西之大寶山,圖鎮海。宗室大學士揚威將軍奕經,聞三鎮之敗,邃退杭州。前軍觀望,夷乘之,遂敗。"大帥倉皇"云云,即謂奕經也,中丞則謂劉韻珂。《老兵歎》曰:金門已逼厦門失,老兵歎息爲我説。借問老兵汝何來,道路飛書連兩月。公家程期不得緩,兩腳皸瘃皮肉裂。老兵患苦何足陳,我家主帥孤大恩。厦門屯戍兵有萬,況有鎖鑰連金門。當時烽堠眼親見,主帥逃歸竟不戰。獨有把總人姓林,廣額大顙又多髯。自稱漳州好男子,當關一呼百鬼瘖。可惜衆寡太不敵,一矢洞胸腸突出。轉戰轉厲刀盡折,寸臠至死罵不絕。嗟哉漳州好男子,安得防邊將軍盡如此,與爾同生復同死。案,此所謂主帥督臣顏伯燾也,不戰退同安,英軍既得廈門,亦不守,直駛浙江,伯燾遂以收復廈門奏聞。

姚某伯孝廉有哀三總兵詩,可與朱詩參看。詩云:白日不照魂,青天理無改。廢士匿隱情,何從哭滄海。三公雖武臣,嶄嶄國之厬。厚祿榮太平,夙知眘有在。骨都狼性奸,恩命負已每。再寇昌國洋,搥阤恣鼓駴。維時月塞壯,盲風颱以颲。默爾陰雲凝,飛火搏縣礧。頗愁城潰崩,連檄告所殆。八達蛟門轅,尚疑詭詞買。峻座擁萬軍,張望究何待?六日仍絕援,孤軍壯亦餒。始知移鎮時,已遭閫主紿。瀕穹罔恤民,霖漲逼昏澥。可憐戲下營,十夫九熈恧。堅餅和爛泥,飲泣忍充餒。三公慰撫之,未暇憤與悔。相期併力圖,一注奪全采。誓必殲此酋,保伊民户牧。葛天龍武侯,虬姿卓英軌。抑難去當中權,其氣什佰倍。右翼聯曉峰,左衝絡青壘。青壘誰帥師?式也太原偉。而我滎陽君,威稜憯崔嵬。滎陽官縉雲,擊刺夙稱美。抗旌策諸校,膽可薁韁靡。未防輹輞疾,背從茅嶺躧。猛發熛炭紅,蒼頭盡罷煨。絕磴有墮屍,流血染枯葦。龍武露青紛,四嚮冒弦駛。意在陷敵堅,力拯未亡士。孰虞部曲軍,先已瓦同解。超驤控虎落,合刃不移趾。批額驚腦塗,子子復何俟。惜哉三稜刀,僅格邛筰鬼。畢命投土城,猶然切其齒。俄傳青壘頭,骨磔太原死。嗟嗟壽春軍,南還無隻履。長城一朝壞,鹵掠遍鄉里。下以戕民命,上以賊國體。誰實成禍終?誰實構禍始?白日縣青天,昭昭有功罪。邇聞東岡垠,爛沙瀧骱髓。叢葬歸一邱,不復辨誰氏。泖池成沃焦,秋霾鬱漼漼。作詩聊備風,徵信敢言史。且代傳芭篇,大招嚮盤峙。自注:盤峙,定海山名,即盤嶼。

三總兵皆能文,有儒將風。梅伯言郎中嘗見剛節家書,及祭所親文,稱其詞旨溫雅,不知其爲武人。鄭忠節文學最優,尤精經術,著有《詩經疏義》行世。葛壯節有《四十自傷》詩,頗爲人傳誦。有云:馬不嘶風劍不鳴,等閒已老健兒身。近來不敢窺明鏡,恐照頭顱白髮新。邵位西□□懿辰撰墓表,載其撰有《名將錄》《製械製藥要言》《水師緝捕管見》《浙海險要圖說》及詩文凡數十卷,今皆散佚不可徵,惜已,附記於此。

葛壯節公雲飛有妾,容止閒雅,而富有膽略。聞壯節死耗,集他侍妾數輩,及殘卒數百人,乘夜入寇壘,奪壯節屍,歸葬之。故里人以比明季之沈雲英。汪芙生孝廉爲製《葛將軍妾長歌》云:舟山潮與東溟接,戰血糯粘留雉堞。廢壘猶傳諸葛營,行人尚說張巡妾。共道名姝越國生,苧蘿村畔早知名。自從嫁得浮雲壻,到處相隨卻月營。清油幕底紅燈下,緩帶輕裘人雋雅。月明細柳喜論兵,日暖長楸看走馬。一朝開府海門東,歌舞聲傳畫角中。不問孤軍懸渤海,但思長劍倚蠻峒。新聲休唱丁都護,金盒牙旂多內助。虎幄方吹少女風,鯨波忽起蚩尤霧。一軍如雪陣雲高,獨鑿凶門入怒濤。誰使孝侯空按劍,可憐光弼竟抽刀。淒涼東嶽宮前路,消息傳來淚如注。三千鐵甲盡蒼黃,十二金釵齊縞素。繡旂素鉞雪紛紛,報主從來豈顧勳。已誓此身拚一死,頓教作氣動三軍。馬蹄濕盡胭脂血,戰苦綠沈槍欲折。歸元先軫面如生,殺賊龐娥心似鐵。一從巾幗戰場行,雌霓翻成貫日明。不負將軍能報國,居然女子也知兵。歸來腸斷軍門柳,犀鎧龍旂亦何有。不作孤城李侃妻,尚留遺恨韓家婦。還鄉著取舊時裝,粉黛弓刀盡可傷。風雨曹娥江上住,夜深還夢舊沙場。案,東嶽宮爲壯節死難處,故詩中云然。妾亦山陰人,惜其姓氏已不可徵矣。

英人既連陷定海、鎮海、寧波,明年五月,遂進陷寶山,吾提督陳化成死之。旋陷上海,於是海疆事益壞。陳公由行伍積軍功洊升,忠義素著,至是夷事急,公自請移駐吳淞口,與士卒同甘苦,歷三年如一日。軍興,凡節度調遣,均非公意。寶山蔣劍人布衣與有舊,布衣有奇略,嘗謁公論兵事,深以上下苞苴、文武塗飾、訓練無素、心力不一爲憂。公歎曰:吾武人脫不幸,知有死耳。及殉,布衣有《潁川將軍行》弔之云:潁川將軍真人豪,身經百戰輕旌旄。三年蒼兕卧鼙鼓,一朝白馬乘風濤。海上頻年有邊警,詔書特許公移鎮。持重能綏將士心,忠貞獨效疆場命。峨峨石炮東西臺,樓船橫海風煙開。此是江南金鎖鑰,紅洋萬里唱檀來。消息南來堪一慟,出師大將銘旌送。越王臺下陳雲寒,羅刹磯頭雪花凍。從容冠劍領諸侯,幕府風流江左愁。豈有龍韜稱節制,漫勞虎幄誤軍籌。萬事從來悲掣肘,如此雄關偏失守。武臣死耳復何言,國恩天壤誰生負。公時意氣凌雲霄,登壇慷慨藏韘刀。酹酒今日好男子,要當殺賊始英豪。火龍百道亦熛怒,白鬼煩冤黑鬼苦。十盪十決勢未窮,再接再厲事乃誤。江頭告敗日紛紛,死事流傳尚未真。霸上棘門等兒戲,蕭孃吕姥各全身。間道今年已通市,朝廷自爲蒼生計。蠲租詔下萬人懽,可憐六郡良家子。太息昆池有劫灰,即今誰是濟川才。袁家戰壘西風裏,滬瀆潮聲日夜哀。其言至痛,而事跡不甚詳,予嘗作公傳。道咸間,袁君翼曾作《陳忠愍公殉略》,言死難事甚詳,予别有聞,見前人筆記有異同,爰重爲之而附於此。傳曰:公諱化成,字蓮峰,姓陳氏,福建同安人也。生而魁岸,要腹輪囷異常人。稍長,飲啖兼三人食,力可勒奔牛。束髮從戎,疊有功,至偏裨,從李壯烈伯長庚殲海盜,洊升至金門鎮總兵。道光十八年,授廈門提督。時浙粵警報狎至,公移駐吴淞,夙夜憂勤,常數日不寐。二十二年春,傳言浙軍與英吉利和議有成約,將就撫粵東。朝野舉欣欣有喜色,諸軍守備皆懈,公獨不可曰:夷情反覆不可恃,益飭勵所部。衆笑之。夏四月,果寇吴淞,各軍皆震駭,兩江總督牛鑑尤戰栗失次。公進曰:夷所恃者,銃炮耳。某身歷海洋垂五十年,入死出生者數矣,今願以身當之,公毋懼。於是麾紅旗登西炮臺,而以東炮臺屬某將,戒左右:海洋飄忽,火器毋浪發,度敵船少近,擊之,則發無不中,且以靜待動,勞逸迥殊,勿爲所震,自亂則敗矣。撫吳淞營參將周世榮背而言曰:吾與若福皆不薄。世榮不解。公曰:戰勝膺上賞,即不勝,得令名,非福而何?已而夷船電發螘附,銃炮齊鳴,聲震數十里,公春容應戰,連碎夷大艦一,火藥艦一,象鼻頭桅戰艦三,敵勢却欲遁,我軍噪而奮。方事之殷,東臺將士少却。公聞之,遣將馳斬先退者一人以徇,親帥世榮等馮高瞭望,指揮部隊。銃炮子錯落如雨,籔籔從冠際下,公若無睹,屹立不少動。夷衆望見,疑非人,及偵知公,乃大驚。是時牛鑑聞勝自寶山趨出,軍士皆呼躍,戰益力。夷酋竊退,儳道出小沙背,由桅顛瞭見其纛,突狙擊之。牛驚,跳走。督標兵遽呼曰:制軍傷矣。衆遂潰,斬之弗能止,東臺兵亦弃走。夷乃併力攻公,急,世榮曰:事不可爲矣,不如行。公拔刀叱之曰:庸奴誤識汝。世榮徑去。夷登岸萃炮注公,顚,復强起手斃巨銃,刃重,歕血死,而手執紅旂終不仆。麾下從殉者凡八十餘人,守備韋印福、龔增齡,千總錢金玉,把總許攀桂,外委許林、徐大華死最烈。印福於嘉慶中疊著武功,每曰武官臨陣,死生度外事,若畏死,奚官爲。金玉臨危,或勸去,則勃然曰,我年十六,即食國饟,今焉辟害,遂及難。大華多力,公守臺炮斃夷兵山積,皆大華手擊之也,發千斤炮,左右轉移無不如其意。當東臺却走時,衆志動搖,公以忠義相激勸,攀桂大言曰,公與某等共飲食,同風露,所爭祇此一時,公受國恩,某等受公恩,欲去者,共誅之,由是士皆感奮,公卒衆潰,攀桂不行,身嬰數十刃,猶奮起殺敵,終飲刃死。公之感乎得士有如此。公瀕死時,顧謂安徽武進士劉國標曰:我不能復生,速免我首,劉亦刃甚,負公屍草蘆葦中,越十有二日,始斂於嘉定,面如生,臂胯及腰受炮子如蜂房,百姓巷哭罷市,繢象祀之。事聞,宣宗震悼,予謚忠愍。公在官愛民,尤禮覽下士,拊循部曲,嫗姁如家人,軍中呼爲老佛,臨陣則嚴威若天神。夷初警，一夕大風雨，潮侵岸高數尺。總督裕謙使人覘之，見公危坐帳中，鈴柝聲琅然，竟達旦，部下數千人，無譁者。夷之入寶山也，犒飲於鎮海樓，酒酣，或作華言曰：此行良險，使有兩陳公在，安至此。其一陳公者，副將連昇也，先公死粵難。王蘧常曰，故老言，牛鑑甫至上海，夷以利餂撤淞防，牛密允之，而懼爲公覺，故陽出視師，及聞炮，即逸去。嗚乎！牛之肉尚足食乎？雖然，牛猶知貪利爲非義，知畏公，以視世之不恤清議，不知正義，無恥養寇，不加遺一矢，曰蹙國萬里者何如哉？嗚乎！或曰，事初起，公與牛鑑書，海口軍事一以付余，君但無出寶山門一步，事必濟。牛以輕出，遂敗。布衣尚有聞吳淞失守，逃潰文武甚衆，書憤一首云：女子猶知賦小戎，男兒那作可憐蟲。孤城一燼風猶烈，義士同聲鬼亦雄。晉鄙有軍皆壁上，亞夫無令在師中。吳淞野哭滄江冷，蘆葦蕭蕭夕照空。類列於此。

英人既破上海，六月遂由福山口入陷鎮江。時奕經統蒙古、吉林及京師火器健卒諸營，分布江浙資策應，而駐節蘇州。鎮江告急，竟恇怯不救。城陷，副都統海齡自縊死。蔣劍人有《潤州書事》詩云：北固山雄北府兵，南徐重鎮控南京。但聞天上將軍下，不見軍中鼓角鳴。烽火照殘揚子渡，旌旗愁望廣陵城。蘄王戰蹟今何在，簫琯樓船落日橫。將軍謂奕經也。

上海既陷，金陵已震動。六月，英夷復陷鎮江，七月，遂西薄，運大炮置鐘山之巔，爲碎城之計。於是城下之盟成焉，實爲我國割地賠款之始，吾世世子孫所不容一日忘者也。悲哉！金弓叔茂才有《圍城紀事六詠》，描寫慌亂及無恥情狀極真，説鬼一首尤趣。詠守陣云：將軍自注：德珠布。突遣追風騎，九城之門一時閉。自注：江寧凡十三城門，其四久閉。道有訛言江上傳，今夜三更夷大至。此時行者猶未至，須臾聞説皆驚疑。入城出城兩不得，道旁頗有露宿兒。平明馳箭許暫開，沸如蠅集轟如靁。土囊萬個左右堆，羊腸小徑通車纏。老翁腰間被劫財,腳下蹴死幾幼孩。村婦往往踣墮胎,柳棺摧拉遺屍骸。摩肩擁背步方跛,關吏一呼門又鎖。繞郭聲聲痛哭歸,頭上時飛洗炮火。自注:事始於六月八日,時夷尚未陷鎮江。詠避城云:海上逃人言鑿鑿,夷於丁男不甚虐。惟與婦人作劇惡,比戶由來皆火索。城中兒女齊悲啼,四鄉一一謀枝棲。尋常家具邀人賞,腰纏浪擲輕於泥。誰謂鄉農亦稱霸,百金纔許蝸廬借。瓢水束薪珠玉價,釵鈿裙襪奪之詐。稍不如意便怒罵,搶地無言但拜謝。道來此間已被赦,不見鄰婦頭鬖鬖。無錢能賃香筍籃,膝前有女年十三。中夜急嫁西家男,身攜布被居茅庵。詠募兵云:城中舊兵不如額,分守城頭尚無策。何論城下詰暴客,市兒反側頗接迹。一日招之入軍籍,朝來首裹青布幘。細襻革鞾勒盈尺,黑衣蔽腹袖尤窄。堂下羣鴉立無隙,或舞大刀或礌石。取其壯健汰老瘠,九城縈縈保衞册。自注:時分城內爲九道。晝坐當門怒眼赤,大聲能作老梟嚇。惡句往往暗襦魄,夜出走巡街巷柵。火光燭天月不白,木梃竹鞭在肘腋。自注:時鄉兵不登城,兵器皆以竹木爲之,取足衞身而已。吠犬無聲都辟易,一人日與錢一百。勤則有犒惰則革,借問誰司鼓與鉦。居然高坐來談兵,百夫長是迂書生。自注:主其事者大都吾輩而已。詠警奸云:西北諸山火裏墮,都說城中有夷夥,中夜能爲夷放火。大吏責成縣令拿,縣令責何人,野宿蹲如蛙,搜身偏落鐵藥沙。自注:時首獲郭犯,身有鉛藥數丸,或曰郭固官頂匠,藥其所宜有也。邏者見之喜且譁,侵晨縛送縣令衙。縣令大怒棒亂撾,根追欲泛河源槎。叩頭妄指讎人家,一時冤獄延蔓瓜。從此里巷紛如麻,人人切齒瞋朝鴉。平日但有微疵瑕,比來盡作虺與蛇。往往當路橫要遮,道旁三老私歎嗟,平原獨無董事恥。自注:時列九城保衞者皆謂之董事。昨日亦獲瘦男子,大抵竊雞賊者是。詠盟夷云:城頭野風吹白旗,十丈大書中堂伊。自注:前協辦大學士伊里布在浙江時,爲夷所感服,故以此緩夷。天潢宮保自注:太子太保宗室耆英。飛馬至,奉旨金陵勾當事。總督太牢自注:牛鑑。暗不鳴，吳淞車償原餘生。九拜夷舟十不恥，黃侯自注：署江甯布政使黃恩彤。自分已身死。十萬居民空獻芹，香花迎拜諸將軍。將軍掩淚默無語，周自請盟鄭不許。聲言架炮鐘山巔，嚴城頃刻灰飛煙。不則盡決後湖水，灌入青溪六十里。自注：皆當日奏章中語也。最後許以七馬頭，自注：粵、閩、江、浙，許夷交市者凡七所。浙江更有羈縻州。自注：浙江定海縣許夷僑寓一年。白金二千一百萬，三年分償先削券。券書首請帝璽丹，大臣同署全權官。自注：盟書首帝寶，次其國王印次，諸大臣押，次其酋長押，其酋長署銜曰全權公使。冒死入奏得帝命，江水汪汪和議定。詠說鬼云：三大臣盟江上回，侍從親見西鬼來。自注：江南俗稱夷曰鬼子。白者寒瘦如蛤灰，黑者醜惡如栗煤。髮卷批耳髭繞腮，羊睛睒睒秋深苔。言語不通惟笑咍，高冠編籛笠異臺。氈衣稱身無翦裁，漆鞮綠滑疏璃杯。短刀雪色銀鐟鐟，袖中炮火花銅胎。鏡箭五尺窺八垓，寸管作字鏤纖埃。口銜菰葉紅不灰，長壺斟酒鵝黃醅，聽者不覺心顏開。有塔高矗南山隈，鬼官日日遊相陪。父老奔走攜童孩，隨行飽瞰歡若雷，居然人鬼無疑猜。亦有賤駔真奴才，何樓偽貨欺痴獃。《中山詩話》：世語虛偽為何樓，蓋國初京師有何家樓，其下賣物皆行濫者，非沽濫稱也。竟買小舟樹短桅，船輪要看火焰推。晚歸向客誇多財，雙鳳彎環錢百枚。自注：夷市物所用洋錢皆多鑄雙鳳，與向來流入中國者異。惜遣辭未能盡雅，七馬頭云云亦誤。案，《南京條約》第二款，祇廣州、廈門、福州、寧波、上海五港，伊里布、耆英、牛鑑，皆當時所謂全權大臣也。款夷既成，薄海同憤。蔣劍人有詩痛之云：玉帳紅旗江上屯，元戎振振令彌尊。中朝不戰銷兵氣，絕域求和識聖恩。華夏風雲天未定，封疆功罪事難論。諸公莫忘艱難際，回首狂飆薄海門。在今日寇氛中讀之，不知涕泗之何從矣。

　　道光壬寅英人犯粵，果勇侯楊芳為參贊，因英人炮利，下令收糞桶，及諸穢物，為厭勝計，和議成，遂不果用。有無名氏嘲之以詩云：楊枝無力怨東風，參贊如何用此公？糞桶當年施妙計，穢聲長播粵城中。見牛應之《雨牕消意錄》。案，芳，松桃人，字誠村，從楊遇春剿川楚教匪，每戰輒爲軍鋒。又平叛回張格爾於新疆，亦有功，當時與遇春稱二楊，號名將，蓋以行伍起家，未嘗學問，平匪亂則有餘，禦外務則不足矣。

五口之約既定，耆英與期兩年，屆期而徐廣縉督兩粵，葉名琛爲巡撫。英夷申前約，而徐、葉靳之。旋葉繼徐後，隱然繫天下重望，奈以和戰首鼠玩敵被囚，終致大局潰裂，身亡國辱。天下莫不醜其所爲，然亦未嘗不哀其志。葉在囚中嘗有詩云：鎭海樓頭月色寒，將星翻作客星單。縱云一范軍中有，怎奈諸軍壁上看？向戍何心求免死，蘇卿無恙勸加餐。任他日把丹青繪，恨態愁容下筆難。又云：零丁洋泊歎無家，雁札猶傳節度銜。海外難尋高士粟，斗邊遠泛使臣槎。心驚躍虎笳聲急，望斷慈烏日影斜。惟有春光依舊反，隔牆紅遍木棉花。案，鎭海樓在印度之孟加臘，葉即囚於此。英吏五日爲繪相一次，分報英國主及香港、上海英吏。而葉之父，當城破時，倉皇出走，未得音問，故其詩云然。詩中絕無自艾之意，尚高自期許，真不知人間有羞恥事矣。又嘗作書畫應洋人之請，從者力勸不可題姓名，乃自書海上蘇武，故詩中亦以蘇卿自況也。既病死，英人傳其詩至中土，有爲之語曰：不戰不和不守，不死不降不走，相臣度量，疆臣抱負，古之所無，今亦罕有。可謂謔而虐矣。

葉名琛禍國，粵人有樂府三章記之，突梯滑稽，中有血淚。其辭云：葉中堂，告官吏，十五日，必無事。十三夷炮打城驚，十四城破炮無聲。十五無事靈不靈？乩仙邪？點卦邪？籤詩邪？择日邪？又：夷船夷炮環珠口，紳衿翰林謁中堂。中堂絕不道時事，但講算術聲琅琅。四元玉鑑精妙極，运來此秘無人識。中堂真有學問人，不作學政真可惜。又：洋炮打城破，中堂書院坐。忽然雙淚垂，廣東人誤我。廣東人誤誠有之，中堂此語本無疑。試問廣東之人千百萬,貽誤中堂是阿誰？所言皆實事。粵民自琦善蒞粵後,常疑大府陽剿陰撫。葉名琛亦畏粵民之悍,遇事尤裁抑外人,欲求衆諒。然粵民見葉之夷然不驚,轉疑其與英人有私,及英人累致書不答,且不宣示,則愈疑之。僚屬見寇勢日迫,請調兵設防,不許,請招集團練,又不許,衆固請,葉徐曰：姑待之,過十五日必無事矣,乃乩語也。先是,葉之父志詵,喜扶乩,葉爲建長春仙館居之,祠呂洞賓、李太白二仙,一切軍機進取,咸取決焉。乩語告以過十五可無事,而廣州竟以十四日先陷,人咸訝之,故樂府云云。或曰洋人賂扶乩爲之也,然以事秘,世莫得而詳。葉既被虜,英人以之傳觀外國各島,曰此中朝宰相也。及死,廷評免其戮尸,文吏赦其辱國,甚有以蘇武、郝經相許者。富順朱眉君作《漢陽相公行》曰：漢陽相公望龍虎,帝命天南咨固圉。盧頭十載建旌麾,黃宣五等頒茅土。雍容軍政矜裘帶,沈毅神機陋干羽。百吏難參杜德機,遠夷默玩渠丘莒。巨艦周城三十六,先聲一炮摧公府。萬雷入夜火轟雲,人肉填城血爲雨。豈無老羆卧當道,勢可憤豚公不許。兵有虛聲責有專,諸卿高閣何關汝。十月十四事當戢,鎮海樓中備尊俎,彝器喧闐撼大鼓。九十三鄉勇遣歸,龜從筮從時可數。粵秀山頭紅旆舉,諸營飛翰安如堵。無人之地索相公,百鬼挾趨公首俯。回紇今真見大人,匈奴固是嗔夷甫。奮身不並蛟龍遊,繫項甘遭犬羊侮。土風誰聽鍾儀音,廷評或許蘇卿伍。相公一身何足惜,中朝體制天王土。嗚呼！相公之志非不堅,半生功烈知由天。東洛舊齊籌海望,南皮新就富華篇。散金自學陳平誤,如意猶思昭速賢。李陵得當還歸漢,千里云亡定怨仙。君王面下歐刀敕,故舊情深動顏色。幸不生還累素交,且爲易棺安反側。文淵馬革換鮫絲,慷慨幽憂那得知。老父悲凉撫題奏,聖朝寬大免陳尸。相公介弟東華客,文采璆玡品圭璧。著書薄海有高名,下客長安曾接席。可憐痛哭爲余說,國憂方亟非家阨。我時無語祇沈吟,事有難言忘甲惜。願能奮發攘夷功,一洗垢瘢同氣質。粵遊偶讀粵中詩,廣東人誤誠有之。自注:見陳蘭甫詩。敢道是非無信史,欲明功罪仗微詞。屢乖事會寧關命,撞壞家居更付誰?征南幕府新傳箭,筘鼓喧喧歸善縣。官紳踴躍檄輪將,王師鎮靜終無戰。故事無須感漢陽,天津北去火輪忙。東風入律夔龍績,捍海金堤白鷺王。

粵局既潰裂,英遂糾法寇天津,進薄海淀。文宗倉卒出奔熱河,圓明園被燔,與庚子之役,同為亙古奇辱。許海秋主事紀事詩、王壬秋檢討《圓明園詞》,紀此役甚詳。紀事詩云:皇帝未北狩,舉朝方晏然。魚龍戲曼衍,拜手觴萬年。維時夏六月,兵氣南斗纏。熒惑駭星變,民間多譌言。觥觥陸御史,抗疏陳大篇。倏忽七月交,鼙鼓津門喧。樞輔既引退,列卿還遷延。魑魅走白日,雕鶚迷青天。前軍相交綏,駭獸如散煙。朝議易翻覆,撫戰兩未堅。秘策宋南渡,預計周東遷。猶恃拓羯兵,庶幾孤守邊。一人有棄甲,萬馬無迴鞭。似聞失河湟,未敢盟澶淵。六飛諫未出,兩詔眾所傳。威欲熊羆申,誅或鯨鯢駢。夷禍二十載,得此如轉圜。開關孰延敵,火已燎於原。袖手思張弓,無由弸勁弦。王公既失險,壞雲墮郊埏。黯黯八月秋,萬樹霜華寒。光祿中槍退,丞相策騎旋。空勞懿親議,難仗藩王賢。己巳日未午,慘澹旌騎翻。倉卒羽林兒,影影遑整冠。緹衣亦顛倒,逌行指木蘭。涼風起邊邑,疲馬聲嘶酸。啞啞白項烏,回首長楊間。關雲夜慘黷,頗似延秋門。爾時我皇意,豈不思多艱。大業二百載,聖德垂便蕃。弧矢定四海,梯航方交驊。朝廷失砥柱,滄海生波瀾。昨者獲巨寇,譬鳥鍛羽翰。呼吸一夫命,崢嶸千鬼環。狡計縱飛火,殿閣何斑爛。血色昆明池,電掣諸峰殿。疑是犬戎禍,傳烽悲驪山。豈比阿房災,焦土同一歎。急縱虎出柙,遑惜駒伏轅。鮮卑竟姑息,惕隱宜生還。有功異回紇,無厭類契丹。介弟非仗鉞,進退空觸藩。遵負征虜任,絳慮和戎愆。諺忌鼠投器,詩刺蠅止樊。躊躇起四顧,但求宗社安。古來重悔禍，咸以殷憂先。挽回術無他，感召理有權。言果格豚魚，治可舞羽干。西山轉蒼鬱，王氣猶龍蟠。君側必大儒，中興誠非難。案，陸御史疑謂陸眉生，侍御秉樞。圓明園之焚，相傳爲巴夏禮之洩憤。巴夏禮者，英參贊也。英法聯軍既據天津，復薄張家灣敗勝保，氣張甚，巴夏禮遂至通州脅當路，當路密禽之，解京師，聯軍攻益急，不得已遂放釋，既出，乃火園以洩忿。詩云巨寇，蓋謂此也。或曰龔璱人之子橙，通於英夷，實主之，莫能詳矣。《圓明園詞》云：

宜春園中螢火飛，建章長樂柳十圍。離宮重來奉遊豫，皇居那復在郊圻。舊池澄綠流燕薊，洗馬高梁遊牧地。北藩本鎮故元都，西山自擁興王氣。九衢塵起黯連天，辰極星移北斗邊。溝洫填淤成斥鹵，宮廷映帶覓泉原。渟泓稍見丹棱沜，陂陀先起暢春園。暢春風光秀南苑，蜺旌鳳蓋長遊宴。地靈不惜甓山湖，天題更創圓明殿。圓明始賜在潛龍，因回邸第作郊宮。十八籬門隨曲潤，七楹正殿倚喬松。軒堂四十皆依水，山石參差盡亞風。甘泉辟暑因留蹕，長楊扈從且弢弓。純皇纘業當全盛，江海無波待遊幸。行所留連賞四園，畫師寫放開雙境。誰道江南風景佳，移天縮地在君懷。當時只擬成靈囿，小費何曾數露臺。殷勤毋佚箴驕念，豈意元皇失恭儉。秋獼俄聞罷木蘭，妖氛暗已轉離坎。吏治陵遲民困痛，長鯨跋浪海波枯。始驚計吏憂財賦，欲賣行宮助轉輸。沈吟五十年前事，厝火薪邊然已至。揭竿敢欲犯阿房，探丸早見誅文吏。此時先帝見憂危，詔選三臣出視師。宣室無人侍前席，郊壇有恨哭遺黎。年年輦路看春草，處處傷心對花鳥。玉女投壺強笑歌，金杯擲酒連昏曉。四時景物愛郊居，玄冬入內望春初。嫻嫻四春隨鳳輦，沈沈五夜遞銅魚。內裝頗學崔家髻，諷諫頻除姜后珥。玉路旋悲車轂鳴，金鸞莫問殘燈事。鼎湖弓劍恨空還，郊壘風煙一炬間。玉泉悲咽昆明塞，惟有銅犀守荊棘。青芝岫裏狐夜啼，繡漪橋下魚空泣。何人老監福園門，曾綴朝班奉至尊。昔日喧闐厭朝貴，於今寂寞喜遊人。

遊人朝貴殊喧寂，偶來無復金閨客。賢良門閉有殘甃，光明殿燬尋頹壁。文宗新構清輝堂，爲近前湖納曉光。妖夢林神辭二品，佛城舍衞散諸方。湖中蒲稗依依長，階前蒿艾蕭蕭響。枯樹重抽盜作薪，游鱗暫躍驚逢網。別有開雲鏤月臺，太平三聖昔同來。寧知亂竹侵苔綠，不見春風泣露開。平湖西去軒亭在，題壁銀鈎連到龕。金梯步步度蓮花，綠窗處處留嬴黛。當時倉卒動鈴駝，守宮上直餘嬪娥。蘆笳短吹隨秋月，豆粥長飢望熱河。上東門開胡雛過，正有王公班道左。敵兵未爇雍門荻，牧童已見驪山火。應憐蓬島一孤臣，欲持高絜比靈均。丞相避兵生取節，徒人拒寇死當門。即今福海冤如海，誰信神州尚有神。百年成毀何怱促，四海荒殘如在目。丹城紫禁猶可歸，豈聞江燕巢林木。廢宇傾基君好看，艱危始識中興難。已懲御史言修復，休遣中官織錦紈。錦紈枉竭江南賦，駕文龍爪新還故。總饒結彩大宮門，何如舊日西湖路。西湖地薄比邾瑕，武清曾住已傾家。惟應魚稻資民利，莫教鶯柳鬭宮花。詞臣詎解論都賦，挽輅難移幸雒車。相如從有上林頌，不遇良時空自嗟。

雖於時事未甚詳寫，而一代治亂之原，閒閒及之，發人深省。此於壬秋爲變格，蓋斅微之《連昌宮詞》，其歸引之於節儉，而以監戒規諷終其篇，亦放《連昌宮詞》之體也。前有長沙徐樹鈞主事長敍，意在箋注事實，并錄之。序云：圓明園在京城西，出平則門三十里，暢春園北一里許，世宗皇帝藩邸賜園也。聖祖常遊豫西郊，次於丹棱沜，樂其川原，因明武清侯李偉清華園舊址，築暢春園。藩邸賜園，故在其傍。雍正三年，乃大宮殿朝署之規，以辟暑聽政。前臨西山，環以西湖。湖水發原玉泉山，曰甕山，度宮牆東，流入清河，《水經注》所謂"薊縣西湖，綠水澄淡，燕之舊池"者也。東流爲洗馬溝，東南合高梁之水，故魚稻饒衍，陂泉交綺。高宗皇帝嗣位，海宇殷闐，八方無事，每歲締構，專飾園居。大駕南巡，流覽湖山風景之勝，圖畫以歸，若海寧安瀾園、江寧瞻園、錢唐小有天、吳縣師子林、皆放其制，增置園中。列景四十，以四字題扁者爲一勝區。一區之內，齋館無數。復東拓長春，西闢清漪，離宮別館，月榭風亭，屬之西山，所費不計億萬。園地多明權璫別業。或傳崇禎末，諸奄皆以珍寶窟宅於茲。乾隆間濬池，發金銀數百萬。每歲夏，幸園中，冬初還宮。內廷大臣賜第相望，文武侍從並置園林，入直奏對，昕夕往來，絡繹道路。歷雍、乾、嘉、道百餘年於茲矣。文宗初，粵寇踞金陵，盜賊蜂起。上初即位，求直言，得勝保、曾國藩、袁甲三三臣，既以塞、程、徐、陸先朝重望，相繼傾覆，始擢用前言事者，各畀重任。三臣支柱，賊不犯畿。然迭勝迭敗，東南數省，蹂躪無完土。上憫蒼生之顛沛，慨左右之無人，九年冬，郊宿於齋宮，夜分痛哭，侍臣悽惻。大考翰詹，以宣室前席發題，憂心焦思，傷於禍亂。然後稍自抑解，寄於文酒，以宮中行止有節，尤喜園居。冬至入宮，初正即出。時園中傳有"四春"之寵，皆漢女，分居亭館，所謂杏花春、武陵春、牡丹春、海棠春者也。然上明於料兵，委權閫外，超次用人，海內稱哲。而部院諸臣，無所磨厲，頗襲舊敝。晚得肅順，敢言自任，故委以謀議。先是，道光二十年，英吉黎夷船至廣東香港，求通商，不得，又以燒煙起釁，執政議和，予海關稅銀千八百萬。英夷請立約，廣督耆英與期十年。屆期，而徐廣縉督兩廣。夷使至廣州，拒不許入，以受封爵。夷酋恨焉，志入廣州。咸豐元年，英吉黎、佛郎西、米利堅各國乘粵寇鴟張，中國多故，復以輪舶直入大沽口。台王僧格林沁託團練之名，焚其二船，盡擊走之。夷人知大皇帝無意於戰，特臣民之私憤，乃潛至海岸買馬數千，募羣盜爲軍，半年而成，再犯天津，稱西洋馬隊。聞者恐栗。夷馬步登岸，我未陳而敵騎長驅矣！十年六月十六日，上方園居，聞夷騎至通州，倉卒率后嬪幸熱河。道路初無供帳，途出密雲，御食豆乳麥粥而已。十七日，英夷帥叩東便門，或有閉城者，聞炮而開。王公請和，和議將定。十九日，夷人至圓明園宮門，管園大臣文豐當門說止之。夷兵已去,文都統知奸民當起,環問守衞禁兵,一無在者,索馬還內,投福海死。奸人乘時縱火,入宮劫掠,夷人從之。各園皆火,三晝夜不熄。非獨我無官守,詰問夷帥,亦不能知也。初英夷使臣巴夏里已拘刑部,和議成,以禮囚釋。於是巴夏里與夷帥各陳兵仗,至禮部,訂約五十七條,予以海關稅銀三千六百兩,而夷人抵償圓明園銀二十萬。十一年七月,文宗晏駕熱河。今上即位,奉兩宮皇太后還京,垂簾十載,巨寇削平,而夷人通商江海,往來貿易,設通商王大臣,以接夷使。然常言某省士民燬天主教堂,某省不行其教,某省民教構釁,日以難我,應之不暇,蓋岌岌乎華夷雜處。又忽忽十有一年,園居荒蕪,鞠爲茂草,西山大寺,夷婦深居。予旅京師,惻然不敢過也。同治十年春,同年王壬父重至輦下,追話舊遊。張子雨珊亦以計偕來,約訪故宮。因駐守參將廖承恩許爲道主。四月十日,命僕馬同過繡漪橋,尋清漪園遺跡,頹垣斷瓦,零亂榛蕪,宮樹蒼蒼,水鳴嗚咽。由輦路登廊如亭,南望萬壽山,但見牧童樵子,往來林莽間。莫從昆明湖歸,橋上銅犀臥荆棘中,犀背御銘,朗然可誦。明日,訪守園者,得董監,自言年七十餘,自道光初入侍園中,今秩五品,居福園門旁。道予等從瓦礫中循出,入賢良門而北,指勤政、光明、壽山、太和四殿遺址,至前湖、圓明寢殿五楹,後爲奉三無私殿、九州清晏殿各七楹,壞壁猶立,拾級可尋。董監言:東爲天地一家春,后居也。西爲樂安和,諸妃嬪貴人居也。洞天深處,皇子居也。清輝殿爲文宗重建,與五福堂、鏤月開雲臺、朗吟閣,皆不可復識。鏤月開雲者,即所謂牡丹春也,世宗爲皇子,當花時,迎聖祖至賜園,而高宗年十二,以皇孫召侍左右。三天子福壽冠前古,集於一堂,高宗後製詩常誇樂之,經其廢基,裴回悵焉。東渡湖爲蘇隄、長春仙館、藻園。又北爲月地雲居、舍衞城、日天琳宇、水木明瑟、濂溪樂處,僅約略指視所在。東北至香雪廊,階前葦荻蕭蕭,廢池可辨。復渡橋,循福海西行,爲平湖秋月,水光溶溶,一瀉千頃。望蓬島瑤臺，島上殿宇猶存數楹，惜無方舟，不達其下。流水潺湲，激石成響。董監示予，此管園大臣文公死所也。西北至雙鶴齋，又西過規月橋，登綺吟堂，經采芝徑，折而東，仍出雙鶴齋，園中殘燬幾遍，獨存此為劫灰之餘，亂草侵階，窗櫺宛在，尤動人禾黍悲爾！雙鶴齋西為溪月松風，翠柏蒼篠，沿流覆道，斜日在林，有老宮人驅羊豕下來。東過碧桐書院，地跨池，東為金鼇，西為玉蝀，坊楔猶存。又東去，皆敗壞難尋，遂不復往。暮色沈沈，棲烏亂飛，揖董監出福園門，還於廖宅。廖，澧州人，字楓亭，少從塞尚阿、僧格林沁軍，亦能言行間事，感予來遊，頗盡賓主之歡。既夕言歸，則禮部放牓日也。雨珊既落第南去，余與壬父每相過從，言念園遊，輒罔罔不自得。壬父又曰：園之盛時，純皇勒記，必殷殷踵事之戒。然仁宗始罷南幸，宣宗尤憂國貧，秋獮之禮輟而不舉。惟夫張弛之道，宜及嘉、道時，補純皇倦勤之功。而內外大臣，惟務慎節。監司寬厚，牧令昏庸。諱盜容奸，以為安靜。八卦妖徒，連兵十載。無生天主，數目滋繁。由遊民輕法，刑廢不用故也。江、淮行宮，既皆斥賣，國之所患，豈在乏財！又曰：燕地經安史戎馬之迹，爰及遼金，近沙漠之風矣。明太宗以燕王舊居，不務改宅，仍而至今，地利竭矣！又園居單外，非所以駐萬乘，廢而不居，蓋亦時宜！余曰然，前年御史德泰，請按戶畝，鱗次捐輸，復修園宮。大臣以侈端將啟，請旨切責，議戍未行，忿悔自死。自此莫敢言園居者。而比年備辦大昏，費已千萬，結彩宮門，至十餘萬，公奏朝廷，動用錢糧。昏以成禮，豈在華飾！若前明戶部司官得以諫爭，予且建言矣！又余聞慈安太后在文宗時，有脫簪之諫，《關雎》《車舝》之賢，中興之由也。又園宮未焚前一歲，妖言傳上坐寢殿，見白鬚老翁，自稱園神，請辭而去。上夢中加神二品階。明日至祠，諭祠之，未一稘而園毀，豈前定與？子能詩者，達於政事，盍以風人之意，備《繁霜》《雲漢》之采？於是壬父為《圓明園詞》一篇，而周學士、潘侍郎見之，並歎其傷心感人。筆墨通於情性，余以此詩可傳後來，慮夫代遠年逝，傳聞失實，詞中所述，罔有徵者，乃爲文以序之。蓋同治十年所作，或曰湘綺託之樹鈞者也。文頗周匝詳盡，惟事實頗有舛誤。普定姚大榮嘗有文考之云：詩以紀事，敍以明詩。如二者皆非紀實，則不足徵信。且紀事之文，最重年月日，年月日一不分明，則事實可臆造，必啓虛誣顛到之弊。庚申之役，衅起換約。先是，咸豐八年戊午年四月，英、法、俄、美四國以兵輪至天津議款，英法聯兵攻陷大沽炮臺，挾兵要撫。文宗命大學士桂良等至天津查辦，津民遮謁道左。初髮匪北竄，擾及畿南諸地。津郡團練，禦賊有功，至是乃請率民團，助官軍拒敵。桂相不允，慰遣之。嗣津民與洋人鬥毆，有英使行營參贊李國太在場幫助。李國太者，廣東嘉應州人，世通番，爲英人爪牙，津民惡之，糾衆生禽，謀殺之。桂相恐誤和局，設法解散，釋李國太回船。此咸豐八年五月事也。文宗以津沽密邇宸垣，海防緊要，特命蒙王僧格林沁爲欽差大臣，駐軍督辦海防事宜。九年己未五月，各國至津換約，英人背約，闖入大沽口，且用炮炸列我截港鐵鎖，僧邸飭防軍擊之，英衆殲焉。《中西紀事》所謂大沽前後之役是也，而序以爲咸豐元年，僧邸託團練之名擊走之，夷人知大皇帝無意於戰，特臣民之私憤云云，蓋誤以津團剿匪暨禽李國太之事併爲一談，而不知文宗歷年宵旰憂勤，選將籌防，意在決戰，其和乃不得已耳。十年庚申六月，英法大舉北犯，二十六日闖入大沽口，陷騎兵防營。七月五日，襲踞北岸炮臺，提督樂善戰死。初七日陷天津，畿輔大震，遂有駕幸木蘭，舉行秋獮之議。八月初一日，洋兵逼通州，文宗命怡親王載垣馳往議款。英使額羅金遣其參贊巴夏里，督帶散衆數十人來會。巴夏里狂悖無理。或告洋人有異志，怡邸密商僧邸，以計禽巴酋及其衆二十六人，解送京師。兵端復起。初七日，洋兵長驅而北，僧邸及大學士瑞祺、副都統勝保迎擊，皆敗。僧邸不及具摺，馬上書片紙，飛奏御園，請暫幸熱河,遂定北狩之計。初八日寅卯間,文宗詣安佑宮行禮啓蹕,六宮及諸王從焉。《東華録》及《中西紀事》所載年月日皆同,《中西紀事》於此役皆據當時公牘纂輯,故悉與奏案合,而序乃以爲十年六月十六日,與上所述咸豐元年事直接,於此役本末,尚在雲霧之中,而又傳述脱節,信筆舞文,議論可以自爲,豈年月日與事實,亦可以自爲乎?至洋軍攻海淀,焚御園及景山、昆明湖一帶,先後凡二次。初次在八月二十二、二十四等日,二次在九月初四等日。湘綺以爲六月十九日,大繆。皆因巴夏里被釋出獄,挾被捕及虐殺其從者十三人之恨,捕繫及監斃人數《中西紀事》不詳,兹據日本岡本監輔《萬國史記》。意圖洩忿,乃爲此不道之行。先是,有建議殺巴夏里者,幸而未殺,若果殺之,則英人仇我愈甚,豈僅焚掠淀園而已乎?湘綺於事實不屑屑討論,其注意祇謂朝廷不當有郊外遊觀之樂,若徒侈遊觀,必失民心,民心既失,必乘機構亂,淀園之焚,由奸民縱火,洋兵乃從之,置巴酋修怨之師不講,祇歸獄於園居過侈,以垂炯戒,豈非言之成理,而隔膜太甚?予案,序謂耆英與英期十年如約,亦譌,十年應作二年。《南京條約》許五口通商,在二十二年,二十六年來粤請立約,耆英與期二年,後至二十九年,英艦入粤河,申前約,爲徐廣縉所拒,正二年也,姚所未及。

卷　二

同治庚午，天津教案起，涉及英、美、法、俄四國，而法人尤要挾多端，交涉棘手。時曾文正公爲直隸總督，隱忍求全，流知府張光藻、知縣劉傑至黑龍江，大不理於人口。後直文正生辰，張宴於京師湖南會館，酒半，忽見題壁一詩云：華堂今日綺筵開，丞相登臺亦快哉。知否黑龍江上路，滿天風雪逐臣來。墨尚淋漓，文正爲悵然者累日，枕席有涕泣處。予嘗見吳中丞大廷《津門紀事詩》並序，紀此案甚詳。序云：天主教流行中華，爲日雖久，尚未遍布。自咸豐十年與各國通商後，法國逞其兵力，威脅直省，遍立教堂，且以邪術迷拐男女，竟有剜眼剖心之事。良民申訴，地方官無可如何，積憤已深。同治九年五月二十三日，遂有津民糾衆事，戕殺法領事豐大業及法人十七人、俄人三人，並將津郡教堂學堂仁慈堂一律焚燬。法國駐京夷酋，紛調兵船，停泊紫竹林，藉端恫嚇。當事者欲以求和了局。現奉旨命曾侯相駐津查辦。而國是未定，和戰兩歧。余適督運閩米來津，目擊時艱，憂心如擣。撫時感事，情見乎詞。詩云：十年瀛海外，邪教遍中原。狂犬爭紛噬，羝羊敢觸藩。有誰能禦侮？無地與鳴冤。倏忽波濤起，津沽白晝翻。又云：燕趙悲歌地，華戎混處場。廿人同趙卒，一炬付咸陽。他族慣要挾，朝端要主張。須知相司馬，未便任猖狂。又云：憑仗樓船力，揚帆逼直沽。夷情工反覆，國事漫模糊。橫海屠鯨手，防軍落雁都。紛紛籌策者，可解火攻無？又云：世豈無韓岳，其如隱患何！川原三輔壯,忠義兩河多。投餌捐金帛,丸泥設網羅。願期三島外,早日息鯨波。然所謂迷拐男女、剜眼剖心,實亦當時傳聞之辭。曾文正親加推問,謂無能指實者。教案之起,文正即立意不獎士民義憤,蓋粵、捻初平,不宜與外夷構釁。又慮四國合從敗約,變不測,故始終曲徇外意。一方急調大軍,扼近畿一帶。老成持重,何可厚非! 然自此文正常書空咄咄,至臨薨猶以此爲疚心也。

　我國國聲既破,羣以爲可侮。俄羅斯亦乘隙窺我東西北,句結叛回,虛聲恫喝,隱有挾制中朝之意。當路讋於外勢,因循苟安,幸左文襄、曾惠愍內外堅持,折其牙角,西北大勢始定。當事之初,和戰未定,朝野騷然,有癡人紇陽者,作憤言八首云:中興歲月慶承平,北鄙無端竟悔盟。從古艱難恢盛業,至今氣節作干城。主憂反是因臣辱,和議偏教與國輕。自有鈞衡操勝算,何須痛哭到蒼生。又云:玉關萬里一丸封,戡亂三番紀武功。肯使樓蘭窺土宇,直教回鶻化沙蟲。紫宸夾輔尊姬旦,自注:謂李爾相。黃耇專征仗召公。自注:謂左侯帥時年已七十餘。第一人心尤足恃,草茅也說恥和戎。又云:謀國年年說富強,金銀億兆出重洋。構來利器千鈞弩,費盡軍資萬斛糧。無隙能乘先自怯,及鋒而試向誰商。樓船來去如排闥,關吏猶誇肅海防。又云:英蕩重臨使者車,出疆猶復擁高牙。威儀爭看朝陽鳳,志趣原來處井蛙。臣子果能尊國體,外夷何敢弱中華。參謀更有王欽若,百萬無妨歲幣加。又云:欲將忍辱到何時,天道循環亦可知。如此艱危猶有待,再圖振作恐無期。盡東其畝難爲國,惟楚有材敢致師。自注:謂左季高侯帥。築室聚謀難決計,因循最怕衆心離。又云:用夷變夏竟何如,爲問東施效得無? 漫笑寓言多激烈,還期大事不糊塗。霸功也要來豪傑,王道何嘗屬腐儒。爲問羣臣何策善,樊川自治是良謨。又云:好官祇是爲多財,袞袞諸公亦可哀。柔遠也須分族類,建章何處認樓臺。逃名詎必皆畸士,媚敵居然號異才。二百餘年恩澤厚,男兒切莫便心灰。又云：盡多優孟襲衣冠，不少遺賢詠考槃。萬里行師籌餉急，十年樹木歎才難。誰能國事如家事，莫便偷安作治安。夜半雞聲真不惡，隔窗燈逼劍光寒。語語質直，足以啓矇發瞶。"如此艱危"兩語，使今日當路諸公讀之，更不知作何解答也。

　　光緒五年，倭滅我琉球，夷爲沖繩縣。"琉球"，《北史》作"流求"，黃公度按察遵憲有《流求歌》，紀其事甚詳。歌云：白頭老臣倚牆哭，頹髻斜簪衣慘綠。自嗟流蕩作波臣，細數興亡溯天蹴。天孫傳世到舜天，海上踠跧案，似當作"蜿蜒"。一脈延。彈丸雖號蕞爾國，問鼎猶傳七百年。大明天子雲端裏，自天草詔飛黃紙。印綬遙從赤土頒，衣冠幸不珠崖棄。使星如月照九州，王號中山國小球。英蕩雙持龍虎節，繡衣直指鳳麟洲。從此苞茅勤入貢，豔説扶桑爾如甕。酋豪入學還請經，天王賜襲仍歸贈。爾時國勢正稱强，日本猶封異姓王。祇戴上枝歸一日，更無尺詔問東皇。黑面小猴投袂起，謂是區區應余畀。數典橫徵貢百牢，兼弱忽然加一矢。鯨鯢橫肆氣吞舟，早見降旛出石頭。大夫拔舍君含璧，昨日蠻王今楚囚。畏首畏尾身有幾，籠鳥惟求寬一死。但乞頭顱萬里歸，妄將口血羣臣誓。歸來割地獻商於，索米仍輸歲歲租。歸化雖編歸漢里，畏威終奉嚇蠻書。一國從兹臣二主，兩姑未免難爲婦。稱臣稱姪日爲兄，依漢依天使如父。一旦維新時勢異，二百餘藩齊改制。覆巢豈有完卵心，顧器略存投鼠忌。公堂纔錫藩臣宴，鋒車竟走降王傳。剛聞守約比交鄰，忽爾廢藩夷九縣。吁嗟君長檻車去，舉族北轅誰控訴。鬼界明知不若人，虎性而今化爲鼠。御溝一帶水溶溶，流水花枝胡蝶紅。尚有丹書珠殿挂，空將金印紫泥封。迎恩亭下蕉陰覆，相逢野老吞聲哭。旄麾莫睹漢官儀，簪纓未改秦衣服。東川西川弔杜鵑，稠父宋父泣鶗鴂。興滅曾無翼九宗，賜姓空存殷七族。幾人脫險作逋逃，幾次流離呼伯叔。北辰太遠天不聞，東海雖枯國難復。氈裘大長來調處，空言無施竟何補。祇有流求郵難民，年年上疏勞疆臣。案，琉球在我唐時，即與中國通，明洪武間，並受姓，錫國號，奉中國正朔，在我藩服已久，職貢唯謹。倭性貪狼，久思兼并，至萬曆四十年，遂以勁兵三千人入其國，虜其王，遷其宗器，大掠而去。已而釋其王，脅使修貢，亦不過賂以金帛而已。至同治十年，倭竟昌言為其屬地，我國士大夫亦從而屬地之，即通明如按察亦云："一國從茲臣二主。"不知琉球始終未嘗自認臣屬於倭國，此不可不辨者也。考琉球國紫巾官向德宏，覆日本寺島外務大臣來文節略云：一日本謂敝國屬伊南島，久在政教之下，引伊國史，謂朝貢日本事，實在中國隋唐之際，此謊言也。考敝國在隋唐時，漸通中國，嘗與日本、朝鮮、暹羅、爪哇、緬甸通商往來。至明萬曆間，有日本人孫七郎者，屢來敝國互市，頗識地理。因日本將軍秀吉，著有威名，孫乃緣秀吉近臣説秀吉曰，儻赴琉球，告以有事於大明，彼必來聘。秀吉聽之，致書流球，敝國懼其威，因修聘焉。若據日史所言，則敝國隋唐時已屬日本，何以至大明萬曆年間，尚未入聘，其言之不實，不辨自明矣。一敝國距閩四千里，中有島嶼相綿亘，八重山屬島近臺灣處，相距僅四百里，志略所謂去閩萬里，中道無止宿之地者誤也，距薩摩三千里，中有鳥嶼相縣，敝國所轄三十六島之內，七八島在其中。萬曆三十七年，被日本佔去，五島亦在其中。志略所謂與日本薩摩州鄰，一葦可杭者，誤也。今日本以敝國當薩摩州一郡邑，謂久屬伊南島，實屬混引無稽之詞，成此欺人之譚。一敝國世紀載開闢之始，海浪氾濫，時有男名志仁禮久，女名阿摩彌姑，運土石，植草木，以防海浪，穴居野處，是為首出之君。追數傳而人物繁殖，知識漸開，間出一人，分羣類，定民居，稱天帝子。天帝子三男二女，長男天孫氏，為國君始，二為按司官始，三為百姓始，長女為君君，次女為祝祝，均掌祝祭之官。天孫氏傳二十五世，為權臣利勇所弒，浦添按司名尊敦者，起兵誅利勇，諸按司推戴尊敦為君，即舜天王。舜天王父源為朝，乃日本人，遭日本保元之亂,竄伊豆大島,嗣復浮海至琉球,娶大理按司之妹,生尊敦,即舜天王也。自舜天王至尚泰王,凡三十八代,中間或讓位於人,或爲所奪,如此者幾易五六姓。舜天王之統,三世已絕矣。察度王洪武年間賜琉球名,巴志王永樂年間,賜姓尚,至尚泰王,或雖有嗣承,同係天朝賜國號受姓之人。尚泰王之祖尚圓王,伊平屋島之人,乃天孫氏之裔也。日本何得認爲日本人之後耶?總歸時異世遷,斷不能妄援荒遠無稽之論,爲此神人共憤之事。如按此論,則美國百年前之君爲英吉利人,刻下英吉利能強要此美國之地乎?一尚寧王被擒事,固有之,蓋因豐臣氏伐朝鮮之後,將構兵於大明,以敝國係日本鄰邦,日本借兵糧,敝國不允所請,日本強逼甚嚴,尚寧更不承服,嗣後義久召在薩摩球僧親諭日本形勢,還告尚寧王,速朝德川,尚寧王不從,遂被兵,尚寧王爲其所禽。此逼立誓文之所由來也,厥後歲輸八千石之糧於薩摩,以當納款。此蓋尚寧王君臣被困三年不得已屈聽之苦情也。今據日本伐朝鮮事,蓋不便以騷擾中國爲言耳,然事在明萬曆三十七年,是時敝國久已入貢中朝,即以所逼誓文法章而言,亦無不准立國阻貢天朝之事。且天朝定鼎之初,敝國投誠效順,迄今又二百餘年,恪遵會典,間歲一貢,嗣王繼立,累請册封。日本向來亦稱琉球國中山王甚爲恭順,皆無異說,乃自同治十年以來,謬改球國曰球藩,改國王曰藩王,派官派兵前來,此乃啓釁天朝之所由來也。一神教則自君君祝祝掌祭祝之官時,敝國已有神教,據云島祀伊勢大神等,出自日本,不知敝國亦祝關聖、觀音、土地諸神,何嘗出自日本也。一風俗則敝國冠昏喪祭,均遵天朝典禮,至席地而坐,設具別食,相沿已久,亦天朝之古制,經典詳載也,焉知非日本之用我球制乎?如日本以古制私爲已物,則日本亦可爲天朝之物也。至云蒸饗用伊小笠原氏之儀,尤爲無據,如按此論,亦可云小笠原氏之儀,乃引用敝國之儀矣。一四十八字母,敝國傳自舜天王,舜天王雖日國人所生,然久已三傳而絕，何得據此爲日本之物，且敝國亦多用漢文字，並非專用四十八字母也，如以參用四十八字母爲據，則日本之向用天朝漢文，不止四十八字母者，日本亦可爲天朝之物矣。有此牽強之理乎？一言語，敝國自操土音，間有與日本相通者，係因兩國貿易往來，故彼此耳熟能道，若未經與日本通商，則日本不能通敝國人之言語，敝國亦不能通日本人之言語，據日本以敝國稱國爲屋其惹，爲冲繩形以浮繩，故曰冲繩，始祖天孫氏，天孫氏天帝子所生，非日本人也。此言語與日本何涉，不待辨而誤見矣。如按此論，則日本能操敝國言語，敝國亦可云日本爲敝國之物也。一日本謂敝國有饑，則發帑賑之，有仇，則興兵報之，以爲保庇其島民。此語強孰甚焉。敝國荒年，雖嘗貸米貸粟於日本，而一值豐年，便送還清楚，無短欠，在日本祇爲郵鄰之道，在敝國祇循乞糴之文，如即以此視爲其島民，則泰西各國，近年效賑天朝山西地方，以及天朝商人之施賑奧國，則天朝可爲泰西之地耶，奧國可爲天朝之地耶。至臺灣之役，彼實自圖其私，且將生端於琉球，故先以斯役爲之兆，何嘗爲敝國計哉？敝國又何樂日本代爲啓釁哉？一日本謂敝國國體國政，皆併所立，敝國無自主之權。夫國體國政之大者，莫如膺封爵，錫國號，受姓奉朔，律令禮制諸鉅典。敝國自洪武五年入貢，册封中山王，改流求國號，曰琉球，永樂年間賜國主尚姓，歷奉中朝正朔，遵中朝禮典，用中朝律例，至今無異。至於國中官守之職名，人員之進退，號令之出入，服制之法度，無非敝國主暨大臣主之，從無日本干預其間者。且前經與佛、米、蘭三國互立約言，敝國書中，皆用天朝年月，並寫敝國官員名，事屬自主，各國所深知。敝國非日本附屬，豈待辨論而明哉？其國之內鄉如此，而中朝罔知策護，自佗於藩屬，竟聽強暴之齎割而莫可誰何，宜遠服之不亭矣。至暴倭之捏造欺人，是其貫技，初施於流求，繼施於朝鮮，今復施於我東北，且駸駸欲施於我中原矣，而我國猶在在隊其術中。人曰滿洲，而亦滿洲之，人曰滿蒙，我亦滿蒙之，人曰華北華東華南，我亦華北華東華南之，而不知其迷亂眩惑，非特足變世界之觀聽，亦且離析我國之内部，爲計至毒。上文足以宣露其鬼謀，且按察詩中使事亦有相關者，故不厭其繁而摘錄之。又案，按察《續懷人詩》有《懷馬兼才》云：東方南海妃呼豨，身是流離手采薇。深夜驪龍都睡熟，記君痛哭賦無衣。自注：初使日本，泊舟神户，夜四鼓，有斜簪頹髻衣裳襤褸者，徑入舟，即伏地痛哭，知爲流求人，又操土音，不解所謂，時復搖手，慮有倭人聞之，既出一紙，則國王密敕，内言今日阻貢，行且廢藩，終必亡國，令其求救於使臣者，上歌蓋假兼才以立言者也。向德宏，《續懷人詩》亦及之，云：波臣流轉哭涂窮，猶是低徊説故宮。中有丹書有金印，蠻花仙蝶粉牆紅。自注：王宮有花名蝴蝶紅，德宏所言。歌中"流水花枝蝴蝶紅"，即用德宏言也。德宏尚有乞援兩禀稿，字字血淚，文長不贅，然百世下猶足起其國人及我人也。

黃公度按察有《越南篇》，爲光緒十一年方領事美舊金山，聞安南之喪失而作。《人境廬詩草》未載，昔於梁任公年丈處見抄本。《飲冰室詩話》已錄之，後嶺南大學《嶺南學報》四卷二期復刊行之。其辭曰：於戲我大清，堂堂海外截。封貢三屬藩，有若古三蘖。流求忽改縣，句驪不成國。右臂既恐斷，兩足復悲刖。今日南越南，戎夏又交揬。芒芒弔禹跡，眼見日乖刺。溯當始禍萌，事由一身齕。無端犯王師，妄持虎須捋。天威震疊久，又恐張撻伐。當有衻教僧，教以求佛法。鋌鹿急難擇，飲鴆姑止渴。爾時路易王，挾强逞饕餮。假威許蒙馬，染指思食鼇。雖逢國步艱，鞭長遠莫及。南北萬里海，從此生交涉。道咸商賈來，來往寄蕃舶。偶思許田假，遂挾秦權喝。搏兔逞獅威，含鼠縱鴟嚇。可憐雒雄王，蠢蠢正似鴨。豐岐初王地，手捧土一撮。弱肉供强食，一任鸞刀割。神弩不能爲，天柱亦隨折。尾擊須彌翻，掌鳴太華擘。山河寸寸金，攫取到手滑。新附裸狼膿,今復化鬼蜮。海口抳爾吭,定知國難活。同治中興初,滇南擾回鶻。購運佛郎機,苦嫌鳥里闊。時有西域賈,請從問道達。直溯富良江,萬里若庭闈。一符挾萬鎗,絕無吏糾察。歸言取九真,無復煩兵卒。但鳴一聲炮,全國歸鈐轄。豕蛇薦食心,聞此益堅決。遂以法王法,運彼廣長舌。到今割地約,終畫花名押。緬稽白雉來,初見于越納。眉珠竊弩歸,每每附南越。顓臾等附庸,思摩當一設。或隨降王梴,或拜夫人節。中間賢太守,龍度推士爕。遠地日歸化,常朝非荒忽。唐初設都護,窮海益震慴。安南僅道屬,何嘗稱國別。陵夷五季亂,漸見蠻夷猾。曲矯與吳丁,擁兵日狙獗。方歡黎侯微,又歌李華發。陳氏甫代齊,虞公復不臘。中朝節度名,初未敢抹摋。帝號聊自娛,後乃縱僭竊。壯哉英國公,桓桓仗黃鉞。三擒名王歸,縣首在觀闕。龍編入鱗册,得地十七八。復古郡縣治,南人咸大悅。狼子多野心,豨勇復冒突。疆場互彼此,王命迭予奪。逮明中葉後,中乾國力竭。置君無定棋,遣將多覆轍。遂議珠崖棄,坐視金甌缺。巍峨鬼門關,從此淪異域。夜郎妄比漢,更有吠堯桀。黎莫新舊阮,此亡彼興勃。版圖二千年,傳國數十葉。雁去復雁來,狐埋更狐搰。蠻觸雖屢爭,同種出駱越。得失共一弓,磨擊非兩鈸。而今入法界,盡將漢幟拔。吁嗟銅柱銘,真成交趾滅。乾隆全盛時,四海服鞭撻。忽有黎大夫,求救旎邱葛。興滅字小邦,皇皇大義揭。出關萬熊羆,一月奏三捷。元夜失崑崙,忽爾全師蹶。猿鶴與沙蟲,萬骨堆一穴。爾時金川平,國威震窮髮。方統羽林軍,大會長楊獵。西北五單于,渭橋伏上謁。當此我武揚,何難國恥雪。雕剿索倫兵,人人肅慎笴。倘命將軍行,徑取此獠殺。廢藩夷九縣,明正蹊田罰。赤土與朱波,左提復右挈。凱樂奏兜離,文化拓蒼頡。或者南天南,盡將海囊括。胡為奸虜謀,轉信中行說。金人作代身,非人究是物。桃根將李代,壹意防蟲囓。是何黎邱鬼,變態極詭譎。謂秦豈無人,爾蠻何太黠。妄稱佛誕日，親拜天菩薩。化身魔波旬，竟許日三接。直從仇虜中，躋之親王列。哀哀馬革尸，棄置情太愬。贋鼎納神奸，於史更污衊。明明無敵兵，忽當小敵怯。豈其十全功，勢成強弩末。抑當倦勤年，樂聞有苗格。每論武皇功，怪事呼咄咄。噫嘻大錯鑄，奚啻九州鐵。邇來百年事，言之更蹙額。國小亦一王，乃作無賴賊。烏艚十總兵，豢盜縱出沒。國餉藉盜糧，公與海寇結。嗣後紅巾亂，更作狼鼠窟。外人詰庇盜，遇事肘屢掣。王師迭出關，徒作驅魚獺。聞今越南王，自視猶滕薛。君臣共鼾睡，妄是他人榻。無民即無地，地維早斷絕。黃圖轉綠圖，舊色盡塗抹。譬如黑風船，永墮鬼羅刹。何時楚南土，復編史檮杌。滇粵交犬牙，無地畫甌脱。舐糠倘及米，剥膚恐到骨。不見彼波蘭，四分更五裂。立國賴民強，自棄實天孽。不見米利堅，終能脱羈紲。我來浪泊遊，仰視鳶跕跕。神祠銅鼓聲，海濤共鳴咽。精衛志填海，荊即氣成蜺。安得整乾坤，二三救時傑。共傾中國海，灑作黃戰血。地編歸漢里，天紀亡胡月。此詩包舉首尾，曲折詳盡，歸獄於乾隆時之姑息。不能夷爲郡縣，被以聲教，致啓法人之覬覦，尤爲有識。案，乾隆五十一年，安南阮氏變作，王黎維祁出亡，帝以黎氏守藩奉貢，百有餘年，宜出師問罪，以興滅繼絕。兩廣總督孫士毅，及提督許世亨，率兩廣兵一萬出關，以八千直擣王京，以二千駐諒山爲聲援，不匝月而復其都，詔封黎維祁爲安南國王，詔孫士毅班師，而士毅貪俘阮爲功，師不即班，又輕敵，不設備，散遣土軍義勇，縣軍黎城，月餘，阮氏諜知虛實，歲暮，傾巢出襲國都，僞爲來降者，士毅等信其誑詞，晏然不知也。五十四年正月朔，軍中置酒張樂，夜忽報阮兵大至，始倉皇禦，賊以象載大炮衝我軍，衆寡不敵，黑夜中，自相踐躪，黎維祁挈家先遁，孫士毅奪渡富良江，即斬浮橋斷後，由是在岸之軍，提督許世亨，總兵張朝龍，官兵夫役萬餘，皆擠溺死。時士毅走回鎮南，盡焚棄關外糧械數十萬，士馬還者不及半，帝怒，褫士毅職,以福康安代之,故詩有"出關萬熊羆"云云。王師既挫,阮惠自知賈禍,既懼王師再討,又懼暹羅之乘其後,於是叩關請罪乞降,改名阮光平,遣其兄子光顯賚表入貢,略言守廣南已九世,與安南敵國,非君臣,且蠻觸自爭,非敢抗中國,請來年親覲京師,並於國内爲死綏將士築壇建廟。帝以維祁再棄其國,是天厭黎氏,不能自存,而阮光平既請親覲,非前代莫黎僅貢代自金人之比,且安南自五季以來,曲矯吳、丁、李、陳、黎、莫,互相吞噬,前代曾郡縣其地,反側無常,時憂南顧,乃允其請,即封阮光平爲安南國王。五十五年,阮光平來朝,其實光平使其弟冒名來,光平不敢親到也,其譎詐如此,故詩有"胡爲奸虜謀"云云。法、越之釁,肇於康熙五十九年,先是明季有法蘭西天主教徒布教來安南,至是年,法兵艦俄羅地號泊交趾,士官三人登陸,至平順省,土人縛而獻之王,艦長與教師商以重金贖歸,遂爲交涉之始。乾隆十四年,法王路易十五,命皮易甫亞亭爾者,爲全權大臣,至順化府謀通商,國王不許。乾隆十八年,越人大戮天主教徒。乾隆五十一年,越内亂,阮岳自稱王,阮光平使其子景叡詣法國乞援,翌年遂訂法越同盟之約,割崐崙島之茶麟港於法,未幾爽約。嘉慶二十五年,法艦來越南測量海口,國人激王殺法人狄亞氏。道光二十七年,法人以兵艦至茶麟港,大敗越軍。咸豐八年,遂徑奪西貢,越南第一都會也。同治元年,法王拿破崙第三,以海軍大舉伐越,奪茶麟港,約割下交趾邊和、嘉定、定祥三省,開通商三口,賠償二千萬佛郎,許其和。八年,法又割取安江、河曲、永隆三省,於是下交趾六省悉隸法版矣。其後進而與吾國啓釁,馮子材諒山之捷,雖稍挽危局,而澎湖隨陷,終成和議,越南遂非吾有。讀"山河寸寸金,攫取到手滑"數句,不禁涕泗之何從矣。

馮子材諒山之捷,法人潰不成軍,西人自入中國以來,未有如此次之受鉅創者,亦可以稍雪國恥矣。按察有《馮將軍歌》紀其事,其辭云：馮將軍，英名天下聞。將軍少小能殺賊，一出旌旂雲變色。江南十載戰功高，黃袡色映花翎飄。中原蕩清更無事，每日摩挲腰下刀。何物島夷橫割地，更索黃金要歲幣。北門管籥賴將軍，虎節重臣親拜疏。將軍劍光初出匣，將軍謗書忽盈匧。將軍鹵莽不好謀，小敵雖勇大敵怯。將軍氣湧高於山，看我長驅出玉關。平生蓄養敢死士，不斬樓蘭今不還。手執蛇矛長丈八，談笑欲吸匈奴血。左右橫排斷後刀，有進無退退則殺。奮挺大呼從如雲，同拚一死隨將軍。將軍報國期死君，我輩忍孤將軍恩。將軍威嚴若天神，將軍有命敢不遵？負將軍者誅及身。將軍一叱人馬驚，從而往者五千人。五千人馬排牆進，綿綿延延相擊應。轟雷巨炮欲發聲，既戟交胸刀在頸。敵軍披靡鼓聲死，萬頭竄竄紛如螘。十盪十決無當前，一日橫馳三百里。吁嗟乎！馬江一敗軍心懾，龍州壓地賊氛壓。閃閃龍旂天上翻，道咸以來無此捷。得如將軍十數人，制梃能撻虎狼秦。能興滅國柔強鄰，嗚呼安得如將軍。刻畫將軍虎虎如生，連疊十六將軍字，蓋效史公《魏公子無忌傳》。將軍字翠亭，廣東欽州人，《清史稿》。初聚徒於博白，歸順，從提督向榮討賊。《清史館列傳》。平博白，改隸張國樑，從克鎮江、丹陽，嘗一日夷寇壘七十餘，積勳至副將。國樑沒，代領其衆，取溧水，擢總兵。同治初，將三千人守鎮江，時江北諸將多自置權釐稅，將軍曰：此何與武人事。請曾文正遣官司之。所部可二萬，饌恆絀，無怨言，蒞鎮六載，待士有紀綱，士亦樂爲所用。寇攻百餘次，卒堅不可拔，事寧，擢廣西提督，賞黃馬袡，予世職。《清史稿》。故詩有"將軍少小能殺賊"云云。越事起，將軍被命佐廣西邊外軍事，其時蘇元春爲督辦，將軍以其新進出己右，恒悒悒，廣西巡撫潘鼎新，又屢電不以馮軍爲得力，彭玉麟《詳報諒山大破法虜疏》。將軍益憤，遂有致死之謀。故詩有"將軍劍光初出匣，將軍謗書忽盈匧"云云。諒山之役，彭玉麟《詳報諒山大破法虜疏》述之最詳，《清史館列傳》、《清史稿》，皆據爲藍本者也，茲綜合各文敍之於下，爲本詩注脚。初法人爭越南，與吾國肇釁，廣西巡撫徐延旭調兵防邊，敗於越南。潘鼎新代之，又挫於諒山。至是將軍暨總兵王孝祺軍來援，先後抵龍州，孝祺甫出關，而諒山防兵已潰，將軍親率一營先至南關，鼎新令統十營回駐關外東路，及聞警，復西援。法兵已入鎮南關，統將楊玉科戰歿，總兵董履高受重傷，諸軍多潰。法兵焚關退，廣西大震，時光緒十一年正月十一日也。翌日，將軍至南關，建議於關內十里之關前隘，跨東西兩嶺間，督所部築長牆三里餘，外掘深塹，爲扼守計，營於半嶺，令孝祺軍屯於後半里，爲犄角。當是時，蘇元春、陳嘉軍屯幕府，在關前隘後五里。蔣宗漢、方友升軍屯憑祥，在幕府後三十里。潘鼎新軍屯海村，在幕府後六十里。魏綱軍屯艾瓦，防芄封，在關西百里。王德榜軍屯油隘，防入關旁路，在關東三十里。獨將軍一軍，當中路前敵。全甲蓄銳已久，越人密報法將出扣波，襲芄封，攻牧馬，繞出南關以北，且斷唐景崧、馬盛治兩軍歸路，元春率軍暨魏綱軍趨芄封以待，將軍遣五營扼扣波以邀之。二十七日，法數十騎率教匪至芄封，官軍先在，驚走，將軍所部突出奮擊，敗遁，獲其馱軍火大象一，禽匪黨一。二月初二日，法軍又爭扣波，遇馮軍而遁，遂無西犯意。將軍請於鼎新，調蘇軍還中路，法揚言將以初八九日犯關，將軍逆料其必將先期於初七日至，乃決先發制敵。鼎新止之，羣議亦不欲戰。將軍力爭，率孝祺軍於初五夜出關襲敵，山有敵壘三，安巨炮，我軍已入街心，自五鼓戰至初六日午，敵益盛，孝祺馬中炮斃，易騎戰，率死士由山後攀厓而上，破其二壘，斃敵甚多，遂敗走，我亦還。至初七，法果悉起諒山之衆，併力入關，直撲關前隘長牆。將軍告諸將士曰，敵再入關，有何面目見粵民，必死拒之。士氣皆奮，誓與長牆俱死。法以開花炮隊循東西兩嶺互進，向下轟擊，以鎗隊撲中路，法謂越人皆馮內應，以法兵列前茅，次黑兵，次西貢洋匪，次教匪客匪，炮聲震數十里，山谷皆鳴，鎗彈積陣前厚寸許。吾軍殊死戰,東嶺新築五壘,未成,為敵攻踞其三。孝祺自率小隊掩敵後仰攻,敵少却。日加申,元春援兵至,德榜亦自油隘夾擊,踞文淵之對山,斷其輜重,徹夜鏖戰不已。翌晨,復大戰,敵來益衆,炮益密。將軍居中,元春為承,孝祺將右,嘉、宗漢將左,右即東嶺,敵炮尤烈,將軍與諸將約設卡於各路,後退者,手刃之。敵殊致死,已薄長牆,將軍短衣草屨持矛,率二子相榮、相華大呼躍出搏戰。諸軍以將軍年七十,奮身陷陣,皆感奮,爭開壁死鬥,關外游兵千餘,亦聞警助戰。將軍駐扣波五營,自關外西路撫敵背。於是諸軍合力螳附,短兵火器雜進。孝祺將潘瀛部皆袒臂攖鋒,戰尤苦。陳嘉爭東嶺三壘,宗漢繼之,七仆七起,嘉四創不退。及酉末,孝祺已敗西路,掩敵後,與嘉等合擊。而德榜之軍,亦自關外掩東嶺之後,遂破三壘,並斷敵援,部將張春發、蕭德龍戰最力,敵外援既絕,輜重亦斷,遂大潰。教匪先奔,法兵失道,被殲尤多,死者填塞谿谷,斬法酋數十,追奔逐北,二十里而後止。將軍以法既大創,遂益兵進規失土。初十日,率十營出攻文淵州,敵望風潰遁,斬紅衣法酋一,克之。十二日,以三路攻諒山,法據城固守,並扼對河北岸之驅驢墟,有德榜舊壘甚固,德榜軍仰攻多死,斬法六畫兵總一。向午,諸軍繼至,潘瀛執旗先登,衆從之,遂奪其壘,敵涉水遁為城守。十三日,五鼓,楊瑞山、劉汝奇等潛渡攻城,又克之,獲其軍實無算,軍無私焉。十五日,陳嘉、德榜克谷松,斬三畫法酋一,麥鳳標追敵至觀音橋,復克屯梅,禽法酋五畫一,斬三畫一,復進克拉木,逼郎甲,孝祺亦進貴門關。將軍乃定規復北寧之計,越南義民,聞風響應。越南吏黃廷經糾北寧義民,立忠義五大團,建將軍旗號,願具漿食為前導。河內、海陽、太原等處,皆密受約信,紛紛叛法。西貢亦通款,已令莫善喜一軍由欽州襲廣安。唐景崧一軍,亦由牧馬進窺太原。將軍將於二十五日率全軍攻郎甲,並分兵襲北寧,而法人請和,朝命撤兵,乃止。是役克復越南一省一府一州，禽斬法酋至數十，法提督尼忌理亞重傷，法之精銳盡殲，客教離散，全越驚擾。法人自謂入中國以來，未有如此次之慘敗者。時滇軍亦獲大捷。於是法都震讋，舉國嗟怨，將其外部長花利罷黜，倉卒乞款，可知是役所關之大矣。惟樞府習於苟安，不能乘勝立威，可勝悲憤。余嘗謂吾國盛衰之機，實伏於鴉片、諒山兩役，鴉片之役，林文忠能始終其事，則英可就範，不致有咸豐以後之辱；諒山之役，宿將猶在，國勢未夷，能乘諸軍積憤之氣，恢復越南，使狡者不敢有所逞，效尤者不敢有所謀，則不至有甲午以後之辱。悲夫，故所述不厭詳盡，不獨欲振已墮之士氣，且為今日謀國求苟安者戒焉。將軍軀幹不逾中人，而朱顏鶴髮，健捷雖少壯不如，生平不解作欺人語，發餉躬自監視，少短即罪司糈者，治軍四十餘年，寒素如故，年八十有六，諡勇毅。

甲午之役，我陸軍一敗於牙山，再敗於平壤，海軍一敗於大東溝，再敗於旅順，三敗於威海，遂至一蹶不振，鑄成今日之大錯。黃公度按察於牙山外，皆有長歌當哭。《悲平壤》云：黑雲革山山突兀，俯瞰一城炮齊發。火光所到雷礌礚，肉雨騰飛飛血紅。翠翎鶴頂城頭墮，一將倉皇馬革裹。天跳地踔哭聲悲，南城早已懸降旗。三十六計莫如走，人馬骍騰相踐蹂。驅之驅之速出城，尾追翻聞餓鴟聲。大東起舞小東怨，每每倒戈飛暗箭。長矛短劍磨鐵鎗，不堪狼藉委道旁。一夕狂馳三百里，敵軍便渡鴨綠水。一將拘囚一將誅，萬五千人作降奴。案，我既失牙山，倭即進窺平壤，時我葉志超、聶士成、豐陞阿、左寶貴、衛汝貴、馬玉崑諸軍皆在焉，而志超實為總統。志超素庸懦，不足服諸將，汝貴尤貪縱，惟左寶貴、聶士成皆忠勇善戰，然志超漫無布置，終為賊乘。寶貴扼元武門嶺，賊大至，志超將冒圍北歸，寶貴不從，以兵守志超，防其逸去。賊軍猛撲寶貴軍，酣戰久，卒不敵，寶貴矢必死，盛服翎頂登陴指麾，連中炮墮地，猶能言，及城下始殞。詩"翠翎鶴頂"云云兩語，即謂寶貴，蓋紀實也。寶貴既殉，志超遂縣白旗。汝貴已遁，賊來議降，未果，志超率諸將棄平壤北走，賊邀於半途，復喪其大半，軍儲器械公牘密電盡委之而去，至是朝鮮境內我軍絕迹矣。其後志超逮問，汝貴正法，詩"一將拘囚一將誅"即謂此。寶貴，字冠廷，山東費縣人。由行伍洊升至總兵。其殉也，天下哀之。張今頗都督有詩云：屹屹孤城獨守難，祖邦兩望客軍單。大同江上中秋月，長照英雄白骨寒。寶貴殉於中秋前一日，故云。類附於此。《東溝行》云：濛濛北來黑煙起，將臺傳令敵來矣，神龍分行尾銜尾。倭來倭來漸趨前，綿綿翼翼一字連，倏忽旋轉成渾圓。我軍瞭敵邊飛炮，一彈轟雷百人掃，一彈星流藥不爆。敵軍四面來環攻，使船使馬旋如風，萬彈如錐爭鑿空。地爐煮海海波湧，海鳥絕飛伏蛟恐，人聲鼓聲噤不動。漫漫昏黑飛劫灰，兩軍各挾攻船雷，糗粘不辨莫敢來。此船桅折彼釜破，萬億金錢紛雨墮，入水化水火化火。水光激水水能飛，紅日西斜無還時，兩軍各唱鐃歌歸。從此華船匿不出，人言船堅不如疾，有器無人終委敵。案，近人《清史紀事本末》云：八月十七日海軍提督丁汝昌率全師抵大東溝，十八日午，遙見西南方有煙東來，知日艦將至，汝昌傳令列陳作人字形，鎮遠、定遠兩艦為人字之首，致遠、靖遠、經遠、來遠、濟遠、廣甲、超勇、揚威及水雷船張人字之兩翼。既接戰，平遠、廣丙始來會。敵艦十二艘駛近，列陳作一字形，魚貫猛撲。俄易而為太極陳，裹人字於其中，汝昌令諸艦先開炮以示威，炮聲未絕，敵船已麕至，遂為所困。下略。陳中經遠、致遠、揚威、超勇先後被擊沈，濟遠、廣甲逃，餘如鎮遠、定遠、來遠、靖遠、平遠、廣丙受創甚，遂不能成軍。與按察所言皆合，疑當時官報如此，故他筆記亦有同此者，按察亦據官報與？《哀旅順》云：海水一泓煙九點，壯哉此地實天險。炮臺屹立如虎闞，紅衣將軍威望儼。下有窟池列巨艦，晴天雷轟夜電閃。最高峰頭縱遠覽，龍旂百丈迎風颭。長城萬里此為塹，鯨鵬相摩圖一啖。昂頭側睨視眈眈,伸手欲攫終不敢。謂海可填山易撼,萬鬼聚謀無此膽。一朝瓦解成劫灰,聞道敵軍蹈背來。《哭威海》云:臺南北,若脣齒,口東西,若首尾。劉公島,中間峙。嗟鐵圍,薄福龍。龍偃屈,盤之中。海與陸,不相容。敵未來,路已窮,敵之來,又夾攻。敵大來,先拊背,榮城摧,齊師潰。南門開,犬不吠,金作臺,須臾廢。萬鈞炮,棄則那,炮擊船,我奈何。船資敵,力猶可,炮資敵,我殺我。危乎危,北山嘴。距南臺,不尺咫。十里牆,薄如紙,李公睡,戴公死。_{李謂李秉衡,時巡撫山東,戴謂戴宗騫。}寇深矣!事急矣!麋海軍,急上臺。雷轟轟,化爲灰,山號跳,海驚猜。擊者誰,我實來,南復北,臺烏有。船子子,東西口,天大雪,雷忽發。船蔽裂,龍見血。鬼夜哭,船又覆。地日蹙,龍局縮。壞者撞,傷者鬥,破者沈,逃者走。噫吁戲!海陸軍,人力合,我力分。如蠖屈,不得申。如鬥鷄,不能羣。毛中虫,自戕身。絲不治,絲愈棼,火不戢,火自焚。遁無地,謀無人。天蓋高,天不聞。四援絕,莫能救。即能救,誰死守?炮未毀,人之咎。船幸存,付誰謀?十重甲,顏何厚。海漫漫,風浩浩。龍之旗,望杳杳,大小李,愁絕倒。巋然存,劉公島!以上兩詩,於兩地及當時形勢,如指諸掌。昔人謂杜老將略同李鄴侯,按察又豈在杜老下哉?是役論者,謂我陸軍之敗敗於不能戰,海軍之敗敗於能戰而不盡能戰。當時海軍之力實倍於倭,惟以將校驕淫,結黨以脅其帥。丁汝昌又非習海軍,不足統馭,平時訓練不力,臨戰不能調度,竟至一戰而燼。旅順、威海皆天險,經營十餘年,敵至皆委之以去。其後日、俄之戰,殞士卒十餘萬,攻四閱月,僅乃克之。而是役失旅順僅數日,威海相繼陷,軍心先變,汝昌僅以一死免生降之辱,可恨亦復可哀。按察又有《降將軍歌》詠其事云:衝圍一舸來如飛,衆軍屬目停鼓鼙。船頭立者持降旗,都護遣我來致辭。我軍力竭勢不支,零丁絕島危乎危。龜鼈小豎何能爲,島中殘卒皆瘡痍。其餘鬼妻兵家兒,鍋底無飯柎無衣。絞干凍雀寒復饑,五千人命縣如絲。我今死戰彼安歸,此島如城海如池。橫排各艦珠纍纍,有炮百尊槍千枝。亦有彈藥如山齊,全軍旗鼓我所司。本願兩軍爭雄雌,化爲沙蟲爲肉糜。與船存亡死不辭,今日悉索供指麾。乃爲生命求恩慈,中將許諾信不欺。詰朝便爲受降期,兩軍雷動懽聲馳。燐青月黑陰風吹,鬼伯催促不得遲。濃薰夫容傾深卮,前者闖棺後舁尸。一將兩翼三參隨,兩軍雨泣咸驚疑。已降復死死爲誰?可憐將軍歸骨時。白旛飄飄丹旒垂,中一丁字縣高桅。迴視龍旗無孑遺,海波索索悲風悲。悲復悲,噫噫噫!或云當時汝昌已決死,令開足汽機赴敵,與船同殉。而洋員司機者持之,左右亦有欲降者,遂與洋員糾合,私賫降書約降。汝昌知爲所賣,遂仰阿芙蓉死。疑莫能明也。我國海軍之肇建,實始於沈文肅公,而李文忠公踵成之。文肅子濤園中丞,有《哀餘皇》一篇,痛海軍之燼。有序詳論之。序云:光緒乙亥,日本構釁臺灣番社,先子奉詔視師,勒兵相持數月。日軍情見勢絀,願繳營壘軍械,作賈四十萬元就款。言路騰謗,以爲縱敵。先子不爲動。師旋,遵旨復陳練兵、籌餉、製械、儲材、遊學、持久六事,請飭各省合籌,每年四百萬金,分解南北洋,計日治海軍,期以十年,成三大枝。彼時遊學者,亦藝成而歸,製船駕船,不患無人矣。又恐緩不及事,請四百萬儘解北洋,先成一軍,再謀南洋。蓋處心積慮,並日兼程,猶恐失之。嗣北洋徇言官之請,挪海軍款濟晉賑。先子以爲大憾。奏請前款仍分解南北,力疾遣學生出洋,監造鎮遠、定遠二鐵艦。而先子病遂不起。易簀前夕,命瑜慶就榻前口授遺疏。先是日本夷琉球爲冲繩縣,庶子王先謙疏請伐日本,廷旨飭議,未及復奏,至是遂言天下事多壞於因循。但糾因循之弊,至於鹵莽,則其禍更烈於因循。日本自臺灣歸後,君臣上下,早作夜思,其意安在?不可謂非勁敵。而我之船械軍實,無改於前,冒昧一試,後悔方長,願皇上以生安之質,躬困勉之學,所謂州來在吳,猶在楚也。疏入,廷旨促辦海軍,合肥亦悟。北洋海軍，權輿於此，而出使大臣李鳳苞，請廢船政，謂製船不如買船，而己私其居間之利。後希中旨者，又挪海軍款辦頤和園工程。甲申一挫，甲午再挫，統帥不能軍，閩子弟從之死亡殆盡，無更番之代，犄角之勢，專一之權，以至於一蹶不可復振。淮楚貴人，居恒軒眉扼腕曰：閩將不可用，海軍難辦。噫！真閩將之不可用耶？抑用閩將者之非其人耶？縈縈國殤，猶有鬼神，此焉可誣？而今日之淮楚陸軍何如乎？是可哀矣。吳公子光曰：喪先王之乘舟，豈惟光之罪，衆亦有焉！長歌當哭，遂以《哀餘皇》名篇。詩云：城濮之兆報在邲，會稽已作姑蘇地。或思或縱勢則縣，後事之師宜可記。昔年東渡主伐謀，嚴部高壘窮措置。情見勢絀不戰屈，轉以持重騰清議。鐵船橫海不敢忘，明恥教戰陳六事。軍儲四百餉南北，並力無功感盡瘁。宋人告急譬鞭長，白面書生臣請試。欲矯因循病鹵莽，易簀諫書今在笥。蓄艾遺言動九重，因以為功宜可嗣。誰知一舉罷珠厓，東敗造舟無噍類。行人之利致連檣，將成大匠成虛位。子弟河山盡國殤，帥也不才以師棄。即今淮楚尚冰炭，公卿有黨終兒戲。水犀誰與張吾軍，餘皇未還晨不寐。州來在吳猶在楚，寢苫勿忘告軍吏。案，海軍之不能戰，文忠久知之，故始終主和。其敗雖在戎實之虛，主將之非人，然閩人排除異己，實亦大因。鄧世昌之無援，丁汝昌之被扼，其明證也。中丞閩人，故多祖詞，未足盡信。

甲午海軍之熸，陽湖呂幼舲中翰景端亦有《鐵艦行》記之。其辭云：四座且勿喧，聽我鐵艦行。未歌重低個，欲歌先慨慷。憶昔三代全盛時，重瀛人見鯨波揚。虞姁鷁形未完備，宛渠螺製疑荒唐。相鳥占風驗候吏，未聞重譯來梯航。春秋水戰始吳越，長鬣夜叫驚餘皇。嬴劉以還競戎備，戈船橫海誇騰驤。昆明旌旗在眼中，淩波掩電嘉名彰。後來利用益踵飾，朱雀蒼隼青龍桁。但聞峨艑靖海繳，案，疑"徼"字之誤。不圖奇製開天荒。自從敏關萃五洲，雜遝烏滸分狼腨。麛兵海上日不足，殊形詭觀窮微芒。先民剬剡詎足法,木質柔脆非精良。殫精竭材逞堅利,蒙以鐵甲鑄以鋼。曳雷戾炮簇大彈,汽牙騰觸聲礧硠。蛟宮蜃窟日蹧踣,冰蠣宵遁天吳僵。番酋碧瞳蜷蝟鬚,笑蹴渤澥如康莊。舵樓遐瞻手晷表,風濤沙綫歸評量。何堅不摧險不鑿,履我庭奧窺我堂。橫驅高蹠睨六合,海權商戰遂稱強。中朝籌邊禦外侮,建塢置廠謀征艎。司農仰屋水衡竭,金錢不惜千萬鎊。要盟質劑購諸彼,仰人鼻息供人囊。就令收效聊折衝,此巵一漏何由償?忽憶閩海波橫飛,紙上談兵何與張。一朝僨事坐驕蹇,枯槎九葉灰飛颺。祇今嶠南溯遺迹,寒潮猶咽聲悲涼。豈期十載時局更,東瀛鼙鼓聞蒼黃。島夷倔強客陵主,舳艫方駕連雲檣。咄哉專閫爾何物,高牙披靡奔佢儴。軍容盡墨鼓聲死,一蹶從此無遼陽。王師迻北失天險,白旛高揭降旗張。峨峨樓櫓付劫灰,僅餘堅艦如靈光。胡爲拱手悉輸敵,竭我膏血資盜糧。逃臣之頭豈足惜,坐使狂焰驕扶桑。詎真天心祖島國,毋乃人力猶非臧。乃知用器在人不在器,一艦烏足關興亡!嗚呼!一艦烏足關興亡!側聞至尊宵旰憂仿徨。此詩以"用器在人不在器"一語爲一篇主旨。案,自法攻臺灣後,海防議起,朝臣以爲日本以島立國,我有軍艦,即可制其命。沈文肅公奏請每年籌銀四百萬兩作海防經費,及購置軍艦。初則各省尚有報解,一二年後,不足十之一二。會琉球事起,樞府益知海軍之重要,嚴令解款,又籌設海軍衙門。醇親王弈譞嘗書告軍機大臣曰:將來水軍果成,元氣充足,宜以此事爲發硎之具。時新購之鐵甲船,絡繹東來,海署擬定章程,任英人琅威理爲教官,海軍一時頗有振興之望,然一厄於慈禧挪用軍費,以起頤和園,二厄於翁文恭之議停購軍火。李文忠大爲觖望,與王文勤文韶書云:現在籌辦膠州澳,已見部中裁勇及停辦船械之議,適與詔書整飭海軍之意相違,宋人有言,樞密方議增兵,三司已云節餉,軍國大事,豈真如此各行其是而不相謀?誠慨乎言之矣。遂自光緒十四年以後,未購一艘,醇親王卒後,文忠勢益孤,加以海軍閩人排外，提督丁汝昌孤寄於上，未戰而敗徵已見，識者蚤知其不可恃矣。人力非臧云云，蓋當時輿論如此，不敢直斥，則爲當時諱也。

東事起，吳大澂方爲湖南巡撫。吳好金石，適得漢印，文曰"度遼將軍"，遂大喜，以爲萬里封侯兆也。又嘗夢殪一大鳥，倭將有曰大圭鳥介者，益自信，遂慷慨請纓出關。終以失律跳免。黃公度按察有長歌刺之，題曰《度遼將軍》，歌云：聞雞夜半投袂起，檄告東人我來矣。此行領取萬戶侯，豈謂區區不余畀。將軍慷慨來渡遼，揮鞭躍馬誇人豪。平時蒐集得漢印，今作將印縣在腰。將軍鄉者曾乘傳，高下勾驪蹤迹遍。銅柱銘功白馬盟，鄰國傳聞猶膽顫。蓮常案，光緒七年，吳大澂奉延吉荒務督辦時奉命會勘中俄韓國界，至十二年，復與琿春副都統依克唐阿與俄使特派員巴拉諾夫會同勘明圖們江界址，立有界碑十處，文曰：華夏金湯固，河山帶礪長。後於琿春立一銅柱，銘曰：疆域有志國有維，此柱可立不可移。後爲俄人竊去，置之伯利博物院中。"銅柱銘功白馬盟"當指此。自從珥節駐雞林，所部精兵皆百鍊。人言骨相應封侯，恨不遇時逢一戰。雄關巍峨高插天，雪花如掌春風顚。歲朝大會召諸將，銅爐銀燭圍紅氈。酒酣舉白再行酒，拔刀親割生羖肩。自言平生習鎗法，鍊目鍊臂十五年。目光紫電閃不動，袒臂示客如鐵堅。案，以上皆實事。淮河將帥巾幗耳，蕭孃呂姥殊可憐。看余上馬快殺賊，左盤右辟誰當前？鴨綠之江碧蹄館，坐令萬里銷烽煙。坐中黃曾大手筆，爲我勒碑銘燕然。么麼鼠子乃敢爾，是何雞狗何蟲豸？會逢天幸遽貪功，它它籍籍來赴死。能降免死跪此牌，敢抗顔行聊一試。待彼三戰三北餘，試我七縱七擒計。兩軍相接戰甫交，紛紛鳥獸空營逃。棄官脫劍無人惜，只幸腰間印未失。將軍終是察吏才，湘中一官復歸來。八千子弟半摧折，白衣迎拜悲風哀。幕僚步卒皆雲散，將軍歸來猶善飯。平章古玉圖鼎鐘，搜篋賈猶直千萬。聞道銅山東向傾，願以區區當芹獻。藉充歲幣少補償，毀家報國臣所願。燕雲北望憂憤多，時出漢印三摩挚。忽憶遼東浪死歌，印兮印兮奈爾何！突梯滑稽，讀之令人啼笑皆非，錄之爲好大喜功無實才者戒。

牛莊之戰，湘軍以驕敗，終不振，然亦重創賊軍，賊軍雖勝，卒以此重湘人，不敢蔑視。説者謂老湘軍起於王壯武，盛於戰隴坂，收復天山南北二萬里地，而終於牛莊云。譚提督桂林亦殉於是役。初提督有格林炮四尊，從曾重伯太守假炮兵百人，號精鋭。及敗，百人者，生還二十六人，其中重傷仍死者七人，傷輕殘廢者四人，最爲慘烈。太守有詩哀之云：將軍殉國兵殉主，楚人忠義凛千古。不教兩足捷如風，坐法誰憐草同腐。兵頭老鐵爾何酷，殺敵不成身釁鼓。豈無諸葛製連珠，亦有將軍號強弩。馬陵道上死龐涓，六陌山頭喪周處。小雅羣材腦沙漠，殘兵廿六血杵鹵。榮哀異路悲猿鶴，勇怯殊形分虎鼠。柯日修門禮國殤，祠堂肅穆神靈雨。

日以詭謀夷滅我三韓，伊藤博文實爲元凶。韓亡後，復欲以故智窺我東北，橫厲遼左。一日次欲爾濱，爲韓烈士安重根所賊，天下快之。陽湖錢名山主事振鍠有詩張之云：怨在心，讎在骨，是何狗彘，來入吾室。國爲之亡家爲滅，使我男爲臣，女爲妾。此仇不報不用生，皇天后土鑒此誠。荆軻匕首漸離筑，一擊不成千載哭。不及此君好身手，手屠仇人若屠狗。一丸飛出正當心，四海同聲快傾酒。嗟哉爾國億萬民，後子而起當有人。君不見齊人伐燕燕已亡，一朝報齊怨，七十二城相繼降，但願爾曹爲樂毅，爲昭王。君不見始皇昔滅無罪楚，一朝復秦仇，火赫咸陽作灰土。但願爾曹爲范增，爲項羽，不願爾曹刺岑彭，刺來歙，敵來益多防益密。八道河山不得收，殺一老兵何足説。對君一長拜，范君以黃金，作詩不獨偉君志，願激中原壯士心。可謂氣如虓虎，聲如裂帛矣。梁任公年丈啓超有《秋風斷籐曲》，亦詠其事云：秋笳吹落關山月，驛路青燐照紅雪。大國痛歸先軫元，遺民泣見威公血。遺民哀哀箕子孫，篳路襏襫開三韓。辟世已忘秦甲子，右文還見漢衣冠。鯤鰭激波海若走,四方美人東馬首。漢陽諸姬無二三,胸中雲夢吞八九。其時海上三神山,劍仙畸客時往還。陳摶初醒千年夢,陶侃難偷一日閒。中有一仙擅猶變,術如赤松學曼倩。移得瑤池靈草來,種將東海桑田遍。樓臺彈指已莊嚴,年少如卿固不廉。脫穎錐寧安舊橐,發硎刀擬試新鉐。嗚呼箕子帝左右,聽庳不恤充如橐。天外愁雲盡楚歌,帳中樂事猶醇酒。倡陽自幸僻在戎,虞公更恃晉吾宗。謂將犧玉待二竟,豈有雀角穿重墉。頻年一鄭門晉楚,兩姑之間難為婦。寧聞鷸蚌利漁人,空餘魚肉薦刀俎。大雞鍛冠小雞雄,追啄蟲蟻如轉蓬。事去已夷陳九縣,名高還擁翼諸宗。北門沈沈扃嚴鑰,臥榻寧容鼾聲作。趙質方留太子丹,許疆旋戍公孫獲。旛旛國老定遠侯,東方千騎來上頭。腰縣相印作都統,手搏雕虎接飛猱。狙公賦芧恩高厚,督我如父煦如母。誰言充樹靡西柯,坐見齊封作東畝。我澤如春彼黍離,新亭風景使人疑。人民城郭猶今日,文武衣冠異昔時。笑啼不敢奈何帝,問客何能寡人祭。秦廷未反申子車,漢宮先擁上皇箠。十萬城中旭日旗,最憐沈醉太平時。蔡人歌舞迎裴度,宛馬駸馳狎貳師。不識時務誰家子,乃學范文祈速死。萬里窮追豫讓橋,千金深襲夫人匕。黃沙捲地風怒號,黑龍江外雪如刀。流血五步大事畢,狂笑一聲山月高。前路馬聲寒特特,天邊望氣皆成墨。閣門已失武元衡,博浪始驚倉海客。萬人攢首看荊卿,從容對簿如平生。男兒死耳安足道,國恥未雪名何成。獨漉獨漉水深濁,似水年年恨相續。咄哉勿謂秦無人,行矣應知蜂有毒。蓋世功名老國殤,冥冥風雨送歸檣。九重徹樂賓襄老,士女空間哭武鄉。千秋恩怨誰能訟,兩賢各有泰山重。塵路思承晏子鞭,芳鄰擬穴要離冢。一曲悲歌動鬼神,殷殷霜葉照黃昏。側身西望淚如雨,空見危樓袖手人。

丹徒丁闇公傳靖有《哀朝鮮》詩兩律云:海上腥風一剎那,併包百濟捲新羅。空餘釟里干將氣,重唱殷虛麥秀歌。斥堠無烽移廟社，夕陽有淚灑山河。遺臣不少包胥志，難得秦庭一哭過。又：千年屏翰蔽東陲，倚漢如天意未衰。服楚小侯非得已，帝秦危局本難支。竟違玉馬朝天願，淒絕珠貂入貢時。但祝中朝生衛霍，終當橫海耀旌旗。"軹里干將"謂安重根也。

陳鶴柴有《聞韓亡追懷吳武壯公》一律云：風雲長畏日車翻，往事填胸試一論。冉冉高牙箕子國，寥寥殘淚信陵門。范文祈死元深識，樂毅陳書有罪言。辛苦一編虞氏易，白頭終見道根源。自注：公邃於易學，治戎之暇，每據皋比，與賓客講論爲樂。予嘗見公病中家書，自言生平治心之學，極堅苦，蓋亦宗洛閩者也。案，武壯曾戡定朝鮮內亂，駐節甚久，鮮人奉之如神明，故有"冉冉高牙"云云。五六兩語，今已不能知其事實，其深知遠慮，必有出於傳聞萬萬者。鶴柴爲其鄉人，知之必真，在此時難，老成瞻言，惜不得訪鶴柴而問之。七八兩語，可補史乘之遺。

辱國之《馬關條約》，當日我李文忠公與倭臣伊籐博文訂於馬關之春帆樓，今日遼東奇辱，皆兆於此矣。昔吳彥復主事於乙巳遊倭，過其地，嘗有詩云：萬頃雲濤立海灘，天風浩蕩白鷗閒。舟人那識傷心地，遙指前程是馬關。著墨不多，皆成血淚。傷心地者，吳摯父京卿赴倭時所榜樓額也。原文曰"傷心之地"，一時傳誦倭朝野，我國人見之每爲流涕。主事名保初，一字君遂，吳壯武公長慶子，負奇才，甲午事起，婁請繆殺賊，不果，幾發狂。江潛之太守有詩贈之云：鐵甲砑水海將塵，旄頭撑日天爲昏。厝火臥薪人未起，起鞭驕馬嬉青春。磊落吳生將家子，誓向馬上殺賊死。一再請繆遭唾棄，慷慨悲歌走燕市。列我舊戰袍，憤擲昆吾刀。千金製裘，千金買妾，此舉何其豪。駿馬如龍車如水，誰信家中貧如洗。側身東望淚盈眥，興來不顧佗人訾。下略。後主事竟醇酒婦人失意死，宜國之終不振矣。

臺灣之割，巡撫唐景崧自立名號，欲與倭抗。報至，朝野爲之動色。景崧初有知兵名，至是皆許其足捍屏藩。先大夫在臺時與稔。時應禮部試在京師，鄉先達錢恭勤公應溥以詢，先大夫曰，"驕奢淫佚"四字盡之，某測不足支十日，違言成事。後七日而景崧遯。先大夫有詩詠之云：軍書旁午走天街，和戰紛紛計未諧。郭令請行盟黨項，賈山議決棄珠厓。登陴有誓窮臣力，卻敵無能慰聖懷。滿載歸裝灘水隱，婦人醇酒蚤安排。又云：蟬蛻功名亦狡哉，孤城蕩蕩戟門開。三千珠履成殘客，卅六洪鑪鑄橫財。黃歇浦邊揮手去，要離冢畔戴頭來。煙雲變幻渾閒事，誰向昆明問劫灰。"滿載"云云亦紀實也。黃公度按察有《臺灣行》，亦詠臺灣之亡，其辭甚痛。云：城頭逢逢雷大鼓，蒼天蒼天淚如雨，倭人竟割臺灣去。當初版圖入天府，天威遠及日出處。我高我曾我祖父，艾殺蓬蒿來此土。糖桑茗雪千億樹，歲課金錢無萬數。天胡棄我天何怒，取我脂膏供仇虜。眈眈無厭彼碩鼠，民則何辜罹此苦？亡秦者誰三戶楚，何況閩粵百萬戶。成敗利鈍非所睹，人人效死誓死拒。萬衆一心誰敢侮，一聲拔劍起擊柱。今日之事無他語，有不從者手刃汝。堂堂藍旗立黃虎，傾城擁觀空巷舞。黃金斗大印繫組，直將總統呼巡撫，今日之政民爲主。臺南臺北固我圉，不許雷池越一步。當輒披靡血杵漂，神焦鬼爛城門燒，誰與戰守誰能逃。一輪紅日當空高，千家白旗隨風飄。搢紳耆老相招邀，夾跪道旁俯折腰。紅纓竹冠盤錦絛，青絲辮髮垂雲髾。跪捧銀盤茶與糕，綠沈之瓜紫蒲桃。將軍遠來無乃勞，降民敬爲將軍導。將軍曰來呼汝曹，汝我黃種原同胞。延平郡王人中豪，實闢此土來分茅。今日還我天所教。國家仁聖如唐堯，撫汝育汝殊黎苗，安汝家室毋譊譊。將軍徐行塵不囂，萬馬入城風蕭蕭。嗚呼將軍非天驕，王師威德無不包。我輩生死將軍操，敢不歸依明聖朝。噫嚱吁！悲乎哉！汝全臺。昨何忠勇今何怯，萬事反覆如轉睫。平時戰守無預備，曰忠曰義何所恃。末數語尤發人深省。臺灣之獨立，實發於臺人邱仙根主事逢甲。

主事奇偉，負不世才，割臺時，艱苦奮鬥，屢創狂寇。事敗，寄籍廣東嘉應。吾兄銘遠與之稔，聯吟社於羊城，謂垂老目光猶熠人，日弄巨鐵丸，意氣不殊少壯，有《嶺雲海日樓詩鈔》都數千首，豪放如其人，傳本甚尟，予見人選鈔，多及臺亡事，茲選錄一二於下。《秋感八首》云：萬里風雲願竟酬，軍前歌舞作中秋。黃金鑄闕開藩部，碧玉通江建節樓。十道分封諸將爵，五湖歸老美人舟。年來此意成蕭瑟，匹馬西風莽浪遊。又云：崐崙山勢走中華，赴海南如落萬鴉。縮地有人工幻術，通天何處覓靈槎。沈冤鳥口空銜石，酣夢人心久散沙。彈指光陰秋又老，長繩難繫夕陽斜。又云：中原王氣黯東遷，歎鳳嗟麟意悄然。人物終成一丘貉，文章更噪六朝蟬。繞籬晚菊寒誰採，補屋秋羅冷自牽。消盡美人遲暮感，素書一卷獨編年。又云：斜陽圍聽說場詞，我亦曾驅十萬師。破碎河山開國史，飄零風雨出軍詩。海中故部沈蒼呪，雲裏殘旌失素蜺。歲自周天天自醉，紅牆銀漢隔秋思。又云：山南山北枉張羅，雲路冥冥鳥去多。四海論交幾投契？千秋自命未蹉跎。中原麟鳳陳陶歎，大漠牛羊斛律歌。老我秋風無一事，十年雄劍不曾磨。又云：名駒未悔困轅鞍，鶩鳥何曾惜羽翰。人到窮愁思著述，天留豪傑濟艱難。衣冠文武浮雲變，雷雨蛟龍大海寬。不信平生飛動意，但將文字救飢寒。又云：明明如月撥愁開，欲取黃金更築臺。朱鳥莫將歌當哭，紅羊休信劫留灰。著書覃子原仙骨，顧曲周郎有將才。收拾雄心且行樂，五雲多處覓蓬萊。又云：酒迫桓溫走老兵，詩看秦系破長城。英雄失路羣兒笑，獨客逢秋百感生。滄海桑沈栽後影，鈞天樂斷夢時聲。尉佗臺上西風急，來寫登高送遠情。《秋興》次張六士韻八首云：芒碭雲開大漢年，眼看楚蹶與嬴顛。收兵先下三秦地，奉使遙通百粵天。照盡古人珠海月，飄殘霸氣玉山煙。英雄祇剩前朝史，懷古悲秋意悄然。又云：黃河東下走龍門，難起中原古帝魂。天上斗牛沈劍氣，人間鸞鳳掃巢痕。狄泉故壤雙鵝出，甌脫窮邊萬馬屯。不信開元天寶事，但留詩史浣花邨。又云：萬里西風海欲波，荒荒白日奈愁何？美人臨潁渾脫舞，壯士陰山敕勒歌。故國千年啼蜀魄，蠻荒九死負黎渦。夢中還作鈞天奏，矇瞍蓬蓬自鼓鼉。又云：坐看桑從海上栽，羣鷗見慣不相猜。生毛有地供秦笑，呵壁無天慰郢哀。兩帝中央謀渾沌，三山左股割蓬萊。故鄉游釣今何處？空憶漁人讓曲隈。又云：荒村獨樹老夫家，九月東籬菊未花。金石自應求上藥，河山原不阻飛車。禦寒豈合裘仍典，謀醉何妨酒偶賒。未解長安西笑樂，薜蘿門外是天涯。又云：衣冠文武眼中新，晏坐空山笑此身。割地奇功酬鐵券，週天殘焰轉金輪。後庭玉樹仍歌舞，前席蒼生付鬼神。細柳新蒲非復昔，更無人哭曲江濱。又云：遼東華表鶴西飛，但作神仙願已違。故國河山殘照盡，秋風城郭舊人稀。四郊戎馬邊聲急，七葉金貂世譜微。休向哀鴻談往事，江湖滿地稻粱肥。又云：五嶺南來勢糾紛，百年邊事漫重論。月中潮汐爭消長，天外風雷駭見聞。上國地埋龍虎氣，中原人雜犬羊羣。山飛海立今何世？間就安期話白雲。《乙未偶題》云：化碧三年血有痕，當年哀感滿乾坤。鵑維蔫後天方醉，無路排雲叩九閽。又云：此局全輸莫認真，東南風急海揚塵。世間儻有虬髯客，未必扶餘屬別人。又云：殘山剩水冷斜暉，獨向西風淚滿衣。皂帽藜床成底事，全家遼海管寧歸。又云：人間成敗論英雄，野史荒唐恐未公。古柳斜陽圍坐聽，一時談笑付盲翁。《秋懷八首》次覃孝方韻八首云：萬古興亡閃電過，百年人事幾蹉跎。海枯石爛英雄盡，木落江空涕淚多。入夢人間無白日，洗愁天上有黃河。茫茫四野穹廬底，來唱陰山勑勒歌。又云：蓬山淪沒阻東歸，看慣年年海水飛。剩有壺公教地縮，更無萇叔與天違。筊簽落日神猿哭，苜蓿秋風虜馬肥。今日秦庭非復昔，休將九頓拜無衣。又云：王母雲旂縹緲間，冥冥龍去枉髯攀。海中仙蚌流珠淚，天上寒鴉怨玉顏。往事已淪開寶史，故官曾唱紵干山。劇憐未殉西陵葬,定策歸來國老聞。又云:滿目洪流治已遲,誰教天展九年期?玄黃大化無今古,風雨神山有合離。四海畢消蛟蜃氣,九天同拜虎龍姿。書生自作華胥夢,千載何妨此一時。又云:休訛舜死與堯囚,環海居然更九州。日月不隨天左轉,江河還向海西流。蛟螭國土黃金界,雕鶚旌旗白帝秋。畫革旁行新史筆,未妨荒外紀飛頭。又云:秋城吹角夕陽斜,浪迹頻年寄海涯。拔後枯菰心未死,劫中殘局着全差。無聊身世文爲戲,有例神州裔亂華。不信東籬仍故節,島夷章紱玷黃花。又云:東海泉仙撰怪文,西園諧價策高勳。眼中雞鶩方爭食,意外蛟龍未得雲。左纛豈誇蠻大長,短衣休叱故將軍。秦王夢裏鈞天奏,此曲人間本不聞。又云:浮雲落木共飄蕭,動地商音起素飈。雷雨神龍雙劍化,關河戎馬一身遙。黃天訛立多新説,赤道迴流有熱潮。窮海高秋無限感,雄心依舊借時銷。窮秋氣慘,易撥愁心,故其辭獨哀。尚有《哭臺南集》,已不能悉舉。舉其最哀者云:春愁難遣强看山,往事驚心淚欲潸。四百萬人同一哭,去年今日割臺灣。不圖三十餘年之後,復有"四萬萬人同一哭,去年今日失遼東"之哀吟,悲哉!

　　錢名山主事有《弔簡大獅詩》云:痛絶英雄洒血時,海潮山湧泣蛟螭。他年國史傳忠義,莫忘臺灣簡大獅。大獅於臺亡時抗倭最烈,有弟大度,合志同方,同見殺於賊。主事文集有《大獅傳》,惜不詳。余輯近人筆記,作《二簡傳》,亦感於主事之言,且痛今日邊帥之不振也。傳云:簡大獅,臺灣人,或曰閩人而寓臺者。與弟大度,皆任俠,以勇聞。讀書能通大義,崇平等之説,雖市井傭奴,亦揖讓唯謹,尤喜言忠義事。生丁叔世,痛外侮之日亟,常咄咄不自聊。環顧四體,慷慨涕泣,欲得當爲國死。嘗遊廈門,見一西人淩辱我國人,有袖手望而色若自得者。大獅遽進摑其頰,而數之曰,若視同胞之辱而笑者何也?面鐵色。回視西人,西人驚,遽颺去。光緒二十一年,我割臺灣予倭,大獅大憤,幾若狂,誓不爲倭屈。與大度毀家募勇士，成一軍，苦戰年餘，卒不敵，竄泉州。倭憚之，脅我官吏，索之急。吏獲之，泣曰，我何罪而死？即有罪，國法死，死不恨，奈何欲予賊而死我？我目終不瞑矣。吏竟與倭，倭人敬其義，呼爲烈士，欲降之。大獅瞋目大罵，髮上植，終不屈死。死一月，大度復收殘部，與倭抗，亦敗死。王蘧常曰，烈哉二簡，馮萬無可爲之地，知其不可爲而終爲之。其身雖死，其忠義之氣，固當摩盪於兩間，歷千百年而不可滅，後必有聞其風而奮起者，其身雖死，而可不死，國雖亡，而可不亡。雖然，今乃有可爲之地，可爲之時，而竟不爲者，何哉？我書二簡事，不禁血爲之沸，髮爲之指矣。噫！倭人至今重其忠義，其文部省，有大獅肖象。又有《大獅傳》，長八千言，慈谿柴小梵曾向倭人錄得，惜予未獲見之。

自倭禍遼東，所過殘破淫掠，無所不用其極。憶光緒甲辰，倭俄構兵於我東北，我商民七百餘人，挾有俄國羌帖，倭軍疑爲俄諜，同日坑死於康平縣署西牆外。其慘礉無人道如此。至今叢葬處，夏不生草，秋冬地成白色，說者謂爲冤氣所結。張珍午巡按嘗有詩弔之云：死不化秦坑灰，生不作田島客。七百餘人同日死，白日無光血成碧。范侯爲我指其處，一蟲一沙一魂魄。吁嗟乎，戰禍滔天完卵難，不疑俄奸即日奸。我來但隔一牆宿，夜聞鬼語摧心肝。我國守中立，而構戰於我土地，殺戮我人民，天下之大辱，莫甚於此矣。巡按不能發揮此誼，豈不知恥者乎？

拳匪之亂，先大夫方佐裕壽山總督祿幕，裕公初尚猶豫持兩可，旋忽撫定拳衆，與外人開釁。先大夫力爭不可。變定，有《燕臺有感》兩首云：獎亂其如設計疏，孅兒險破好家居。摧殘石晉橫磨劍，痛哭興元罪己書。此際民心原未去，可堪國帑竟無餘。白蓮曾蔓延江漢，不借前車鑒後車。又云：東南雙鳳正朝陽，西北浮雲蔽日光。羣小合謀蘇內翰，諸夷羅拜郭汾王。靖康大老終難免，靈武中興儻可望。夜半前星掩芒角，似聞太史已書祥。自注：昱日聞大阿哥溥儁斥歸端邸。案,此詩作在辛丑四月,故及溥儁之斥。庚子紀變,作者極夥。如屠敬山太史《庚子六月感事》五首,文芸閣學士《自七月至十月有感而作》四首,樊樊山方伯《聞都門消息》五首、《庚子五月都門紀事》八首,皆無愧詩史。雖不全及國恥,但亦恥所自來,今選錄之。太史詩云:紛紛梃擊九門譁,天子迴車罷早朝。王會衣冠盡塗炭,化人宮殿卷雲霄。赤烏火未流黃屋,胡馬塵幾犯渭橋。聞道長安新喋血,太常猶是肄咸韶。又云:行宮夜醮奏青詞,白日天關虎豹馳。醉尉齊廷尊蔣帝,行人楚國殺張儀。玉門先斷飛車路,燒火還焚景教碑。咫尺真疑神鬼至,昭陵石馬汗趨時。又云:蒼頭突起半飢驅,按律宜行左道誅。張魯傳家□事鬼,陳王篝火夜鳴狐。祅祠奪得金人像,天帝禁投玉女壺。刑賞真成兩無用,他年憂不在顓臾。又云:漢廷必欲討黃巾,下詔先應散黨人。此語當時近遊說,諸番今日罷和親。是誰反間挑強敵,不合權宜獎亂民。直把金甌同瓦片,坐看九縣起風塵。又云:叩關九國勢連雞,中智□量不並棲。無復語言能約束,但望政教壹正齊。地游泱漭愁趨北,斗柄低昂欲轉西。臣朔何心尚朝隱,滑稽鼠竊太倉稊。先大夫謂學明七子者,曾采入《庚子京畿聞見錄》,惟易第二首"燒火"爲"野火",第三首"傳家"爲"靈符",第四首"必欲"爲"決策",第五首"向西"爲"轉西"。《聞都門消息》詩云:上林秋雁忽西翔,凝碧池頭孰舉觴?市有醉人稱異瑞,巢無完卵亦奇殃。犬銜朱邸焚餘骨,鳥啄黃驄戰後瘡。滿目蓬蒿人跡少,向來多是管絃場。又云:京師赫赫陷鯨牙,十國縱橫萬户嗟。舊宅不歸王謝燕,新亭分守楚梁瓜。自注:諸國各有疆界。蛾眉身世惟青塚,貂珥門庭但落花。龍武諸軍誰宿衛,孤兒一一委蟲沙。又云:百年喬木委秋風,三月銅街火尚紅。崇愷珊瑚兵子手,宋元書畫冷攤中。金華學士羈僧寺,玉雪兒郎雜酒傭。聞得圓明雙鶴語,庚申庚子再相逢。又曰:島人列檄罪諸王,玉牒瑤潢絕可傷。待取血膋觴福鹿,誰將眼箸謎貪狼。伯霜仲雪俱危苦，自注：謂端邸及濂瀅貝勒。宋劭殷辛僭比方。自注：敦邸服中生子即端邸也。公法每寬親貴議，可須函首越重洋。又云：繁華非復鳳城春，玉輅於今隔隴秦。金雀觚棱虛御仗，銅駝荆棘泣孤臣。朱門白屋多新貴，卜肆僧寮幾古人。莫問北池舊煙月，雨零鈴夜一沾巾。《都門紀事詩》云：紅狼青犢自成羣，依託王門譟帝閽。民命纍纍輕似草，神言往往降于莘。誇張古冶屠黿手，斷送眞州放雁人。不患鯨吞患魚爛，可憐京闕自煙塵。又云：彼己兵形兩不知，妖書僞讖太無稽。眞成覇上羣兒戲，坐使崆峒七聖迷。今日蘇門誰抉眼，後來郿塢恐然臍。人間健者寧惟汝，長揖橫刀吾欲西。又云：阿奴下策火初燃，島客乘墉守益堅。白帝向來欺赤帝，蒼天未死立黃天。梯衝飛舞窺樓上，矢石荒唐滿御前。十國衣冠同一炬，可無頗牧衞幽燕。又云：年少驕王對紫宸，衆中銳意戮鯨鯤。掖廷自結十常侍，匕鬯難安一至尊。夜半駕歸仁壽殿，日中火及正陽門。百思不解州吁意，不戢兵端且自燔。又云：擎拳豎脚盡神兵，炮火弓刀日夜驚。欲去徘徊端正樹，憂來吟諷董逃行。大言虢伯輕羣子，往讖巴顏促五庚。吾愛大夫名五狨，炭廖一曲向秦京。又云：三朝聖后媲媧皇，豈意流言煽左璫。妖讖髻花殊白柰，閏秋宮樹厄黃楊。欲綿唐祚思靈武，爲報秦仇棄督伉。黃閣有人兼將相，忠言不入怨天亡。自注：府主病起入對，極言拳匪妖妄。慈聖曰：吾亦不信，而吾左右皆惑之，奈何？又云：都市蕭條儼被兵，繁華非復舊神京。不虞建業金甌缺，更比澶淵瓦注輕。龜禁月明聞鬼哭，鳳城白日斷人行。宮奴不念家山破，猶道如今是太平。又云：崇仇棄好復何言，十國揚兵日月昏。白雁飛來寧有宋，黃河挑動恐亡元。好從蜀國謀西幸，愁見燕人祭北門。天柱地維三百載，不圖蜂蟻毀乾坤。近人金松岑《呵壁》四首，亦詠庚子事變，足抗樊山。其詩云：呵壁詩成學問天，傷心難過鼠兒年。十關到處傳烽火，九廟經時闕豆籩。泥馬無情來渡主，金人有淚不成仙。可憐六甲虛纏命，空手難徵度厄錢。又云：深宮無賴話機祥，未信鮮卑八部強。幾日關門雄地虎，早時垌牧見夷羊。弓彎朱鳥窗前月，馬踏金鼇背上霜。樓閣五雲龍鳳氣，換他三月火咸陽。又云：靴尖容易趨神京，好時祈年駐列營。宮井女沈田六尺，瑤池仙去董雙成。才人泣涕甘厮養，朝貴髠鉗付老兵。輸爾虬髯紅拂妓，儀鸞殿上訂三生。又云：豆粥蕪亭淚未乾，兩宮西笑望長安。使金人物關心召，詛楚文章掩面看。國計險拚梟一擲，軍情密遞蠟雙丸。公卿幸脫排牆死，留與天家錫劍槃。案，田六尺、董雙成當皆指珍妃。七月二十日英軍陷京師，翌日聯軍繼之。慈禧與德宗遂倉卒西幸。瀕行，慈禧命崔閹自三所出珍妃，推墮井中。珍妃聰慧得上心，或構蜚語，譖妃干預外廷事。太后怒杖之，囚三所。德宗由是悒悒寡歡。聯軍入，出妃屍於井，淺葬京西田村。朱古微學士、王半塘給諫賦《落葉詞》紀其事，惲薇孫太史則賦詩云：金井一葉墮，淒涼瑤殿旁。殘技未零落，映日有輝光。溝水空流恨，霓裳與斷腸。何如澤畔草，猶得繡鴛鴦。文芸閣學士有月詩亦詠此事。云：藏珠通内憶當年，風露青冥忽上仙。重詠景陽宮井句，菱乾月蝕弔嬋娟。學士珍妃師，妃被囚，學士亦得罪去，故其辭尤凄切。吾友錢莙隱有《金井曲效梅村》，譜事最詳。此雖無與國恥，然金輪毒焰，實召外侮，遂類及之。虬髯謂聯軍統帥瓦德西。紅拂妓謂名娼傅彩雲。彩雲本吳門雛妓，某巨公納爲簉室。巨公死，下堂去。初巨公使歐西，彩雲私識瓦德西，至是仍操舊業留京師，遂續前歡，招搖宮闕，勢傾一時，然頗識大體，所全實多。先大夫有《彩雲曲》及此事，記甚詳，辭云：上略。鞞鼓聯邦動地來，鴬花滿院隨風逐。飛來天外一將軍，鈿合金釵緣再續。七寶雕鞍細馬馱，九華錦帳雙鴛宿。兩宮西狩音塵斷，上國衣冠盡塗炭。寶玦王孫泣路隅，金魚朝貴遭索貫。鎖骨菩薩心慘然，每向將軍代乞憐。宰相和戎傾帑藏，諸夷滿欲整歸鞭。焱輪待發匆匆別，珠淚輕彈粒粒圓。下略。樊山方伯亦有《彩雲曲》詠其事，尤詳。

樊山方伯有前後《彩雲曲》,《後彩雲曲》序瓦德西傅、彩雲事。其辭曰：納蘭昔御儀鸞殿,曾以宰官三召見。畫棟珠簾靄御香,金床玉几開宮扇。明年西幸萬人哀,桂觀蓂廉委劫灰。虜騎亂穿驛道走,漢宮重見柏梁災。白頭宮監逢人說,庚子災年秋七月。六龍一去萬馬來,柏林舊帥稱魁桀。紅巾蟻附端郡王,擅殺德使董福祥。憤兵入城肆淫掠,董逃不獲池魚殃。瓦酋入據鸞儀座,鳳城十家九家破。武夫好色勝貪財,桂殿秋清少眠臥。聞道平康有麗人,能操德語工德文。狀元紫誥曾相假,英后殊施並寫真。柏靈當日人爭看,依稀記得芙蓉面。隔越蓬山十二年,瓊華島畔邀相見。隔水疑通雲漢槎,催妝還用天山箭。彩雲此際泥秋衾,雲雨巫山何處尋？忽報將軍親折簡,自來花下問青禽。徐娘雖老猶風致,巧換西裝稱人意。百環螺髻滿簪花,全匹鮫綃長拂地。雅娘催下七香車,豹尾銀槍兩行侍。鈿車遙遵輦路來,韡羅果踏金蓮至。歷亂宮闈飛野雞,荒唐御座擁狐狸。將軍攜手瑤階下,未上迷樓意已迷。罵賊夷還嗤毛惜惜,入宮自詡李師師。言和言戰紛紜久,亂殺平人及雞狗。彩雲一點菩提心,操縱夷獠在纖手。肱医休探赤仄錢,操刀莫逼紅顏婦。始信傾城哲婦言,強於辯士儀秦口。後來虐婢如蝮虺,此日能言賽鸚鵡。較量功罪相折除,僥倖他年免纓首。將軍七十虬髯白,四十秋娘盛釵澤。普法戰罷又今年,枕席行師老無力。女閭中有女登徒,笑拊虎鬚親虎額。不隨槃瓠卧花單,那得馴狐集金闕。誰知九廟神靈怒,夜半瑤臺生紫霧。火馬飛馳過鳳樓,金蛇談韜燔雞樹。此時錦帳雙鴛鴦,皓軀驚起無襦袴。小家女記入抱時,夜度娘尋鑿壞處。撞破煙樓閃電膽,釜魚籠鳥求生路。一霎秦灰楚炬空,依然別館離宮住。朝雲暮雨秋復春,坐見珠槃和議成。一聞紅海班師詔,可有青樓惜別情。從此茫茫隔雲海,將軍頗有連波悔。君王神武不可欺,遙識軍中婦人在。有罪無功損國威,金符鐵券趣銷燼。太息聯邦虎將才，終爲舊院蛾眉累。下略。彩雲與瓦德西重拾墜歡，僭居鸞儀殿，故從鸞儀殿說起。是時聯軍駐京，德爲最橫，雖雞狗不得寧焉。留守諸公，瞠目結舌，莫敢誰何。彩雲惻然，切言於瓦，止其淫掠，又曰，琉璃廠，中國數千年文物所萃，幸弗燼。且瓦之婪索責償過苛者，彩雲必力爭，於是大局之斡旋，民生之利賴，不必諸公之袞袞，而繫彩雲之纖纖，不可謂非中國之奇恥極辱矣。曲極刻畫之能事，而微病纖佻。沈子培中丞師嘗謂先大夫曰，樊山不過梅村，子作則真長慶體，不可同日而語矣。

庚子之變，直隸提督聶士成死事獨烈，黃公度按察有《聶將軍歌》，詠其事甚詳。其辭云：聶將軍，名高天下聞，虬髯虎眉面色赭，河朔將帥無人不愛君。燕南忽報妖民起，白晝橫刀走都市。欲殺一龍二虎三百羊，案，《驢背集》敵軍攻奪大沽炮臺，太后聞警大懊，急散官帑犒士。拳民自陳不願受賞，願得一龍二虎頭，削平患難歸報先師。二虎指弈劻、李鴻章，一龍指今上也。是何鼠子乃敢爾？將軍令解大小圍，公然張拳出相抵。空拳冒刃口喃喃，炮聲一到駢頭死。忽來總督文，戒汝貪功勳。復傳親王令，責汝何暴橫。明晨太后詔，不許無理鬧。夕得相公書，問訊事何如？皆言此團忠義民，志滅蕃鬼扶清人。復言神拳斫不死，自天下降天之神。國人爭道天魔舞，將軍墨墨淚如雨。呼天欲訴天不聞，此身未知死誰手，又復死何所。大沽昨報炮臺失，詔令前軍作前敵，不聞他軍來，但見聶字軍旗入復出。雷聲吰吰起，起處無處覓。一炮空中來，敵人對案不能食。一炮足底轟，敵人繞床不得息。朝飛彈雨紅，暮卷槍雲黑。百馬橫衝刀雪色，周旋進退來夾擊。黃龍旗下有此軍，西人東人驚動色。敵軍方詫督戰誰，中使翻疑戰不力。此是衆團民，方與將軍讎。阿師黃馬褂，車前鳴八驄。大兄翠雀翎，衣冠如沐猴。亦有紅燈照，巾幗贏兜鍪。昨日拜賜金，滿車高甌窶。京中大官來，神前同叩頭。懿旨五六行，許我爲同仇。獎我興甲兵，勉我修戈矛。將軍顧輕我，將軍知此不？軍中流言各譁譟，作官不如作賊好。諸將竊語心膽寒，從賊容易從軍難。人人趨叩將軍轅，不願操兵願打拳。將軍氣湧偏傳檄，從此殺敵先殺賊。將軍日午罷戰歸，紅塵一騎乘風馳。跪稱將軍出戰時，闔門枭多傻羅兒。排牆擊案拖旌旗，嘈嘈雜雜紛指揮。將軍之母將軍妻，芒籠繩縛兼鞭笞。驅迫泥行如犬雞，此時生死未可知。恐遭毒手不可遲，將軍將軍宜急追。將軍追賊正馳電，道旁一軍橫路貫。齊聲大呼聶軍反，火光已射將軍面。將軍左足方中箭，將軍右臂幾化彈。是兵是賊紛莫辨，黃塵滾滾酣野戰。將軍麾軍方寸亂，將軍部曲已雲散。將軍仰天泣數行，衆狂仇我謂我狂。十年訓練求自強，連珠之炮後門槍。禿襟小袖氀氀裝，蕃身漢心庸何傷。執此誣我讒口張，通天之罪死難償。我何面目見我皇？外有虎豹內豺狼，警警犬吠牙强梁，一身衆敵何可當？今日除死無可望，非戰之罪乃天亡。天蒼蒼，野茫茫，八里台，作戰場。赤日行空飛沙黃，今日被髮歸大荒。左右攙扶出裹瘡，一彈掠肩血滂滂。一彈洞胸胸流腸，將軍危坐死不僵。白衣素冠黑襪襠，幾人泣送將軍喪，從此津城無人防。將軍母，年八十，白髮蕭騷何處泣？將軍妻，是封君，其存其沒家莫聞。麻衣草履色憔悴，路人道是將軍子。欲將馬革裹父屍，萬骨如山堆戰壘。案，提督安徽合肥人，由武童投效袁甲三部，積功至專閫。甲午之役，屢破賊軍，盛京得以無恙。和議成，奉命練新軍，因參用德意志兵制，召募精壯，日夜訓練之，躬與士卒同食飲臥起。當癸巳甲午之交，已知東北必將有事，特躬履其地，用西法繪圖立説，凡山川扼塞形勝，瞭如指掌。著有《東遊紀程》一書，閲時半載，跋涉數千里，喘息未紓，而東事果起，故能指揮若定。庚子變生，屢以少敵衆，羣強讋服。終以上下齟齬，發憤以殉。悲哉！羅惇曧《拳變餘聞》記其死綏前後事甚詳，與此詩一一吻合，云：甲午士成代葉志超爲直隸提督，率武衛軍駐蘆臺。庚子四月，拳匪燬保定鐵路，直隸總督裕祿命副將楊福同馳往鎮之，及易州爲匪戕死,朝廷方議用拳匪,不賜卹,匪焚黃村鐵路,聶軍一小隊馳至,突被拳匪迎擊,傷數十人。士成奉相機剿撫之命,軍至落垡,拳匪三千人方毀郎坊鐵軌,士成諭禁不止,猛撲聶軍,士成命擊之,匪多死,乃大恨士成。匪黨訴諸朝,朝旨嚴責士成,裕祿命士成軍回蘆臺,士成至津,遇拳匪於道,匪持刀奔馬首,士成避入督署。裕祿爲之緩頰,乃止。時拳匪在津及二萬人,遇武衛軍,輒縛而戮之。士成不敢與抗。端王載漪、剛毅等深恨士成,思乘間除之。榮祿慮聶軍激變,馳書慰之,謂貴軍服制頗類西人,遂致尋釁,團民志在報國,願稍假借。士成得書,慷慨復書曰:"拳匪害民,必貽誤國家,某爲直隸提督,境內有匪不能剿,如職任何,若以剿匪受大戮,必不敢辭。"聶軍守楊村,遇洋兵,屢戰互有殺傷,洋兵以饟絀兵單折回,裕督張拳匪功,賞拳匪鉅萬,聶軍不與,旋奉命攻天津租界,血戰十餘次,租界幾不能支。西人謂自與中國戰,無如聶軍悍者。拳匪恨士成甚,詆聶軍通夷,朝旨又嚴督之。士成憤甚,謂上不諒於朝廷,下見逼於拳匪,非一死無以自明,每戰必親陷陣。一日戰方酣,拳匪擁入其家,繫其母妻女以去。士成聞報,分軍追之。部下新練軍一營,多通拳匪,見聶軍追匪急,大呼聶軍反,齊開槍橫擊之。士成內外受敵,被數十槍,乃麾其軍還攻拳匪,自突戰於八里台,期死敵。麾下執轡挽之回,士成手刃之,將校知不可回,乃隨士成陷敵陣,士成中數彈裂腸死。麾下奪屍歸,拳匪將戮其尸,洋兵追及,拳匪逃,乃免。裕祿以死事上,朝議賜卹,載漪、剛毅力阻,乃下詔責其誤國喪身,實堪痛恨,姑念前功,准予卹典。士成死三日,而天津陷焉。可爲此詩注腳。某筆記又言提督落垡剿匪後,匪黨構於朝廷,降旨嚴斥。提督喟然曰:死吾分也,特患不得其名,且舉吾數年辛苦所成之精銳,誤供兇暴,投諸一爐,爲可惜耳,今國衅既開,天津首當其衝,以吾奉命鎮茲土,充吾力,詎足以拒八國聯軍乎?吾死必矣,特如斯以死,吾其終不瞑耳!則其死志早決,不逮家門之破也。其後直隸總督袁世凱奏陳勳績死事，力請褒揚，始賜謚忠節，子名汝魁，同殉八里台有營官宋占標。見《驢背集》。

番禺汪伯序孝廉兆鏞，亦書詩《哀聶忠節》云：矯詔藩房出，津沽萬騎紛。勤王徒衮衮，破敵且云云。戰壘秋蕪没，祆祠案，原作"媒詞"，當誤。夕照矄。如聞夷案，原作"彞"。虜語，詫惜聶將軍。尚有一詩云：莽莽東華路，天乎竟若何？人間遺玉椀，陌上泣銅駝。慷慨成仁急，艱難戀主多。那堪供麥飯，風雨渡滹沱。當時頗傳陵寢有被發者，故第三句云然，第五句，則哀王文愍公懿榮也。

廣西周霖叔推丞紹昌有《庚子都門紀事七律》一百首，於此役始末完具，無愧詩史。茲錄有關國恥者四首，以見一斑。其辭云：炮車百道下奔雷，滄海魚龍噩夢回。忽地甲兵環虎穴，連宵烽火照鸞臺。藁街徒召蠻夷釁，謀國空勞將相才。咄咄書空真怪事，一條軟繡陳雲開。又：神京翊衛壯天津，節鉞頻年簡重臣。萬帳雲屯堅壁壘，雙旌星冷鎖鉤陳。已成困獸猶思鬭，爭奈連雞未易馴。百雉雄城淪浩劫，干戈衞社更無人。又：天府神倉筦北門，盤雕落日下平原。三軍持憲廉頗老，八部聯盟頡利尊。熾火焚旗秋黯淡，壞雲壓壘晝黃昏。頻修矛戟忘同澤，孤負中朝買鬭恩。又：月黑重圍鼓角涼，排空赤雁掠青霜。從官飛檄無枚叔，別將衝鋒少定方。鵝鸛亂行臣罪重，龍蛇在陸國憂長。封疆已蹙惟須死，被髮依稀下大荒。

王文愍公懿榮庚子之役，奉命督內城守，出示引《周禮》殺人而義弗仇，如有釁者，邦國交讎之，爲義和團地也。聯軍入城，君與夫人及一媳投井死。宋芸子丞參有《感舊詩》弔之云：交讎邦國誤談經，師敗同謀合殉名。便是墮車聞鼓死，石城猶勝褚淵生。丞參尚有《庚子在西山望京華》一詩，辭特哀厲，惜未完稿。詩云：烽火望平蕪，流亡滿路衢。萬山雙髩白，四海一身孤。閭左興羣盜，宮鄰讖五胡。殿前鳴野雉，屋上起城烏。北海何時接，東門忽已蕪。雞聲啼越石，鵑淚感堯夫。豈料新亭泣，俄驚督亢圖。陸沈飛海水，參伐動星墟。鬼竟謀曹社，人誰入郢都。全燕三日舉，空莒一人無。此水傷鳴犢，何庭哭勃蘇。風塵方澒洞，階地尚泥塗。

聯軍入都，閭閻悚懼，瓦德西乃招紳士助理事，設警察巡邏等。軍政仍聯軍自掌之，紳士備顧問而已。或謂瓦以清國蒐羅人材在八股試帖，特於金臺書院考試，示期縣榜如昔，文題爲"不教民戰"，詩題"飛旆入秦州"。試日，人數溢額，詩尤多諛詞，瓦爲評判甲乙之，得獎者，咸忻忻有喜色，可爲無恥之尤者矣。

鄭太彝有《感憤詩》四首，於庚子之變，別具見解，頗涉詭激，然亦有獨至處。詩云：羣昏自稱豪，一奮碎神器。罪魁有三士，不在徐剛輩。榮光首拒戰，咋舌敵已怪。聶馬久枝梧，彼族嘯強對。朝中輕諸子，謂虜不足畏。何虞果挺至，很愎得狼狽。脫令津沽間，海城早爲帥。微聞金鼓震，萬衆已奔潰。牽羊必肉袒，所全詎百倍。京師安如山，完取十萬械。吾言匪詭誕，嚼血聊自快。又云：瘦狗無不噬，敝木無不摽。重黎卒死難，勁節殊皎皎。許子盜所憎，要領安得保。異哉立聯徐，駢首豈同道。袁許吾傷之，決去胡不蚤。何人與湔雪，未可恃蒼昊。又云：京師知必陷，所苦我主耳。黑衣縛袴褶，無異逃李子。當時設有人，奉上匿鄉里。逡巡稍南趨，北嚮下詔旨。遂興燕齊甲，自翦畿輔匪。諸蕃孰不從，秕政悉可理。徒手援天下，寧用折一矢。吁嗟失此會，秦晉入井底。又云：死或不蔽辜，論罪當以榜。秉衡等徐崇，纔可謂漏網。吾嘉宣化守，擊剛奮忠讜。奈何褒海城，此李反見枉。天步方艱難，是非在刑賞。可令天下士，西望徒怏怏。

滬上租界地，繁盛甲海內，然盜憎主人，由來已久。狄平子嘗放巴渝竹枝之謳，賦《滬瀆感事詩》六章，綜其故實，其言絕痛。其一云：路別仙凡逝不回，更誰花外一徘徊。銀河杳渺風帆渡，那許蕭郎入夢來。自注：上海黃浦灘旁有公園，嚴禁華人入內遊覽。

其二云：江干何處立斜暉，碧草清陰與夢違。燕子不知巡警例，隨風猶得自由飛。自注：黃浦灘岸邊小圃，本中國官地，且未經升科者，草圃中所設鐵椅，曩時中西人均可小憩，久之漸禁華人之短衣者，又久之，并禁長衣者，今則華人偶一涉足其地，輒遭巡捕之呵逐矣。其三云：同行遊侶盡如花，席帽鞭絲意氣誇。偷向綠陰殘照裏，銀驄飛駕嫩黃車。自注：租界馬車違例，輒罰鍰，妓女爲尤甚。比定新例，華人馬車，不得越過西人之前，西人馬車，則遲速可自由也。惟張園內馬路，外人之車轍頗稀，遊園士女，至此始得一試馳騁之樂。其四云：碧天露下悄無聲，銀電依微恰四更。惟惜空江好煙景，舊時明月照銅人。自注：英人巴夏禮銅象，矗立於黃浦灘江岸。其五云：淺草如茵拓地寬，蹴球競馬任般桓。香車過處爭迴首，應許紅妝側面看。自注：泥城橋外跑馬場，爲各國人競馬賽球之地，亦禁華人入內，惟經此場外者，尚容平視耳。其六云：危樓大有滄桑意，占斷斜陽脈脈紅。流水孤村何處是，右槐馳道辨西東。自注：租界外一帶田園村落，轉瞬間畫棟連雲，紅牆夾道，盡化爲西人住宅矣。近年以來，民氣勃興，五卅慘案以後，租界爲修好計，諸禁漸弛，然租界依然也，終爲吾國人之恥，是在吾國人之自爲而已。

卷　三

韓斗瞻將車殉於防俄禿尾山之役，義聲著中外，嘗見其軍中與妻妾手書，以詩句發抒其志氣，皆可誦，尤近今武人中所罕見。書云：連朝積雨悶人，精神至無聊賴，分兵布陳之餘，略看黃公三略呂望六韜，悶來則幾杯波蘭地，高歌一曲滿江紅。寶劍當為名將佩，紅粉應贈美人塗。余此次出征塞上，陳兵於呼倫貝爾大戰場，在此海天空闊之曠野，準備與黃髮虬髯客廝殺，其亦"寶劍當為名將佩"之意乎？未酬馬上功名願，已是人間老大身。余三十無奇功，愧為男兒身手。前此草草虛聲，皆屬亂世功名。今茲露布邊疆，上馬殺賊，天其假我以緣，使丈夫得遂功名志乎？不向風蘆磨劍戟，亦當情海鬥嬋娟。情海對嬋娟邪，吾不願學怡紅公子，風蘆破劍戟乎，吾願作拿破崙也。曾為國難披金甲，不為家貧賣寶刀。蓋自碧眼東來，黃倭西上，神州陸沈，國幾不國。束我條約，奪我關稅權，建築鐵路，強築港灣，佔我土地，殺我人民。此仇此恨，寧能戴天？丈夫以身許國，誓欲殲此一羣惡獠。游軍諱光第，先世務農，居金州，清中葉遷於吉林雙城縣四鑲黃旂頭屯，殉國時年僅三十有三。

今年秋，倭寇猖狂，肆毒我遼東數千里之地。山河變色，城郭為虛。國中養兵數百萬，惟以自煎，不聞加遺一矢，實亙古未有之奇辱也。陳蘿邨先生有《國恥詩》痛之曰：廿年秋九月，十九日黎明。日兵肆強暴，奪我奉天城。吉林相繼陷，禍將至北平。更易我官吏,殺戮我民萌。噩耗東北來,國人相嗟驚。始從夢中醒,同胞呼弟兄。豆箕爾何仇,急急相煎烹。國仇棄不顧,黨怨何分明。呼者聲已嘶,聞者誰能聽。徒令徒手士,紙上譚戈兵。宣而不能戰,標語書紅青。豈知狡獪敵,不宣兵臨城。併吞我三省,猶云局部行。吾聞三省官,養兵多且精。號稱數百萬,東北任橫行。一舉勝曹吳,再舉敗幽并。三舉滅叛石,奏凱騰歡聲。中國之驕子,華北之長城。如何敵國來,頃刻被黎庭。如摧枯拉朽,如割鮮烹牲。打狗入窮卷,拚死相搪掌。如何狗不知,退走不計程。桓桓中央軍,征伐如神明。一舉李白覆,再舉馮唐傾。三舉討赤匪,因之又南征。中央豈樂戰,要在保威名。將軍氣蓋世,百粵何足平。一心誅叛逆,誓不戴天生。聲威之所播,閃赫如雷霆。奈何敵國來,曾不迎一兵。城陷三四日,不聞赫怒聲。威信今何在,諾諾徒盈廷。追維平日事,徒欲飾太平。諱疾而忌醫,禍乃至斯呈。國亡嗟已久,豈待今始明。莫大於心死,言之涕縱橫。國家養戰士,將已廿年經。年耗萬萬金,到處皆旍旌。何怯於公戰,而勇於私爭。連年苦內戰,殺戮無時停。借債購外械,志氣各驕矜。軍分海陸空,三方相繫轟。川谷流人血,城郭爲丘陵。今稱戰未已,國亡更何營。吾恐數日後,終爲城下盟。不然日俄戰,牽動世界兵。死將無葬所,何敢望偷生。吾願舉國人,大夢同時醒。更願干城士,禍福細權衡。國亡同爲奴,富貴非汝榮。早早棄嫌怨,爲國謀中興。復願青年士,意氣莫浮輕。潛心求學術,罷課徒犧牲。讀書破萬卷,爲國致昇平。往事昨日死,來者今日生。十年事生聚,十年教訓明。萬學皆精進,士農工商兵。各各盡天職,盡如弟與兄。庶幾雪國恥,竹帛書勳名。詩成九頓首,請鑑區區誠。又吳興王文濡均卿有十五絕句云:神州大好付風飄,醞釀由來莫復朝。人禍天災稠疊至,突聞大盜盜遼東。功成革命策矜傲,國內稱戈戰不休。禍到臨頭纔覺悟,三湘解甲望同仇。爭權爭利見差同,文士逶迤武士雄。二十年來容易過，筋疲力盡鬩牆中。自由言論易招疑，諤諤曾無一士奇。文學儘多侍從彥，祇知歌頌不知規。強權之下無公理，弱國安能善外交。莫怪琊邪多粉飾，祇將退讓對咆哮。萬寶峰前氣焰凶，因循一味作癡聾。儻來二豎邀天幸，河上逍遙避敵鋒。炮成迫擊器精良，收拾倭囊一擔裝。借大兵工雄廠設，為他人作嫁衣裳。白山黑水無完土，警報傳來刃發硎。城下之盟求不得，諸君空自淚新亭。道旁築舍議盈廷，聯美聯俄夢未醒。寄語皇華諸使者，誰為七日泣秦庭。揭竿湘贛既難消，剿殺傷仁盡撫招。大義宜昭身作則，化梟為鳳遏天驕。力竭聲嘶仰國聯，小朝廷冀得安全。漫云抵抗真無力，鎮靜難違將令宣。除將忍耐無他法，禮讓為先國有經。最後五分鐘勝算，我民敬在下風聽。公債年來發許多，公私濫用不知佗。基金救國茲為急，名目宜標敵暴倭。學生愛國力爭先，軍事研求亟著鞭。如此江山誰斷送，轉旋大烈望青年。感事詩成獨自吟，恩仇何處覓知音。老夫亦有興亡責，小雅哀詞救國心。皆以通俗語出之，可使老嫗都解。遼事未起，邊帥某以病留故都，故得免。或曰先期詗知之，託而云然也。"儻來二豎"兩語，誠微而風矣。自遼吉陷後，各地豪傑蜂起殺賊，小白龍、老北風尤著。初不受國家一槍一彈，義聲所佈，從者五六萬眾。"化梟為鳳"，真吉祥語也。吾友錢莙隱有《哀瀋陽》一首，紀遼變尤詳。詩云：瀋陽城中十萬兵，城南城北皆峙營。夜半賊來兵盡走，四天如墨無戰聲。平明作隊搜大戶，穿門為狼入為虎。母從兒走妻求夫，我軍已遠空號呼。萬家膏血污泥塗，爛焦不顧池中魚。天祿之藏四庫書，一一盜載歸蓬壺。兵工雄廠亦賊有，經營十載嗟何如。吾聞東師號勁旅，奈何一朝虎變鼠。將材不生壯士悲，家山入破淚如雨。莫唱邊城白雁奢，大帥河上方消搖。

方遼事之殷，邊帥某，猶流連歌衫舞扇間。左右曰，事急矣，可奈何。則曰，姑置之，一曲未終也。馬君武博士有二絕刺之云：趙四風流朱五狂,翩翩蝴蝶最當行。溫柔鄉是英雄塚,那管東師入瀋陽。告急軍書夜半來,開場絃管又相催。瀋陽已陷休回顧,更抱阿嬌舞幾回。皆紀實也,惜規模唐人,嫌於太似。茗隱亦有詩云:霜角聲中塞月寒,羅衾一晌祇貪歡。梅魂蝶影支離甚,無限江山作夢看。旋聞其閒豫打球,又有詩云:漁陽鞞鼓動天來,東北長城幾將才。正是鳳城秋月夜,玉人攜手打球回。所謂"梅魂蝶影",及君武所謂"蝴蝶當行"者,皆隱約變眩之辭,其素所狎者也。王什公《詠秋草》有云:公子風流迷蝶影,家山破碎黯狼煙。尤能化入煙雲。又金松岑《秋感八首》之一云:金台兀兀醉觥秋,一夕家山付鑿舟。幸免胭脂污辱井,不勞楊柳賦迷樓。聞歌對舞翩翩蝶,語戰驚螫轂觫牛。記否而翁悲壯語,三垂岡下涕橫流。又有曰龍山者,倚《浣谿沙》云:烽火傳來國已傾,莫輕回首賞新聲,梅郎歌舞正三更。城郭不歸遼鶴夢,將軍徒啜樂羊羹,更誰繫虜請長纓。則直寫之矣。茗隱尚有《書憤》一首尤激奮,云:烽火遼陽已十旬,微聞廷議尚逡巡。鈞天樂奏渾如夢,戰地花開不是春。伏闕有人空涕淚,渡河無日更酸辛。那堪重問神州事,滄海橫流到此身。

茗隱後又有《胡蝶曲》,亦詠所謂翩翩蝴蝶者,擬梅村體,極哀感頑艷之致。茗隱頗自得,欲余作序如陳鴻之於《長恨歌》,卒卒未果。其辭曰:羅浮影幻宮妝立,片片春雲作裙葉。化出人天絕代姝,前身合是仙山蝶。仙蝶飛來南海家,珊珊鎖骨擅容華。明珠擎出爭相看,白璧生成未有瑕。豆蔻梢頭剛十六,年年攬鏡春江綠。謝逸詩篇擬未工,滕王畫本摹難足。郎罷當字北度關,一官鹽鐵又南還。極天風浪收帆早,攜文姬向海山。海山遍吸人間電,玉奴一到開生面。幻魄初傳謝氏情,斷腸替寫英臺怨。籠眼琉璃一笑溫,娟娟過幔影留痕。奪來天上三分月,消得江南十萬魂。小姑居處原芳潔,無奈懷春情內熱。宋玉牆東倩影來,因風吹上梅邊雪。花為郎貌雪為懷,有約雙飛好事諧。鴛帶從教親手結,繡簾長為畫眉開。南園草綠春如海，片石三生盟誓在。鳳子呼名最有情，韓憑抵死期無悔。好夢如雲不自由，是鄉那得老溫柔。歡場橫被錢神誤，孽海曾難宿願酬。翻雲覆雨高堂惡，鑄就黃金成大錯。紈扇何曾便棄捐，粉衣早識多輕薄。剪斷連環更換新，公庭對簿翠眉顰。溝頭蹀躞東西水，從此蕭郎是路人。春駒却向燕臺住，一曲霓裳人盡顧。太息燕脂北地顏，為他金粉南朝誤。虎帳牙旗督八州，十三年少富平侯。才驚相見還相許，彼是無愁此莫愁。鳳城正值中秋夜，羅襪香塵生舞榭。玉笛梅花並較量，瓊枝璧月雙無價。酒闌人倦畫樓陰，擁髻燈前意不禁。繡被焚香魂欲醉，良宵何止值千金。此際有人鼾榻側，徙遼燕喜仍羈國。絕塞謠驚白雁來，翟泉讖兆蒼鵝出。金缸銜璧可憐宵，猶道將軍抱舞腰。十二瓊樓春栩栩，何心河上賦消搖。軍書火急來行館，倒趣轢尖渾不管。祇覺營騰綺夢酣，那知東北胡塵滿。紛紛修竹上彈章，誰放周師入晉陽。畢竟傾城更傾國，還須分謗到紅妝。紅妝有恨憑誰訴，手疊空箱江海去。此局全看玉襪輸，有金還買花鈴護。依然畫裏見真真，百億蓮花盡化身。一世羣芳輪玉貌，諸天尊號擬金輪。纖兒撞壞家居好，嬋娟情重江山小。兵柄多年解玉符，仙槎萬里通蓬島。青天碧海照雙心，此日難為邂逅吟。萬一微波通繾綣，可能舊夢試追尋。英雄兒女情何限，今昔秋雲分聚散。剛把桃根渡口迎，又聞駿足瑤池返。菊部聲名動石城，秦臺傳粉一含情。忽驚金彈拋林外，毋復瓊花唱後庭。<small>演劇首都，或警以彈。</small>美人身世飄零久，萬事榮枯一回首。此日桓公老漢南，不堪重撫江潭柳。一場恩怨訴琵琶，豔曲爭翻姊妹花。聞說棲梧諧鳳侶，還看擲果傍羊車墮。溷花殘何起算，念家山破星霜換。為惜名娃誤沼吳，莫教禍水終亡漢。小却紅桑入歎嗟，遊仙枕上說南華。還傾銅狄千行淚，來寫金莖一朵花。錢名山主事見之曰：何不放《樂府》，余曰此等題，長慶體最擅勝場，梅村更益以綺麗，諧以鏗鏘，尤能動人，若《樂府》則畫虎不成反類狗。苕隱亦避難就易之意歟。

遼東二十萬大軍不戰自退，棘門兒戲，騰笑中外。李中將有《讀史》一律云：棘門兒戲是誰辜，垓下天亡語亦粗。山木何曾知自寇，壑舟坐見負之趨。漸成墟土憂鯢鮒，焉用春秋託蟪蛄。別有長城從不識，書生多事策防胡。談言微中，置之宋人集中，可亂楮葉。近見報載有滌齋者，《辛未中秋書憶》四律，其三、四言之尤痛。其三云：楚雖三戶尚亡秦，況擁神州百萬兵。瓦不能全寧玉碎，粲唯敢死勝淵生。債臺千級人無血，戰骨連年鬼有聲。大盜入門渾不管，諸君何以慰輿情。其四云：皇姑屯畔血初涼，自注：張雨亭被炸於此。慘劇如今更可傷。誰是主人當北道，竟無名將似南搪。金針度處膚生粟，舞女酣時夜未央。多少蒼生方託命，祇聞傳檄撤邊防。其一、二兩首亦可誦，錄於後。其一云：遼瀋風雲慘不收，革號聲裏過中秋。自注：日以暴力佔我東省，本日開市民大會。遙天還是團圞月，大地真成破碎裘。容有英雄騰草澤，漫勞壇坫眄葵丘。長城自壞嗟無及，此錯何人鑄九州。其二云：廿一條成事可傷，連濱屋夜整歸裝。自注：民二，余以國民黨籍備員國會，贛寧事敗，亡命大連。越二年，廿一條之議成，日人籌備慶祝，余亟夜附輪反滬，不忍睹也。頻年每痛箕煎豆，此局終成雀捕螳。天意詎應沈大陸，國人誰復禮中殤。自注：五四之役，吾仲子鬻被逮，久乃得釋，而叔子藩則以童子軍隊長任露天演講數日，中暑遘疾卒。蓬案，吾季弟季闓蘊常亦以五四之役盡瘁，國事暴卒，瀕死猶呼殺賊者。四讀此，為之溢淚滿襟，記此志痛。履霜已到堅冰日，漫向鴒原更鬩牆。

今歲中秋月食，適在倭禍後之八日，陳叔伊學部、陳蘿邨先生及苕隱皆有詩寄痛。學部詩云：一輪纔滿海天東，見說清光處處同。宮殿廣寒原似水，樓臺蜃氣忽漫空。桂花自斫吳剛斧，若木誰彎后羿弓。慚愧屠龍無好手，中庭涕下等盧仝。陳先生詩云：卅年卅度中秋節，此度中秋恨獨多。深夜何人侵月闕，諸仙無計護嫦娥。平時貪享鈞天樂，今日其如亡國何。天上人間同一哭，憑誰收拾舊山河。苕隱詩云：驚看玉宇變蒼黃，歎息人天劫正忙。故國樓臺皆蜃氣，諸仙歌舞自霓裳。亦知蘑境終難復，縱有重光已可傷。獨立中庭空溢涕，欲乘銀漢問吳剛。陳先生與苕隱尤能談言微中，如張璪畫松，雙筦齊下。陳先生於國慶日亦有詩云：如何國慶日，偏似國亡時。胡騎長驅入，藩籬次弟非。書生空痛哭，國計總迷離。寄語窮兵者，如今悔未遲。結句發人深省，類出於此。

倭賊橫行全遼，未嘗死一人，攻長春，遭吉軍猛擊，就殲者百八十，攻二道溝及吉垣，殲近五百，賊始漸懼。聞長春吉軍三連與賊血搏一晝夜，及彈盡，大呼中華民國萬歲，自殺，無一降者，最爲壯烈。此美利堅公使署言之，惜不能知其主者。予謂苕隱不可無詩，苕隱乃作《哀長春》一首云：賊軍所向如偃草，長春以南無完堡。降賊苦多殺賊少，危城獨以孤軍當。二百廿人無一降，城存與存亡與亡。萬騎壓城城欲動，城上健兒氣山湧。浴血應戰無旋踵，一夫奮臂百夫從。上馬斫陳如飛龍，同拼一死爲鬼雄。見賊便刺刀鋒利，左盤右辟恣我意。賊兵來者俱伏地，千聲萬聲呼殺倭。倭殺不盡來益多，我力盡矣將奈何。苦戰終日命同畢，血刃在胡眥猶裂，是豈我心乃我節。

東省既爲賊陷，而義士所在蜂起，號義勇軍，往往使強寇疲於奔命。鄭質庵□□有詩張之云：一夜倉皇來鐵騎，倭塵狂捲遼東地。將軍借箸豈無謀，壯士枕戈齊下淚。翩翩京兆擅英名，都府堂皇鎮北平。悄掠燈前蝴蝶影，驚聞塞外鼓鼙聲。三軍盡掩雲中旆，小忍須臾亦何害。試足難容即墨城，執言猶仗葵邱會。空傳海外魯連忙，無奈強寇是虎狼。誰楚已將眞面隱，復韓尤見禍心藏。中樞誰是回天手，怨李恩牛相掣肘。正苦人間馬有肝，忽驚海內龍無首。羽書片片請纓來，紙上空譚劫後灰。入寇俄聞榆塞逼，出師未見棘門開。異軍突起將軍馬，指天誓日龍江下。熱血橫翻上國旗，義聲直震昆陽瓦。從來草莽出英雄，飛將爭誇小白龍。破虜好乘強弩勢,同仇却趁錦帆風。天下興亡匹夫責,不負此生須殺賊。鴨子河邊骨似冰,魚麟陳上雲如墨。慷慨登陴迴不羣,紛紛拔戟各成軍。誓師共見風雷動,殉國拚將玉石焚。女兒亦赴戎機速,百尺高樓溯名族。不數當年花木蘭,請看今日秦良玉。氣壯江陰典史閣,冰天雪地鼓三嚴。生悲故國心何苦,死到沙場肉不甜。黃沙紫塞風雲變,視死如歸身百戰。義憤同擄易水歌,大勳待定天山箭。橫空何懼鐵鳶飛,衆志成城總不離。殺敵最宜風雪勁,出奇曾借稻粱肥。守在四方真猛士,成仁取義應如此。却疑逐鹿鬬連年,不爲屠鯨加一矢。畢竟籌邊尚有樓,憑誰破釜更沈舟。肯將遼瀋三千里,看作燕雲十六州。角聲變徵家山破,抵死不呼臣朔餓。被髮惟將大義明,揭竿總把兇鋒挫。莫道危機繫一絲,岳家軍起未嫌遲。行看白雁狂飛處,會有黃龍痛飲時。城亡甘入潭州井,死作鬼雄猶制挺。鼓瑟寧爲北鄙聲,銘勳重製南塘餅。以心許國自忘身,揭地掀天泣鬼神。亘古男兒是南八,飛芻輓粟又何人。小白龍佚其姓名,本綠林,東省所謂馬賊,蕭艾爲蘭,義聲著白山黑水間。尚有老北風,亦白龍流亞。此外尚有陳姓女,能雙手發彈,拔戟成一隊,出沒於冰天雪地,屢創倭寇,故詩有"百尺高樓溯名族"云云。

　　黑龍江馬秀芳旅長占山,以孤軍抗賊婁著奇功,國人至寫貌拜之。嫩江橋之役,尤足使倭賊喪膽。茗隱有長歌記之云:關東作賊皆豪傑,將軍馬上技尤絕。白骨成山捲甲回,一馬如龍萬馬嘻。幡然虎變作干城,十年坐歊煙塵清。豈獨神威振殊俗,兒啼不敢聞姓名。一朝遼陽動聲鼓,蝦夷跨海來縱橫。玄菟城頭角聲死,貔貅十萬餘空營。鐵騎橫馳一千里,投鞭欲斷嫩江水。將軍奮臂列裳起,男兒報國此時矣。八千子弟從如雲,帳下謹呼各效死。巨刃在手摩天揚,會看驅賊如驅羊。九月癸亥賊大舉,飛船殷天彈如雨。將軍令出威如山,萬馬無聲齊出堵。黃雲下蕩旅角開,將軍一騎突陳來。赤熛射破鯨魚浪,將軍逐賊江橋上。回頭躍馬十丈高,十盪十決翻賊巢。是好男兒死此土，敢有後者腥我刀。我氣益振賊益蹙，再接再厲無一撓。天搖地岌龍蛇走，不見賊前見賊後。四野惟聞辟歷聲，紛紛碎落貪狼首。將軍人馬皆天龍，入陳馬黑出陳紅。北戍山河獨掌拄，邊功第一嗟誰同。吁嗟乎！一從胡騎牧遼野，七十餘城望風下。江橋賊膽一捷摧，相戒莫攖龍江馬。關河北望淚眼枯，失羣哀雁雲中呼。爲語將軍志莫渝，一心殺賊當如初。成功待繪淩煙圖，我筆猶能一歌再歌爲爾書。將軍名占山，遼寧懷德縣人也。曾留學海外，爲忌者所扼，聚徒於黑虎山，官軍畏之如虎。後吳俊陞圍攻之，喪其徒黨殆盡，猶能於炮火中奪馬逸出，鉤足馬背，蔽身於下，發雙槍。馬斃，飛躍他馬，亦如之。後投隸吳部，未嘗自諱。首數句，紀實也。將軍守江橋凡十餘日，終以彈盡援絕，退守克山。苕隱又有《哀龍江詩》云：蝦夷已破昂昂溪，鐃歌一路趨如飛。黑雲過江大於馬，半日已薄龍江下。龍江將軍勇絕倫，賊軍畏之若天神。連日鏖戰幾大捷，力盡援絕終潰奔。孤城無險不可據，吏民盡勸將軍去。民愛將軍如父兄，忍擲全城作孤注。將軍去矣賊入城，馬上但聞呼號聲。嗚呼將軍此退非得已，明春及早收賊壘。梁彥公孝廉亦有詩云：殺敵聲嘶力已闌，山河破碎忍回看。纖兒撞壞家居好，獨木搘掌大廈難。壯士噴空惟熱血，丈夫報國仗忠肝。諸公袖手蒼生誤，千古傷心在苟安。陳蘿邨先生亦有詩云：幾日孤城困鬥中，可憐朝議尚從容。韓亡不見張良奮，城陷空傷許遠忠。欲競生存憑氣節，敢將成敗論英雄。漢家若有中興日，麟閣應書第一功。又有《贈將軍》三絕。其一云：滿目河山盡淚痕，馮公招得國魂存。中華今日奇男子，不是張良是馬援。其二云：貔貅坐擁各如雲，誰似將軍却倭氛。四萬萬人齊拍手，馬將軍不愧將軍。所謂張良，皆指某邊帥也。其他作者尚多。陳翠娜女士《邊軍》四絕，綽有雅韵。詩云：邊軍戰甲半成灰，破釜沈舟萬古哀。今夜漢家營裏月，不應還照李陵臺。易水簫簫誓不還，中原一望幾汛瀾。分明不是邯鄲道，按甲都從壁上觀。何人慷慨乞長纓，欲向龍沙絕塞行。三十萬人同日死，勝他扶淚泣新亭。絕塞孤軍奈爾何，矢窮援絕一悲歌。雲臺列將皆塵土，第一英雄馬伏波。結與柱尊先生不謀而合。"乞纓"云云，蓋謂粵東某將軍，馬軍初捷，將軍疊電請行，不報，將軍亦終不行。將軍讀之，其亦有憾於中乎？其後效之者多，終不出一卒，遺一矢。近見黃某有詩，題曰《讀史》云：滄海橫流到此身，遺山句。新亭無地着沾巾。徙遼燕喜翻羈國，行塞公孫豈有人。事急調停思小范，勢成枯朽喻孤秦。藍田不見師東出，屈突摩頭語未倫。自注：屈突通自摩其頭曰，終當為國家受一刀，今日能言斯語者衆矣。案，史稱通從秦王平薛仁杲，賊珍山積，諸將爭得之，通獨無所取。世安有好貨貪得，而能為通之言乎？

　　江橋之役，人皆知馬將軍，而不知苑將軍崇穀實功最。苑將軍字敏則，崇穀其名也，吉林賓縣人。舊隸東北炮兵司令鄒作華部下，歷任營團旅長。十七年，任屯墾軍統帶。東北變起，以東北暫編步兵第一旅旅長，受馬將軍節制。江橋之役，任前鋒，率所部炮兵強渡河。炮彈不能經水，戴頭而濟，河水劃骨，體無完膚。血戰十餘日，終以無援退。聞者感泣。苕隱有《苑將軍歌》詠之曰：君不見，危峰積雪白入天，千古萬古無人煙。下有不測蛟龍淵，鐵甲如山硏冰走。將軍此去逐天狗，健兒奮臂相先後。中流人影無尺高，頭如落葉冰如刀。鐵彈壓頂色不撓，十生九死渡此水。登峰相看幾完體，將軍一呼蹷仍起。明朝殺賊江橋來，萬炮如雷轟天開。紛紛虜騎顛塵埃，捷報傳來震朝野。論功獨說龍江馬，將軍之功豈在下。忠肝義膽皆絕倫，能令鼠輩驚天神。始知東北非無人，將軍更是人中傑。佇看功成播英烈，百鍊干將鑄我筆。

　　遼事之起，陳庸庵尚書丈有《書憤》四律示余。悲壯淋漓，番番老成之論，亟錄之云：早晚星關雪涕收，西風木落又驚秋。馮驩柱白彈長鋏，白傅安能覆大裘。邦國惟齊曾變魯，塵埃有跖豈同邱。

聊城一箭還堪取，更向三刀夢益州。其一。浩劫遼東豕亦傷，強鄰入寇盡戎裝。未聞破陣皮留豹，只見當車臂似螳。汗馬勳名思郭李，沙蟲劫數歎彭殤。鄉鄰誰仗纓冠義，袖手旁觀作堵牆。其二。於今又見虎狼秦，蠶食鯨吞肯罷兵。萬象紛紜驚烈日，八方擾攘苦蒼生。月明破碎山河影，風動悲涼鼓角聲。壇坫雍容成底事，空談紙上愧深情。其三。秋色榆關九月凉，迷茫烽燧劇心傷。幾人能作擎天柱，今日原無捍海塘。異域別開雲外路，神州半在水中央。平章軍國非常事，身患何曾有豫防。其四。

遼事既起，施植之星使於海外盟會折衝尊俎，排萬難以赴之，婁使倭賊震竦，駭汗失次。我國能稍伸正義於天下以此，其功何在馬將軍下。國人徒知援馬，於星使則不聞有錙銖之助，或更吠毛索瘢，天下寧復有公論邪？魏文希君有《書憤》四律。其二云：鎖鑰憑誰繫北門，防秋多口怨王孫。國當屢弱無全策，劍負橫磨有罪言。都向河山魂共斷，漫誇壇坫舌猶存。英雄原不關成敗，玉碎真非瓦比論。末三語，真探我喉舌而出之。其他三首亦佳。其一云：劫棋感憤欲推枰，回首三邊拔幟驚。松杏山空無戰骨，幽燕風緊帶秋聲。軍中尚有捐生志，城下難為頻首盟。祗怕相煎萁豆急，後先恩怨不分明。其三云：揖攘談兵竟若何，當機失斷悔蹉跎。難尋隴右劉都護，愁殺壺頭馬伏波。未必掌天憑一木，可憐待救困三河。唐封勃利空佳話，悵望窮邊涕淚多。其四云：秋風蕭瑟捲邊城，關外河山失陷頻。自是長城無道濟，居然薦食有豐臣。國人憤慨將驅市，虜馬縱橫已問津。著盡愁顏何日破，閒吟出塞雜酸辛。時虜馬已壓津門，國人有義勇軍之集合，北上殺賊，故五六云然。

海上歌者高鳳卿以色藝傾一時，一倭奴酒後脅以利刃，欲肆強暴。高戟手罾之，倭奴怒斷其指，邏者縶之去，得免，今粥歌秦淮。覃孝方君《近感時難》詠之云：南朝粉膩已成塵，扇底桃花慘不春。竟有歌兒能濺血，可憐百萬荷戈人。於戲！我欲繡之鑄之，使百萬荷戈人頂禮膜拜以自懺。孝方同時尚有三絕云：故人秋草沒山阿，後死淒涼讀短歌。欲哭臺南更無淚，今年蹙地到遼河。歷社荒荒事可哀，三千死士繞軒臺。秋風鬼唱明湖水，誰逐青燐浴血來。抉目膠東老淚枯，鈞天一醉太模糊。十年廢紙依然在，猶記書空射九烏。故人謂臺灣邱倉海也，詳上。孝方與唱和最多。民國十年孝方長魯教育有聲，以魯案與遼省舊案相關，力爭不得，拂袖去，其辭文傳誦一時。中有云：高秋黯淡，逐一鶚以孤征。殘夜蒼涼，射九烏而不落。故有"十年廢紙"云云。"歷社"一首，則謂丁卯倭賊濟南之役。

廖仲愷夫人何香凝女士，巾幗奇才，佐仲愷君盡瘁國事，工繪能詩。年來遯迹海外，今秋聞遼瀋變起，倉皇歸國謀挽救。舟過安南聞彈曲聲，有六絕句云：怕聽歌彈國破音，幾因腸斷復行吟。興邦有道文皇德，泣罪停車夏禹仁。喪盡同盟真義士，憑誰博愛慰蒼生。匹夫有負興亡責，泉下人應淚滿襟。怕聽歌彈國破音，徘徊道路倍傷神。犧牲權利何輕重，失去河山那處尋。蕭蕭葉落雁南飛，萬里飄零故國歸。八載中原前後事，教人回憶淚沾衣。三年面壁象維摩，曲直無明奈若何。壞土未乾言在耳，強鄰不悔自操戈。巴黎飄泊已三年，夢憶遼寧肺腑煎。如此江山遭破碎，倭奴凌辱竟無言。四、六兩首皆尚可誦，餘亦以人存之。繪事工緻，喜貌師虎，點染河山，尤有奇氣。近盡粥所寫畫，供抗倭救傷之用。見一山水橫幅，有吳江柳亞子題詩云：丘壑無雙腕底春，感時恨別總傷神。不須便向桃源去，料理江山要有人。夫人之歸，其亦深有感於此詩者乎？

遼事之起，庠序諸生尤激奮，冒寒入京請願，皆欲執干戈以死狂寇，於當局頗多指斥。馬軍嫩江之役，潛行從軍者尤多。夫禦侮，為國者之事也，為國者不謀，而至學子為之謀，為國者之大恥也。于右任君有詩云：忍見汪踦作國殤，彌天風雪雁南翔。扶筇哭上陵園路,塞草黃時鬢亦蒼。誠哀而風矣。于君爲我十一舅氏兼巢老人之門人,蚤擅文譽,尤工詩,從政後傳播漸少矣。初諸生入京時,頗傳有陳歐之事,街談巷說,藉藉於"血衣疊疊"一語。某君作《哀青年》一詩云：寒風瀟瀟風烈烈,萬人熱血噴胸臆。青年忠勇竟捐軀,不死邊城死京國。結隊請願入都門,雨雪紛紛徹夜立。執政諸公拒不見,桓桓虎士臨大敵。刺刀鋒利一齊舉,徒手青年皆辟易。痛語傳來驚且疑,血衣疊疊都殷色。落水死猶獲一棺,凶鋒摧陷尸難覓。斯世未應有斯事,驚疑莫定誰能測。強寇蝟集悲東北,鼾睡容他卧榻側。憂心如焚到青年,何人奮戈去殺賊。除却英雄馬將軍,餘皆銷聲而匿跡。學子請願云出位,軍人退避先失職。吁嗟乎！青年不怕死沙場,裹尸乃不獲馬革。血衣疊疊是邪非,吾聞如是疑難釋。魂兮縹緲不可招,信有之乎冤誰白。詩雖未佳,以事關史實存之。

今年一月二日,倭賊陷錦縣,州將不戰而退。錦縣陷,我東北藩籬盡撤矣。苕隱有詩哀之云：奔車一夜轔轔聲,我軍盡向關中行。錦城高高天尺五,有城不守奈何許。黃昏胡笳城上吹,賊不血刃皆登陴。截城鬨殺者爲誰,遼西義民邊城兒。奮臂直入不畏死,矢與名城共終始。創痕入骨蹶復起,畢命猶然切其齒。明日蝦夷屠四門,傳聞戮及雞與豚。吁嗟乎！我民殺賊非不力,爭奈三軍先避賊。北門鎖鑰今天開,賊軍飲馬長城來。我軍聞警急退,初不與抗,唯義勇軍黃顯聲、熊飛等羣起殺賊,旅進旅退,卒以無救敗,故詩中云然。

民國四年,倭賊乘歐洲戰爭無暇東顧之除,脅我以"二十一條",總統袁世凱日夜彷徨,乞援於英吉利使臣朱爾典,朱爾典曰：今實無力,願中國此後發憤圖強,十年後可以雪恥。今逾期又數年矣,上下之泄沓如故,所發憤者,衹紙上之打倒耳。悲夫！曹纕蘅主事沽上雜詩有云：北望龍沙黯戰塵,如山白骨自嶙峋。廿年紙上平戎策，更有何人念徙薪。誠慨乎言之矣。

一月八日，韓人李奉昌狙擊倭王於虜廷，未中，被執，天下哀之，可與安重根比烈矣。苕隱有詩云：北望河山黯戰塵，彌天孤憤說椎秦。劇憐對泣新亭日，不及扶餘尚有人。奉昌韓國京城人，生於龍山，_{京城府}。年三十二歲，卒業於韓京文昌學校。父鎮求，有一兄二弟。歷服龍山鐵道局大阪瓦斯工場東京倭肆諸務。自幼即懷謀復之志，其後家財爲倭豪奪去，益憤，志益堅。前年曾來滬，與韓獨立黨魁往還。爲人精悍有謀略，好酒而不亂，謀未發，易倭名曰木下省藏，又曰淺山，乘倭王閱兵歸，狙於櫻田町之櫻花門，發彈中其副車，倭王爲震慄，幾隋。予他日當爲文張之，以愧我輩，兼以勵國人及韓人也，先發其端於此。

倭賊既得志於我西北，更欲伸其暴力於東南，以遂其予取予求之大欲，突於民國二十一年一月二十八日夜半，襲我上海閘北吳淞等地，傲於列國曰，可於三小時中了之。時我十九路軍實駐其間，聞變，自總指揮蔣光鼐、軍長蔡廷鍇兩將軍以次皆悲憤，不欲生，痛擊之。當局懼禍，尚商他調，不應，前仆後起，軍威大振。一月間，凡三覆其主力軍，列國動色相詫，一洗百餘年來怔怯羸困之積恥，賊人往往望風潰敗。其後傾其全國之師，以圖一當，我軍終以失援，全師而退。國人聞耗，至慟哭失聲，天下惜之。予擬作長歌數百韻張此義師，並以愧當路者。未伸紙，而苕隱適以《國軍撤淞防感書》百韻見示，喜其先獲吾心，亟錄之，爲義師生色。詩云：辛未秋八月，妖星纏角芒。蝦夷一夕至，唾手舉遼陽。東師不戰遁，賊勢遂披猖。我時被奇災，恤難且未遑。淮泗接江漢，千里通汪洋。啼霄萬鴻雁，哀哀覓稻粱。鬩牆鬥未息，南北猶參商。楚天鬱兵氣，野哭多瘠瘡。如人伐元氣，百病森一床。賊來抵其隙，旅何不立戕。鈞天幾高會，黨論仍蜩螗。擊賊但以口，紙上兵空忙。烽火匝五月，淞變起倉皇。樓船跨海來，窺我奧與堂。國是乃再誤，一發成潰瘍。先是賊投書,限日撤淞防。將軍蔣與蔡,義憤摩穹蒼。裂書起大呼,我民慎弗惶。殲敵我猶能,往事爲汝詳。二十學書劍,三十親戎行。曾及蒼梧狩,一戰全城隍。北征初出師,談笑收衡湘。破竹下中流,月黑搗武昌。再舉逐孫恩,餘孽清豫章。今秋定興國,赤眉聞風颺。凡此皆區區,未足壯旂常。試我屠龍手,似足翻扶桑。戎衣聳山嶽,健兒翼兩旁。相顧各雨泣,慷慨刳中腸。萬心併一心,誓死扞我疆。完我壁與壘,聚我餱與糧。瀝我最後血,滴滴殷沙場。腥風捲虎牙,吹角聲蒼涼。部分勵俄頃,突至奔犬羊。賊旌亙天半,烈焰燒崑岡。西斷淞江水,東迤江灣鄉。維時冬春交,寒氣塞八荒。橫江矗樓櫓,誰架黿鼉梁。萬炮射高岸,江水隨低昂。雷車碾九地,勢與長蛇長。星槎貫牛斗,九天如康莊。穿雲擲火彈,大聲崩雷硠。噓煙或作陣,日月爲遁藏。布毒壓原野,呼吸成夷傷。三路協一攻,六合淪玄黃。將軍當火立,從容諭兒郎。曰誰不畏死,隨我驅豺狼。豺狼豈足畏,健兒皆龍驤。三軍排牆進,禽賊爭禽王。辟歷忽透空,應聲灰飛艎。地軸爲動搖,天柱摧中央。幻容百虎士,一一神其妝。露胸赤兩膊,毛髮青髶鬖。或醜染藍靛,或丹剖瓜瓤。厲或擬牛鬼,捷或如猿獞。變化極諸相,赴敵生死忘。銀龍翻虎穴,滾地刀如霜。以我血肉驅,摧彼鐵甲强。自天下靈怪,不戰賊已僵。遁逃十八九,棄甲走踉蹌。黽突告不速,足短憎耶孃。迴戈自爭刃,金鐵交鏗鏘。破碎大和魂,欲歸不得將。亦有諸奸民,爲虎作鬼倀。鋤惡務求盡,積尸高於牆。歸來整行伍,袒臂各千創。全兵獲無算,如山堆車箱。初破蘊藻浜,鼠輩不敢狂。繼捷廟行鎮,盡戢鴟勢張。毋謂秦無人,是真國之良。歡聲騰萬口,遮道傾壺漿。三軍益感慰,負國如此觴。方期不需時,電掃收攙搶。奈何壁上軍,袖手多彷徨。賊援絡繹來,我援空相望。衆寡勢已殊,秭米視太倉。亦知無幸理,敢避火與湯。横戈三十日,鏖戰天無光。彼軍三易帥,曾莫攖我鋩。幡然忽變計，拊背扼我吭。孤軍百戰餘，過半爲國殤。後援尚不赴，奮臂難爲螳。夜半賊大舉，排山勢莫當。後方警頻傳，賊陷劉河塘。力戰非不能，徒死無救亡。全師始一退，鼓聲死不揚。哀哉血戰功，一擲歸蒼茫。孤忠在天地，終足起膏肓。兵去賊屠村，池魚皆遭殃。戮我雞與豚，轟我堂與廂。胾我流亡医，褫我婦女裳。夷歌行如飛，一夕趨南翔。我時客孤館，聞變淚滂滂。海隅既淪陷，東南失保障。我援再坐視，勢將括蘇杭。諸公秉國鈞，却敵當有方。隔河竟觀火，寇深不知攘。縱未城下盟，罪已難具量。及茲塞漏舟，所失猶堪償。陳詩當罪言，號泣呼天閶。既陳守玄先生又以《三月二日淞滬失守憤賦》三十四韻見示，併錄於此。詩云：二月廿六日，驚聞江灣失。三月初二晨，又聞棄閘北。同日午未間，淞滬爲寇得。居民走蒼黃，人人皆戰栗。我初聞噩耗，不禁涕泗溢。追維瀋陽變，至今六閱月。東北不抵抗，國勢遂匓扡。中央既無主，物論空霶霈。達官誤言和，書生主戰切。黨論歧中歧，國計輟復輟。蕭牆雖謀和，倏忽仍分裂。或則東入海，或則南走奧。外交既無能，倭禍日益烈。滬變忽三旬，束手竟無策。孤軍苦久戰，後援無一卒。寇乘瀏河虛，長驅遂直入。卅日戰勝威，亡之於旦夕。此禍誰使然，或欲問軍閥。爾輩擁大兵，何爲獨偸活。廿年興内戰，志氣何奮發。如何倭寇來，相視若秦越。如今不同心，爾豈能獨脱。若云械不如，恥待他年雪。然則數月來，敵情豈不悉？胡不早籌備，以應今倉卒。軍閥似内慚，低頭向我説。請爾問黨員，黨權高一切。我今告國人，往事休再述。請從今日起，一心共團結。百折猶不撓，況茲偶一折。四萬萬同胞，人人能流血。將血貯成海，如太平洋闊。以之浸敵人，全國當立没。莫以一時敗，書空徒咄咄。當未退時，先生尚有《贈十九軍》六十七韻中，寫强寇之驕有云：我軍赫然怒，慷慨發誓言。守土乃天職，敢愛身與親。血戰一晝夜，寇乃大敗奔。羞憤益憎怒，大舉如雲屯。竭其海陸空，三軍同炸轟。

謂可指顧間，足以殲吾軍。我軍益憤勇，以一當百焉。賊後大潰敗，重遣數師團。自以勝俄來，世界我獨尊。第一等強國，陸軍更無倫。中國古病夫，素以怯弱聞。是豈堪一戰，戰必無幸存。如螳螂當車，如以卵投磐。豈知數十載，喪師復辱君。今更大來寇，勢欲兩不完。勝負雖未決，理直氣則宣。然理直竟以無援屈於強暴矣。悲哉！十九軍久著戰功，此役尤聲威振殊俗。美利堅《上海晚報》嘗總敍其戰績云：今日由吳淞、江灣、閘北退走之第十九路軍，在中國戰史上，堪稱戰績奇偉者矣。此軍於八年之中，歷大戰四十有八，共勝二十七次。此軍爲粵軍第二旅，後改編爲第十師，繼改編爲六十一師，繼又改編爲第十一路軍，卒乃成爲今日之第十九路軍焉。欲紀第十九路軍之歷史，當回溯八年以前，當時有粵東少年軍一團，編入粵軍第一師第二旅，歸年甫三十之勇健軍官二人統率，一即蔡廷鍇，一即蔣光鼐，今日一爲第十九路軍總指揮，一爲第十九路軍軍長，已成中國之新英雄矣。是時粵局紊亂，陳炯明與林虎由汕頭進窺粵垣，圖逐孫中山。省當局統軍禦之，屢戰失利，敵迫益近，乃命第一師馳往迎擊，第二旅屬焉，一戰而捷。是爲蔡、蔣嶄然露頭角之始。事定，改編爲第十師，以陳銘樞爲師長，蔣光鼐副之，蔡廷鍇則任第二旅旅長。是年平亂有功。民國十五年，粵軍悉歸蔣介石指揮，誓師北伐，第十師首入湘省，克長沙。汀泗橋一役，與吳佩孚勁旅作殊死戰，雖大獲勝利，而將士傷亡者甚衆。繼乃循江而下，佔漢口，旋於是處改編爲十一路軍，以陳銘樞爲軍長，蔣光鼐副之，蔡廷鍇升任第十師師長。當吳佩孚之總退却而入豫也，獨劉玉春率精兵負嵎武昌，國民軍屢攻不下，繼乃調第十一路軍，限一星期克之。受命之夕，陳、蔣、蔡商定策略，即晚進兵，翌晨城上之五色旗，已易爲青天白日旗矣。民國十六年秋，第十一路軍復奉命入贛，與孫傳芳戰，即克南昌，北洋系之最後督辦，至是始掃地無餘矣。既而"赤化"蔓及江西省政府，陳、蔣及赴南京，時國民政府已成立，蔡則反粤。是年陳、蔣奉命回粤討共，旋陳任廣東臨時省政府主席，直至去年四月，寧粤分裂，始被迫去位。蔣則任第十一路軍軍長，後復改編爲第三師，歸南京政府直轄，以蔡爲副師長。及粤桂失和，發生内戰，蔣改任第六十一師師長，蔡升任第六十師師長，衞守粤境，以禦桂軍。後一年，兩師奉命北上，參加討伐所謂北方混合政府之役，是時乃改編爲第十九路軍，蔣任軍長，以蔡副之，敗馮玉祥之勁旅，未幾又内訌，奉命回贛。民國二十年秋，復被命"剿共"，九月七、八兩日，圍共首賀龍之"窟宅"興國城而大敗之。陳銘樞之被逐於粤東也，十九路軍猶在贛省，既而陳任京滬衞戍司令，乃被調防衞京滬區域。本年一月二十八日，日軍進窺閘北，乃起與抵抗，是爲此軍所經之第四十八次戰役，而令全世界爲之震動焉。

十九軍自扶義禦寇，捷報初傳，予喜極而涕，始知杜老"初聞涕淚滿衣裳"之真摯。陳君伯英有《聞蔡將軍拒敵爲喜極而涕詩》云：今日還留漢幟看，魯陽戈健角聲寒。夢中真覺天將墮，喜極翻教淚不乾。散盡藏書寧有恨，數來守土獨無人。尤憐士氣如山湧，一卒仍拚彈一丸。與余有同感也。

滬寇我淞滬，爲吾軍痛殲，死者數萬。主者慚恨，無以告其國人，遂多焚化投諸海，倭婦聞耗，集數千人號哭於其國門，向其國主索夫，號"索夫團"。錢名山主事有詩詠之云：索夫團，索夫團，天沈沈兮海漫漫。扶桑枝頭白日寒，萬家一哭兮傷心肝。一解。兒家原本是秦人，徐福東來遺子孫。童男與童女，世世爲昏姻。嗟哉人之無良，我以爲君，虎狼不仁，梟獍無親。專事讎宗國，逆子害天倫。滅朝鮮，取營州，縱兵析木津，拓地龍江頭。火炎春申浦，殺人滿道周。天理固不容，四海皆同仇。一朝中夏風雲起，九關虎豹磨牙齒。遂使東瀛十萬軍，顛倒皆爲望鄉鬼。二解。兒夫年紀十八九，習作工商纔出手。已經生女又生男，尚覺如賓復如友。軍書一夜傳三島，戴頭西去知不保。兒家容貌勝如花，征人性命輕於草。生離已痛割肌膚，死別何堪度昏曉。嗟哉吾主兮謀國不臧，萬家一哭兮摧肝腸。三解。貌如花，淚如水，紅者桃，白者李。髮鬔鬙，體媌嬝，前牽阿妹後阿姊，左摻阿姨右妯娌。相將索兒夫，再拜見吾主。兒夫不歸兮我曹苦，哀哉吾君兮奈何許。四解。上天心好生，仁義天所付。我恨倭奴酷，尚憐倭女苦。聊爲述其意，歌詩作苦語。寫詩十萬本，航空使東渡。散之三島間，將以遺倭女。使爾孰讀聞爾主，求爾主，福爾民，世世當與中國親。羲軒與周孔，中國之聖神，藐爾蝦夷，寧當羞爲中國臣。五解。陳守玄先生亦有詩云：孤軍迎敵竟開關，白骨紛紛碧海間。添得蓬山新韻事，索夫團上望夫山。此實彼國之恥，而我記之者，彼之死，由侵略我而死也，我恥不終雪，則亦我國恥史中之雋聞也，何可以不記？

　　一・二八淞滬之變，自北四川路北至江灣、吳淞皆戰地也。北四川路爲日寇所盤踞，有滬商劉全昌者，娶日本女曰吉富槿花，設洋酒肆於此，俗號酒排間。寇兵以日女當爐，多來飲。槿花與酬酢，每得其機密，以告蔡。軍事洩，被捕，倭酋斥其賣國。槿花正色曰：我今爲中國人，自合助中國，於賣國也何有？況爾曹殘酷甚，自號文明，我實恥之。竟見殺。槿花，長崎人，年十六，往來甯滬間爲倡，二十七嬪於劉。事見日人雜記。錢名山主事有詩張之云：槿花孃，槿花孃，槿花生小出扶桑。流落滬甯間，十載青樓倡。天性不可沒，有志願從良。行年二十七，嫁與海上商。商人何姓名，姓劉字全昌。兒家能賣酒，門對大道旁。當爐卓文君，顏色若朝陽。昨者辛壬間，海賊忽跳梁。霹靂起夜半，火勢燭天閶。殺人不用刀，捷若誅蚊蝱。滬北十萬戶，血肉成泥漿。神人雖憤怒，當道自彷徨。白忍傳家法，袖手復垂裳。幸有陳留氏，一臂奮螳螂。勝負雖未決，殺傷頗相當。兒家門戶連戰場，賊奴往往認同鄉。兒家壓酒有深意，要使此屬輸肝腸。賺得機密語，走報蔡中郎。中郎下號令，賊至須過防。一戰大勝利，賊奴氣不揚。轉憶酒排間，漏言槿花娘。哀哉如花人，辨色初下牀。惡鬼破扉入，黑索聲琅璫。牽之見賊酋，猙獰如鬼王。責以賣國罪，槍殺分所當。槿花仰首言，詞旨何慷慨。我作華人妻，理合助中邦。豈無故國思，無如爾輩爲虎狼。殘害無辜人，天理必不長。人生誰則無天良，我有此心不能降，得正而死奚所妨。五日體不寒，十日體不僵。此心耿耿在，此怨幾時償。萬國同一天，民彝即天常。哀哉槿花女，死可見穹蒼。中國昔開天，大道出羲皇。千秋烈婦人，乃有槿花孃。槿花有言語，順理自成章。槿花有性情，本原出一綱。淤泥生青蓮，介蟲含夜光。一朝蹈仁義，萬古流芬芳。嗟我神明冑，努力當自強。慎勿自殘賊，愧此槿花孃。此雖不經意之作，然頗能傳神，雅似白傅，倭寇之違天倍理，由其國人道出，尤見真切。

倭既寇上海，東南震動，國都被脅，倉卒中遷往洛陽。苕隱有《近聞四首》紀其事云：人世滄桑第幾回，無端驚浪起蓬萊。夢邊失鹿皆吾土，眼底屠鯨孰將才。笳鼓一宵江上急，衣冠百輩賊中來。紛紛那與胡僧事，一任昆明付劫灰。又云：傳聞九鼎卜西遷，吟望神州涕淚懸。龍漢亦愁仙佛劫，紅羊況直亂離年。此身自分終沈陸，與賊何堪共戴天。大好家居撞已壞，憑誰隻手定三邊。又云：舉國紛爭黨李牛，高臺那復鳳凰遊。橫流到處成滄海，錯鐵何人鑄六州。此日驚風皆草木，當時未雨欠綢繆。補牢誰道真無及，莫把金甌一擲休。又云：是和是戰論紛歧，借一如今事已遲。豈有冤禽填大海，空看烏鵲避南枝。諸公竟守偏安局，此着真成最後棋。不盡江南開府恨，夢魂猶想中興時。徐君英亦有詩十絶感其事云：王氣東南已渺茫，金釵零落不成行。春申烽火連天起，青蓋匆匆入洛陽。其一。洛陽宫殿渺寒煙，寂寞人間有歲年。忽報朝元春訊急，東風一夜百花妍。其二。春申南望已三千，刁斗無驚白日眠。仍把長安稱陪府，他時避虜更西遷。其三。津橋春永勝吳波，比似金陵佳麗多。西幸但求能避寇，況聞安樂有行窩。其四。雄兵百萬竟何爲，垂手東南不復規。主義從今無抵抗，不圖秦檜是先知。其五。羯來重住海西頭，鬭角鉤心願已酬。却笑一官能起病，使君獨自有千秋。其六。傾牛排李費經營，厚祿高官事竟成。志復中原終束手，始知殷浩是虛聲。其七。小人革面不革心，謬種遺傳豈自今。不戰不降兼不走，諸公猶愧葉名琛。其八。羣英騫舉會西宮，國難争籌捍衛功。可惜盈庭空好計，春來長誤美人虹。其九。故國興亡託苦吟，旌旗遥望虜雲深。何年拔戟經三户，楚老相逢淚滿襟。其十。

　　外患之來，論者皆歸獄於内政之日壞，人必自侮而後人侮之，其言絶痛。有署名令威者，作《哀江南》六首，尤爲探本之談。其辭云：雨雲翻覆黯烽煙，摻黷神皋二十年。白水無人光赤帝，黄巾滿地死蒼天。毁巢鴟吻秋風厲，曠野狐鳴火焰圓。争説金陵形勢壯，斷流兵又起苻堅。其一。草草崇朝獲十禽，王良詭遇一時欽。蛙生智井窺天小，鼠穴陳倉鬭土深。戚里大封憐碧玉，吏門如市輦黄金。請廉跅躇隨夷溷，何處能芟惡木陰。其二。百計搜牢虎政苛，三吴財府半銷磨。公庭狼藉錐刀競，法令牛毛盜賊多。悍將羽書橫索饟，流民圖畫避追科。鄧家私庫錢應溢，萬億京鈔市價訛。其三。門楣真倚女兒光，吕雉樊須姊妹行。不惜桑中贈勺藥，便容天下棄糟糠。春衙給事參紅粉，錦市招摇鬭冶妝。翻笑秋河牛女隔，未妨行露濕衣裳。其四。吴沼當時禍釁開，於今又聳越王臺。三年鈇鉞餘威在，十郡壺漿揖盜來。白袷機雲文物盡，烏衣王謝故家摧。勳祠神社都夷毁，頗見平民陵闕鬼。其五。由來朋黨亂蓬麻，季漢衰唐有覆車。偶語酷於秦尉律，大言翻却魯儒家。河山儼峙東西帝，城野徒訌内外蛇。留得江南生一綫，請抛戈甲惜蟲沙。其六。

　　三月二日吾車撤師。有署名西神者，痛之以詩曰：一夜銜枚撤九師，眼中無復漢旌旗。蟲沙併命魂難瞑，虎豹當關力不支。自壞長城誰作俑，欲歸汶上更何辭。諸君儘有平戎略，獨對東流涕淚滋。其一。浩劫咸陽遍地紅，狂瀾誰障百川東。一軍孤注翁譚蔡，百道重圍海陸空。築室惟聞魏絳策，撼山難繼岳家功。不知宵旰關何事，冠蓋紛紛會二中。其二。

□月□日和議成。錢君扼腕悲憤，成《書憤》四絕云：雪涕東南百戰餘，纖兒終壞好家居。劇憐十萬沙場骨，換得和戎一紙書。其一。山柯爛盡問殘棋，城下盟成劇費思。上策珠厓終自棄，中朝都是賈捐之。其二。安排春色上輶車，往事捫心總反初。一夢皇華猶未唱，風波平地病相如。其三。寶刀如月劍如霜，如此河山送靖康。淚眼冷看湖上雨，那堪驢背老蘄王。（報載十九軍蔣、蔡二公將解兵柄，蔣總指揮作西泠之遊。）其四。敵既退，又有詩云：一雨東南竟洗戈，還鄉有夢繞關河。重來戰地無春草，別後寒江換綠波。詞客已失花事老，離愁爭比亂雲多。全家儘脫蟲沙劫，奈此金甌破碎何。

十九路軍以無援左次，海上詩人，抒悲寄慨者，頗不乏人。茲錄一二於下。天隨老人詩云：歸馬華山已止戈，何時還我舊山河。劫餘殘壘春將盡，海若安瀾水不波。薊北雲飛煙樹渺，江南花落夢痕多。仙桃寂寞龍華冷，瘦倚東風喚奈何。其一。衛國雄心老執戈，志安社稷壯山河。能抒忠憤垂青史，依舊吳淞皺綠波。逆旅馬周知己少，哀時庾信感懷多。鴟鴞毀室詩堪賦，憔悴民生可奈何。其二。陳君伯英詩云：撐拄東南十九軍，眼中誰信有沉淪。不將犄角援孤注，却把輿圖獻敵人。猿鶴蟲沙何限恨，頹垣殘井一時新。月餘苦戰功全棄，聞道移師淚濕巾。署名葆仁詩云：東風吹雨又清明，胡騎紛紛入漢城。怪底貔貅軍十萬，但將和議答昇平。其一。大炮雷轟戰艦高，連營海上擁旌旄。後軍無繼輸前局，慘聽江風吼怒濤。其二。軋軋機聲動地來，吳淞回首有餘哀。海濱草木多餘爐,淚洒江頭話劫灰。其三。戰血猶腥骨未寒,忍從圻礫話悲歡。沙蟲猿鶴憑誰拯,如畫江山不忍看。其四。

和約成,虜酋白川、野村、重光葵等慶功於上海虹口公園,韓人某,突發炸彈,白川破腹死,野村、重光等皆劇傷,與李奉昌事,後先輝映。余方飯,爲拍案狂喜。鄰娃某,知愛國,強挾予起舞。苔隱適至,余趣其爲詩。立成一律云:拚擲頭顱殲厥渠,勇哉烈士震夫餘。鴟張竟飲刃三尺,豕負空還鬼一車。天下慕聲同郭解,灸中置匕笑專諸。東風不競從今始,萬事乘除問太虛。"東風不競",尤有先識。

邵潭秋祖平有《聞十九路軍退至第二道防綫感憤》之作云:廿年九秋日十八,禍事請從遼寧說。十萬貔貅捲甲奔,被驅曾不異鵝鴨。巧立主義不抵抗,夜擁紅妝夢化蝶。飛書乞助蔣山神,詔曰鎮靜毋驚突。大小文武噤無聲,痛哭青衿咸伏闕。錦州又棄全師還,將軍膏沐猶綠髮。倭人氣焰騫如天,漢奸伏地拜右賢。張景惠<small>洽</small>趙<small>欣伯</small>臧<small>式毅</small>顙有泚,留遠亭前大亦嫌。綠林有龍<small>關東義俠小白龍性難馴,敵來招撫遭戈鋋</small>。黑省有馬<small>占山</small>初奮怒,終復踦踽相鉤連。神州無人橫術靜,黃冑行復箕豆煎。番舶搖搖來無沮,遠入漢江近歇浦。扼喉洞胸將一試,公然藉口仇僧侶。殺人者死國有刑,蹊田奪牛吁太苦。巨艦艨艟罷游弋,炮火成雷市付炬。地坼天崩海欲飛,國命千鈞縣一縷。屹然忽得蔡將軍<small>廷鍇</small>,重昭大義職護土。橐鞬鞭弭與周旋,敵陳空張虎變鼠。當時慷慨訣妻子,蔣<small>光鼐</small>戴<small>戟</small>精忠同誓旅。勃然弱國命昭蘇,一旅少康三戶楚。戰壕如城刀如雪,倭人赴死日流血。可笑黔驢技止此,早覺背嵬志已決。海外卜式更輸金,國內王倫纔結舌。孤撐苦拄一月餘,十九軍真天下傑。倭陳蜂螳日增援,羸糧裏甲士馬騰。傾國出師表孤注,鹽澤敗後將五更。<small>鹽澤敗後,凡易野村、植田、菱刈隆、白川五將</small>。重炮奇器轢陣地,更斷後路瀏河登。我軍絕援力良憊,退非其志淚沾膺。翁照垣譚<small>啓秀</small>臨去猶多恨，哀憤爲軍終得乘。吳淞翁旅退至大場，士氣極憤，於瀏河夾攻日軍，大破之。嗚呼前路猶盲晦，書生書空日如醉。寇深不救將奈何，巢覆苕折卵終碎。卞莊刺虎伺其鬥，十九軍非異氣類。本意捧土築長城，豈謂城壞悲道濟。高臺愛妾汝何保，厚藏多財終亦累。急須戮力國亡前，敢告諸軍動以義。敍述頗詳盡。

倭寇侵我，彰彰在人耳目，所謂國際聯盟會者，乃忽派遣調查團。蓋既無力以屈强寇，復不容於坐視，不得已，乃有此無聊之舉。本無足輕重，及至京，某鉅公設宴，備有吾國紅燭七絃琴等，並由某夫人殷勤接待，調查團爲之盡歡，各報競載其事。某君有詩詠之云：豔妝紅燭酒頻斟，誰似將軍愛國深。却恐中華無與國，更敎纖指奏琴心。亦可見袞袞諸公，盡瘁國事，蓋無微不至云。

《申報》大衆文藝某君，有《滬難新樂府》，記此役瑣屑甚詳。曰《虎倀謠》，其辭云：敵兵欲來，漢奸放火。敵兵既來，迎之道左。敵來猶可，漢奸殺我。嗟汝亦人，豈無肝腸。奈何甘心，爲虎作倀。虎倀聞言，大笑不住。平時我身，千恨誰訴。人坐我車，我爲馬牛。人居華厦，我棲臨湫。一朝時來，翻轉乾坤。揚眉吐氣，無佛稱尊。東家黃金，西家美女。女抱我眠，金恣我取。汝莫快意一時，鳥盡弓藏悔且遲。誅漢奸也。曰《縹緗劫》，其辭云：海內藏書幾家在，海源測海皆湮淪。涵芬一樓最後起，崇宇兀峙滄江濱。宋元瓌寶庋高架，絕域善本羅羣珍。分齋設案恣涉覽，明窗如雪無纖塵。能令寒士大歡喜，驅車排日來頻頻。一朝烽火逼江介，轟雷巨炮四壁振。燭龍百道破空下，赤熛一怒毁典墳。鐵琴銅劍有孤本，可憐玉石俱遭焚。吾邑瞿氏善本數種借與商務書館亦遭殃。紙灰如鴉散十里，雲中仿佛號鬼神。頹牆律兀化戰壘，遺册亦供軍中薪。嗟自胡馬寇東北，心心刻意摧斯文。文瀾一閣擁四庫，鬼車載入扶桑津。今茲涵芬劫尤酷，舊觀欲復知何春。私家更數周越然與易培基，銖累寸積搜之勤。似聞池魚亦殃及，凡我識字皆酸辛。吁嗟乎，縹緗一炬哀絳雲,三百年來今再聞。哀東方圖書館之被燬也。曰《跳舞熱》,其辭云:萬燈顫影鏡屏綠,露濕天街一片玉。十二瓊樓盡捲簾,聲聲飛出紫雲曲。風吹羅袂登銀臺,龍簫鳳管喧如雷。抱月飄煙影無數,尋聲按屐能千回。就中蓬萊多仙子,紅紗障膚親尺咫。家山破碎可莫論,人生祇合柔鄉死。單絲舞罷沽香檳,酒語挑花花不嗔。銀蟾欲斜樂未停,紛紛蝶夢醒未醒。昆明池灰十萬丈,何心猶醉華池上。痛醉生夢死也。曰《獻軍圖》,其辭云:獻軍圖,賣春申,彼何人哉椒房親。軍圖一獻軍情泄,三十日功棄一日。國有斯人國之恥,凡我軍民髮皆指。奈何就逮今月餘,不聞一定罪有無。論罪果不誣,國法軍律所必誅。覈事若有虛,亦當早使羣疑除。吁嗟盜國人十百,獻圖區區我何責。君不見遼東守帥失邊土,帳下依然擁貔虎。疑僉壬之漏師也。曰《埋遺骸》,其辭云:埋遺骸,遺骸狼藉滄江曲。面目如灰泥血擾,犬饕烏啄無完肉。屍林骨山撐亂麻,道旁髑髏生齒牙。日蒸氣發百毒泄,殘魂簸作風與沙。畢竟賊兵仁愛汝,一一和泥埋入土。附身雖無衣與棺,猶勝邦人視無睹。戰場昨過鷹撲人,斑斑戰跡痕猶新。夜來精靈哭江雨,天陰月黑吹青燐。此際諸公夢方永,可惜不曾知此境。悲國殤也。曰《開和議》,其辭云:今日開和議,明日開和議,似聞閘北將成甌脫地。今日商撤兵,明日商撤兵,太倉城外日夜聞戰聲。折衝果無才,何如議弗開。停戰戰仍烈,何如兵弗撤。嗟汝尸位郭橐駝,委佗委佗顏則那。自誇壇坫舌猶在,一籌不展將奈何。反云和議中梗不足慮,尚有聯盟可申訴。即云聯盟果足恃,我刃胡為弗再試。光榮之史血染成,勸君莫尋城下盟。憤和戰之不定也。曰《賃屋歎》,其辭云:淞隅既失江南危,人心搖搖將安歸。大家小戶離鄉去,爭向申江賃屋住。申江富兒屋作田,一屋歲收銀萬千。貧兒無錢那容處,祇借半樓蔽風雨。不知居停居何心,將屋作巢人比禽。敗屋兩幢十家賃,竈下餘地租多金。亂來屋價高倍昔,人多猶患屋難得。貧兒仰屋愁復愁，朝啃暮嘆租金逼。有錢且住無錢行，居停鐵面無留情。可憐江海淪烽燧，反爲居停致財地。祇知此邦安樂窩，誰料長安居不易。君不見戰區十家九無屋，足繭蒐江雨中哭。今能賃屋容起眠，日受困迫猶爲福。悼人民之窮無所歸也。曰《卡車行》，其辭云：卡車兀兀行復停，銅床柚几堆零星。路逢相識人，勸言不可行。前行虎口萬難過，欲過虎口囊須傾。卜居舊在浜北地，一朝戎馬倉皇避。夜半轟雷四壁搖，萬屋煙騰赤熛帝。脱身虎窟幸已多，身外有物何暇計。戰後還家心骨驚，十家九破餘焦楹。家具如山獨未失，一一標識題分明。某君亂後返閘北，家中諸物皆未動，但編成號碼，於此見十九路軍紀律之佳。空車浜北來，滿載浜南去。邏卒逢無數，喝車停當路。有錢放汝行，無錢車且住。多金饋賊車其前，百步之中幾行賂。不論貧富千取百，賂金高於車中值。更有奸民狐假威，倒篋翻箱去無迹。車聲轔轔漸過橋，行人猶唱康衢謡。浜南天地寬如此，人車得倒空如水。車轔轔，難爲聽。怒寇兵之勒索也。詩雖未盡雅，然繪影繪形，極刻畫之能事，亦白傅之支與流裔歟。

日寇榆關，安營長德馨等四百餘人死之。錢君作詩弔之云：蚩尤萬丈閃星旗，仙劫蟲沙又一時。白鶴歸來華表柱，漫天風雪弔安期。又有署名奇玉者，作《名關去國歌》，雖其辭未純，亦有可誦云：乘蒼虬以北上兮，望帝闕於遼東。聳巍峨於九天兮，攬冀北之羣峰。似猛獸之四伏兮，又如嬉戲之神龍。百流争供濯足兮，丘阜紛其來拱。兀然而不俗兮，允爲宇内之雄。渤海浩蕩以前抱兮，長城逶迤以西封。東望中原之漫漫兮，固産富而藏豐。久夫强鄰之偷視兮，椎關怒瞰而懍凶。忽變亂發於一夕兮，頓暗名壘之莊容。天地草木交爲色變兮，何彼生類反不椎胸。悲士卒用命而主將猥怯兮，極千古之昏庸。人亦有言之諜諜兮，獨充耳而若聾。義軍突起於塞外兮，羣相詔曰"誓爲聲援"。何今世之多口而鮮手兮，空聞救國之風言。傷義軍之喋血苦戰兮，諸子正擁妓而酣眠。彼以槍炮我以血肉兮,橫屍遍野而誰憐。彈不濟兮援又絕,聲震天兮短兵接。炮似雷兮機若蜂,頭乍斷兮肢旋折。風颯颯兮砭骨寒,天慘慘兮又降雪。沙漠漠兮氣陰陰,亙千里兮川冰結。馬嘶嘶兮猿啾啾,對白晝兮疑鬼蜮。國殤死兮素餐降,山震怒兮海鳴咽。名關悲兮眩欲暈,古懸琪兮今斷碣。亂曰:勇於私鬥而怯於公戰兮,古國緣以喪土。彼要人之偷樂以晏慢兮,名關用夫東渡。遥瞻塞雲之凌亂兮,鎗潛潛其淚下。恨悠悠其何極兮,予焉能忍與此終古。

淞滬之役,吾軍所傷實多,海上人士,倡為追悼會,蘿却先生作《國殤》詩以輓之云:在物願為土,得葬國殤魂。在詩願為騷,得弔國殤冤。壯士為國殤,精爽萬古存。炎黃非弱種,賴君一昭宣。苦哉卅日戰,屢追強敵奔。傷哉媚敵徒,卅日無救援。君功敗垂成,國人同酸辛。臨風遥奠君,永為國戰神。游君介園擅刻石,發願為殉國將士留名印譜,刻石數百方,徵予詩,予題其後云:日蹙國百里,新亭淚暗吞。願將心化石,一石一忠魂。永嘉馬君過稱為絕唱云。

茗隱既作《東北四哀》詩,哀瀋陽、長春、龍江、錦州之失也,已見上。其後熱河、秦皇島、冷口復先後淪於敵手,余痛憤至歐血。茗隱感之,復作《三哀詩》。《哀熱河》云:邊郡囊書發,秦師遂向東。馬嘶關塞黑,龍戰海波紅。棄甲憐諸將,揮戈幾鬼雄。赤峰愁北望,眸子射酸風。其一。浪擊須彌頂,魔攻善見城。有軍來鐵鷂,無劍斬長鯨。已失燕脂塞,餘聞草木兵。軍前新樂府,爭唱董逃行。其二。絕徼崇朝盡,蟲沙劫可哀。吹唇驚沸地,發掌失鳴雷。天險資人守,邊門竟洞開。相州兵一潰,胡騎便南來。其三。誰負城門責,前時牡早亡。如何誇必死,又此撤邊防。故國愁聞雁,穿廬縱盜羊。四方齊咄咄,傳笑國昏荒。其四。《哀秦皇島》云:北椅榆關南秦島,天險由來鬼工造。一朝關陷島獨存,鵬吻摩雲圖一飽。黑雲朝壓城南門,軍未見賊先逃奔。豈知賊來僅五十,而況五十皆遊魂。將軍乃爲萬全計，詎肯孤軍輕一試。從此灤東無漢旌，析津旦晚煙塵驚。嗚呼誰掌北門鑰，聚鐵三邊成此錯。《哀冷口》云：右屹界嶺左喜峰，漆城蕩蕩天當中。灤東鎖鑰爭冷口，賊傾全甲來環攻。九攻九拒輸與翟，黃昏電逸晝蛇擊。殺氣飛鳥不敢停，長城萬里走辟歷。黑雲十萬落雁都，吞賊氣挾山岳趨。斫陣抽刀立相啖，如此雄師天下無。玄黃龍戰腥四野，十日昆陽飛屋瓦。一朝賊軍蹈背來，太息籠東竄萬馬。天跳地踔神怒號，旭旗影捲黃雲高。蛇盤鳥權天險失，奪還何日犁腥臊。

東事既起，九四老人馬相伯先生，屢有讜論，自華北停戰協定簽訂後，慨然曰：國事至此，無可談矣。昨遇樂善堂秘書處某君，謂老雖不發論，然頗作詩，爲大喜，亟錄於下，以飼關懷國疢與耆老瞻言者。其辭云：移山填海尋常事，上智由來出下愚。借問大癡能有幾，北馮南李唱喁于。自跋云：老朽九四，目擊非人之禍痛矣，識大樹心儀其愚，果也在其內外夾攻中，而康寶沽多百萬方里之地，以收復聞，愚者果可及乎？跋語中有誤字，某君亦不能正，姑仍之。

倭人與我同種同文，實爲我之所自出，以義言，固當共爲提挈，以待天下之變。倭之達者，未嘗見不及此，乃一二強梁，薰於利欲，忘義忘本，至欲搯割其根本。非特爲我害，亦且自殘，終以速亡而已。嘗讀張文襄《贈倭人長岡護美詩》有云：止有合縱紓急劫，故知通道勝要盟。自注，此皆席間所談。真達者言，吾欲持此兩語，於九洲三島間，家喻而戶說之。